BANK OF ENGLAND
AND FINANCIAL REGULATION

英格兰银行与
金融监管

（1694—2000）

杨大勇·著

中国社会科学出版社

图书在版编目（CIP）数据

英格兰银行与金融监管：1694—2000 / 杨大勇著. —北京：中国
社会科学出版社，2018.8
ISBN 978 - 7 - 5203 - 2884 - 5

Ⅰ.①英…　Ⅱ.①杨…　Ⅲ.①金融监管—研究—英格兰
Ⅳ.①F835.611

中国版本图书馆 CIP 数据核字（2018）第 168522 号

出 版 人	赵剑英
责任编辑	刘　芳
责任校对	李　剑
责任印制	李寡寡

出　　版	中国社会科学出版社
社　　址	北京鼓楼西大街甲 158 号
邮　　编	100720
网　　址	http://www.csspw.cn
发 行 部	010 - 84083685
门 市 部	010 - 84029450
经　　销	新华书店及其他书店

印刷装订	环球东方(北京)印务有限公司
版　　次	2018 年 8 月第 1 版
印　　次	2018 年 8 月第 1 次印刷

开　　本	710 × 1000　1/16
印　　张	20.25
字　　数	268 千字
定　　价	78.00 元

序

在经济风云翻腾的当代世界，金融和监管，是否也可以说是"国之大事，死生之地，存亡之道，不可不察"？

回望历史，金融在社会经济发展中的作用从来不可小觑。近代以来，人类社会经历了接二连三的巨变，如工业化和城市化，从农业社会经济走进工业社会经济等。应看到，在诸多变革推动力之中，尤其是随着近现代资本大规模登上历史舞台，金融作为一种独特力量"脱颖而出"，日渐广泛强大，也日益错综复杂，影响国运。

金融之力，亦善亦恶，可见于促进社会经济繁荣发展，助力国家兴盛，也见于利益矛盾众多且危机深重，破坏力巨大，因此，金融监管势在必行。同时，金融与监管，必然位于社会财富的生产与分配的交汇之处，汇聚着各种利益关系和利益博弈，构成了近三百年来一道独特的历史风景线，其中饱含不可忽视的历史经验教训，应为今人后世思考借鉴。当今，这已是迫切的现实需要。至少从 2007 年美国次贷危机初发，导致严重的世界金融和经济危机，再到当前贸易战导致新的复杂尖锐形势，都在提出这种迫切需要。正所谓："疑今者，察之古；不知来者，视之往。"

在此方面，英国具有典型性，富有重要研究价值。英国是资本主义经济的先行者，近现代金融主要源起于英国。其金融业在 16—20 世纪英国的兴衰历史中具有重要作用，既大力推动英国崛起，雄居世界霸主之位，也在英国的衰落中负有重要责任，构成了一个完整的历史进程。

现代意义上的中央银行也创始于英国，即英格兰银行。近代英国还发生了第一次系统性金融危机即 1720 年南海泡沫事件。这一股市危机席卷了上至王室公卿下至贫民百姓，甚至天才科学家牛顿亦未能幸免，灾情重大，影响深远。随之，金融监管登上历史舞台，于三百年中，在几乎是规律性出现的金融危机和经济危机中逐渐发展起来，自有特色特点，有众多的成败得失案例，积累了丰富的历史经验教训，在世界上有其影响力。其他大国也有一些类似处。这些历史及其经验教训，对于正在致力于民族复兴大业的中国，正在全面走向世界且面对复杂的世界政治经济形势的中国，无疑兼有启迪和警示的双重意义。

然而，在我国历史研究中，尤其是在世界史领域中，经济史研究一直有待继续加强，金融史更是有待大力拓展，至于金融监管的系统化史学研究，几近空白。原因多种，其一是要求研究者兼有历史和金融及监管的专业知识，包括一定的政治政策和法律的知识，且有兴趣有志向于此"冷板凳"，人才难得。

此书作者杨大勇正好兼有经济学、历史学的专业知识，还有金融业的长期经历，实属难得。作者亦有兴趣有志于此专题研究，经数年坐冷板凳苦读，大量研读中外文资料，深入诸多实际案例，潜心研讨，多次修改，终于出版了这本研究专著。其间个中滋味，付出心血知多少，实属不易。

此书上溯 1694 年英格兰银行成立，下迄 20 世纪末英国金融监管改革，上下三百余年，系统性梳理了英国金融监管从无到有的历史演变，在我国有关史学领域中具有开拓性学术价值。这一研究，特别是包括一批银行业危机问题的个案实例研究，对于金融界人士和监管者，不乏重要参考价值。此书写作还有几个重要特点。一是务实不虚。虽然时空跨度较大，书中内容却是不尚空谈，富有众多个案研究，资料翔实，且不乏作者自己的一些独到之见。二是研究视野开阔。文中宏观微观相济，不拘于一事之狭，常能思索到相关的历史背景，当时的政治经济关系以及各种争论等，启发深思。三是文思连贯，文风朴实，文笔流畅，既有专业性，也有可读性。

当然，更重要的是此书所述的英国金融监管的历史变革，有一系列发人深思处。一是金融监管广泛涉及政府与市场、政府与央行、资本力量与国家权力等根本关系，还有危机与监管下的金融与实业的关系，分业与混业的关系等。二是金融监管政策，每个危机与具体处理的政策手法，对众多的复杂利益关系的处置方式手段，以及处理效果等。换言之，这也是监管的宽与严，松与紧，如何有效地防范和处置金融风险问题。三是金融监管本身的权力配置、制度建设、监管目的和任务，以及谁来监管这些金融监管机构等。四是金融业与实体经济发展如何平衡匹配，金融科技监管等一系列重要问题。

此书为至关重要又颇为复杂的金融监管问题，提供了一个重要的国家专题史研究之作，也为今后展开更深入广泛的研究，如金融理论和金融监管思想研究等，提供了一个应有的历史研究知识基础。

人类社会经济发展中，问题总是不断出现的，总是需要有相应的研究知识，旨在看得见，看得懂，看得出良策。金融与金融监管已是现代大国中事关国运的大事，必须有相应的牢实的知识基础。一个大国，欲行得远，走得稳，一定需要宽厚的知识基础。期望此书的出版，有助于今后有更多更佳的研究，想必这也是作者的良愿。耿耿此心，是为序。

吴必康

2018 年 7 月于北京

目　　录

前　　言

一　选题的意义

金融监管是一国财政金融政策的重要组成部分,通过金融监管维护金融稳定,是实现本国经济稳定、政治稳定和社会稳定的重要条件之一。英国是西方发达经济体中的典型国家,其金融监管同样具有典型意义。从历史上看,英国金融监管的产生和演进,不仅是英国近现代重大经济变革和多次危机的历史产物,而且与英格兰银行的历史发展紧密相关。1694 年英格兰银行成立时,主要职能是为政府进行战争融资,早期尚无金融监管的概念和意识。从 18 世纪到 19 世纪末的两百年间,金融危机和银行倒闭事件不断,几乎每隔十年到二十年出现一次。在危机的应对和处理上,通常是政府主导,英格兰银行具体操作和实施。应对金融危机的主要方法是向市场和机构提供流动性支持,缓解流动性不足,平息恐慌情绪,进而解决危机。英格兰银行对金融危机的应对和处理方法从无到有,从被动到主动,从惊慌失措到从容应对,在这一过程中逐渐承担起最后贷款人职责。到 19 世纪末,英格兰银行已在意识上主动担负起维护金融稳定的责任。可以说,这两个世纪是英国金融监管的产生期。进入 20 世纪以后,英国历经第一次世界大战、"大萧条"、第二次世界大战,一直到 70 年代初,基本保持了金融稳定(大萧条及战争期间的银行倒闭并未引发系统性风险）。这一时期，金融监管逐渐成为政府的一项重要职责，政府颁行一系列针对金融业的法律法规，旨在维护金融市场的安全和稳定，金融业逐渐进入法定和正式监管时期。70 年代初期，全球经济繁荣，英国为促进本国经济快速发展，为大型银行松绑，促进金融机构竞争，次级银行的业务增长很快，为随后的危机埋下伏笔。1973 年 10 月，次级银行危机爆发，这是一次系统性银行危机。英格兰银行组织的"救生艇"行动，被认为是英国有史以来最大规模和最复杂的银行救助行动。危机以后，英国颁布《1979 年银行法》，将法定银行监管权赋予英格兰银行。1984 年，约翰逊·马西银行事件后，政府对 1979 年法进行了调整和完善，颁布《1987 年银行法》。前一年颁布的《1986 年金融服务法》则明确了证券业监管的体系和主体。1991 年的国际商业信贷银行倒闭和 1995 年的巴林兄弟银行倒闭，推动英国于 1997 年进行了 20 世纪以来最大规模的金融监管改革，最终以《1998 年英格兰银行法》《2000 年金融服务与市场法》的颁行完成此项改革。英国从非正式监管到正式监管，从非法定监管到法定监管，经历了一个漫长的历史过程。70 年代以后，随着对金融稳定问题的认识日趋深化，学术界对金融监管研究的逐步重视，英国金融监管变革调整的广度和深度前所未有。英国金融监管的模式、方法一直是世界各国研究和学习的重点，对许多国家的金融监管变革产生重大影响。学习和了解英国金融监管的历史发展过程，对进一步认清金融行业的发展规律和内部运行机理，了解金融监管与金融稳定的关系，促进我国金融监管体系的完善和优化具有重要意义。

　　本书结合 17 世纪以来的英国经济史，通过对金融危机和银行倒闭事件的探究，分析了英国金融监管的历史演变，同时探究了政府与市场、中央银行与政府、中央银行与金融监管的关系，了解其中存在的政治联系和经济联系，以期为英国金融史、经济史的研究提供另外一个视角和些许启示。可以看到，维护伦敦作为全球金融中心的地位是英国金融监管不断改革的基本动力，也是防止资本贪婪，维护英国整体利益的必然手段。通过保障金融机构和金融市场的安全和稳定以实现金融稳定，进而保证英国经济稳定、政治稳定和社会稳定，维护伦敦世界金融中心的地位，维护英国的世界大国地位。

研究英国金融监管的历史演变在国内史学界具有一定的开拓意义。英国的金融监管在长期历史演变中形成了自己的典型特点。加强对英国金融监管成功经验和失败教训的研究，对推动和提升我国的金融监管工作具有重要的现实意义。

二　研究现状

（一）国外研究

国外对英国金融史的研究体系全面，成果丰富，尤其在金融市场、银行体系、英格兰银行等领域。哈格里夫斯的《国债》（1930 年）是研究英国国债的重要著作之一，对英国国债的起源和发展进行了深入研究，涵盖了从光荣革命到第一次世界大战后二百多年的历史，是研究英国国债市场的基础性著作之一。安德雷亚斯的《英格兰银行史》（1935 年），是研究英格兰银行历史发展的重要著作，其中，对英格兰银行在历次经济危机中的表现进行了深入分析。科特雷尔的《工业融资：1830—1914》（1983 年）对英国资本市场在工业发展中的作用进行了系统研究，包括股份公司的发展、银行体系对工业融资的支持等。杰克·瑞维尔的《英国金融体系》（1983 年），对英国现代金融体系、银行体系和储蓄机构做了详尽的分析。对 20 世纪 50 年代以来英国次级银行体系的介绍也非常全面，是了解英国现代金融体系的重要著作。理查德·罗伯茨和戴维·克里斯托编著的《英格兰银行：货币、权力和影响（1694—1994）》（1995 年），是纪念英格兰银行成立三百周年的论文集，对英格兰银行的成立、与政府的博弈、对经济发展的促进、在国际上的定位等做了深刻剖析。阿尔伯恩的《孕育公司》（1998年），站在政治角度，重点研究了英国的主要股份公司，包括东印度公司、英格兰银行以及股份银行、铁路股份公司。米奇的《伦敦证券交易所史》（1999年），系统研究了伦敦证券交易所三百年的发展历史。由迈克·巴克尔和约翰·汤普森合著的《英国金融体系》（中译本，2005年），介绍了英国的金融体系，对中央银行业务和金融监管也分章做了介绍，重点论述了现代英国金融监管的发展过程，对理解近三十年以来英国的金融监管演进具有十分重要的意义。理查德·罗伯茨的《伦敦金融城——伦敦全球金融中心指南》（中译本，2008年），站在伦敦金融城的视角，对英国金融业发展的来龙去脉做了线条式的梳理。白芝浩的《伦巴第街：货币市场记述》（中译本，2008年），是研究英国19世纪货币市场的经典之作，其中对英格兰银行中央银行职能进行了系统阐释。墨菲的《英国金融市场的起源》（2009年），对英国资本市场的早期历史进行了分析。乔治·G.布莱基的《伦敦证券市场史（1945—2008）》（中译本，2010年），介绍了第二次世界大战以后伦敦证券市场的发展历程。赛耶的《英格兰银行（1891—1944）》、福德的《英格兰银行（1941—1958）》、卡佩的《英格兰银行：1950年代—1979》（2010年）构成的三部曲，详细介绍了英格兰银行自成立以来的发展历史，是研究英格兰银行史的重要著作。约翰·H.伍德的《英美中央银行史》（中译本，2011年），从货币角度详细分析了英格兰银行中央银行职责的演变发展，对细致了解英国货币政策和金融监管的发展历程提供了很好的素材。

　　在英国金融危机的专项研究方面，著述也非常丰富。马格瑞特·瑞德的《次级银行危机，1973—1975》（1982年），详细研究了次级银行危机的原因、过程以及英格兰银行的救助和危机的教训。金德尔伯格的《疯狂、惊恐和崩溃：金融危机史》（中译本，2008 年），深入研究了金融危机的一般过程和规律，总结了金融危机发生的教训，提出了自己的核心观点，即市场总体运行良好，但有时也会超负荷，需要帮助。其中对英国发生过的多次金融危机也进行了分析。古德哈特的《对金融危机的做出的监管调整》（2009 年），重点研究了 2007 年金融危机，总结了危机的教训，并提出未来金融监管的重点问题。卡佩的《英格兰银行：1950 年代—1979》（2010 年），有两章重点介绍了次级银行危机及以后的金融监管变革。斯蒂芬·范的《巴林银行的倒闭》（1996 年），介绍了巴林银行一百多年的成长发展史，分析了该银行倒闭的原因，从监管角度进行了深入剖析。皮特·G. 张的《巴林银行的倒闭与金融衍生品》（1995 年），通过对巴林银行倒闭的研究，重点分析了金融衍生品带来的风险。约翰逊·配第和 S. C. 格尼合著的《非法银行：深入国际商业信贷银行的核心》，是研究国际商业信贷银行倒闭细节问题的著作之一。古德哈特的《古德哈特货币经济学文集》（中译本，2010 年），深入探讨了金融稳定的新方向，并从历史角度分析了英国的金融监管。古德哈特认为，国际金融监管的核心问题，是如何处理具有国家特点的监管法律与国际化的金融中介的关系。文集还涉及金融监管组织结构的问题，并对集中式银行监管和分离式银行监管模式作了比较研究。科纳汉的《英格兰银行（1997—2014）》（中译本，2015 年）介绍了自 1997 年以来英格兰银行的改革历程，包括2008 年金融危机后英格兰银行采取的应对措施和监管改革。

另外，自 20 世纪下半期，尤其是 70 年代以来，英国金融监管法规出台十分密集，体现出金融监管理念的不断调整变化。金融监管法律经历了从无到有、从简单到复杂、从分散到集中的过程。第二次世界大战结束后，工党政府上台，颁布《1946 年英格兰银行法》，将英格兰银行国有化，并给予其从银行获得监管信息的权力。次级银行危机发生以后，英国反思银行监管问题，出台《1979 年银行业法》，从法律上正式明确银行以及其他存款吸收机构由英格兰银行负责监管，这是英国金融监管历史演变的里程碑。80 年代，英国迈入混业经营时代，为促进金融业发展，出台《1986 年金融服务法》，确定证券业自律监管与外部监管相结合的监管体系。《1987 年银行法》在英格兰银行建立银行监管委员会，力图进一步强化银行业监管，同时取消了对银行与存款吸收机构的双线管理模式，统一为单线管理。1997 年工党政府上台后，吸取过去十年银行倒闭的教训，谋划金融监管体系的大变革。《1998 年英格兰银行法》成立货币政策委员会，赋予英格兰制定和执行货币政策的权力，取消其银行监管权。《2000 年金融服务与市场法》是英国一个世纪以来最重大的金融监管改革法案，建立了超级金融监管机构—金融服务监管局，将银行、保险、证券、投资等金融机构的监管全部纳入其中，这是对金融混业经营做出的监管改革。

　　总之，国外在英国金融史领域，包括金融危机和金融监管等方面的研究著述很多，这里不再一一列举。

　　（二）国内研究

　　国内研究方面，主要文章包括：2001 年乔海曙的《金融监管体制改革：英国的实践与评价》（《欧洲研究》2003 年第 2 期），着重介绍了英国 2000 年以来集中式金融监管体制的形成和特点，认为 2000 年金融监管改革是英国适应全球金融混业经营的需要，对于提高金融监管效能，促进欧洲统一金融监管具有重大意义，为全球金融监管树立了典范。江时学的《金融危机与英国的金融监管》（《欧洲研究》2009 年第 6 期），回顾了金融"大爆炸"（Big Bang）的成败得失，阐述了英国金融监管向单一监管模式过渡的前因后果，介绍了国际金融危机爆发以来英国金融监管的一些新动向。他认为，集中监管模式和分业监管模式各有利弊，没有一种完美无缺的监管模式；对"自由银行业"的说法提出质疑，认为银行业不同于其他行业，必须进行监管；对质疑金融创新的论说提出批评，认为要鼓励金融创新，但要加强监管，金融监管改革不会对伦敦作为全球金融中心的地位产生损害。另外，胡滨、尹振涛的《英国的金融监管改革》（《中国金融》2009 年第 17 期），着重介绍了 2009 年银行法的主要内容。李扬、胡滨主编的《金融危机背景下的全球金融监管改革》（社会科学文献出版社 2010 年版），其中第三章分析了 2007 年金融危机以后英国的金融监管改革，并结合过去半个世纪的历史，简单介绍了英国金融监管的历史由来。周泽新的《危机与应对——英国银行破产制度的重大变革及其启示》（《西部法学评论》2011 年第 1 期），对英国金融危机以后银行破产制度的改革做了详细介绍，指出金融危机爆发后，英国通过《2009 年银行业法》建立了全新的专门适用于银行破产的制度体系。徐滨的《一八二五年英国金融危机中的政府应对及制度变革》（《历史研究》2017 年第 5 期），对 1825 年危机进行了深入全面的细致分析，阐释了政府在应对危机中发挥的作用，分析了政府与市场的关系。另外，还有几篇学位论文涉及英国金融监管，主要包括陆航的《英国金融监管制度变迁对中国的启示》（硕士学位论文，北京师范大学，2010 年），通过对英国金融监管制度的变化分析，指出了对中国的借鉴意义。魏凡的《英国银行监管制度及其对中国的启示》（硕士学位论文，华东政法学院，2005 年）也是通过对英国金融监管制度的分析研究，结合我国的监管实践，提出了自己的意见。

从国内研究可以看出，对英国金融危机与金融监管的研究，虽然文章较多，但目前仍没有一部综合性的专著出现，对英国金融监管历史发展的研究也较少。

三　研究方法

根据研究内容，本书主要采用以下研究方法。

第一，历史方法。历史方法主要是按历史发展的自然进程来揭示历史发展规律性。这一方法主要用于结合英国经济史，分阶段展示金融监管的历史变迁和主要脉络，进行个案分析。

第二，归纳法。通过对历次金融危机（银行倒闭事件）的发生原因、过程和影响的分析，了解金融危机的特点和一般性规律，努力掌握英国处理金融危机的方法和特点，以期在防范和解决金融危机的宏观监管层面有一些初步认识，并能提出一些自己的看法。

第三，比较研究法。通过分析历次金融危机（银行倒闭事件）的时代背景和爆发原因以及发展和影响，比较研究其异同，从而能够更系统、更全面地去研究金融危机和金融监管。

四　基本结构和主要内容

本书共分为十二章，各章主要内容介绍如下。

第一章介绍了英格兰银行的成立。英格兰银行的成立是英国金融监管产生的起点。英格兰银行的成立是为战争融资，成立后即开始了稳固自身地位的斗争。土地银行的设立计划对英格兰银行造成巨大威胁，最终被英格兰银行成功阻击。这些斗争的胜利为英格兰银行以后承担起金融稳定职责并最终成为中央银行创造了条件。

第二章介绍了 18 世纪的主要金融危机与应对。英格兰银行早期对危机的应对和救助行为并非主动，乃是为延长特许所需，或被政府要求而不得已为之。1720 年的南海泡沫危机是英国历史上第一次系统性金融危机，期间政府出台《泡沫法案》，是英国历史上第一部金融监管法案。南海公司最终被一分为二。在政府融资领域，英格兰银行再无对手。18 世纪的多次危机中，英格兰银行通过流动性注入发挥了最后贷款人的作用。

第三章介绍了 19 世纪的主要金融危机与应对。19 世纪的多起危机中，1825 年危机和 1866 年危机是系统性金融危机。这一时期最重要的两部银行法案是《1826 年银行法》与 1844 年的"皮尔法案"。《1826 年银行法》规定可以成立其他股份银行，政府借以增强银行体系的力量，摆脱危机期间对英格兰银行的依赖。"皮尔法案"将英格兰银行分为发行和银行业务部，一定程度上分散了英格兰银行初步形成的监管意识和注意力，转而寻求与其他商业银行的业务竞争，为 1866 年危机埋下伏笔。1890 年对巴林银行危机的成功处置标志着英格兰银行开始主动承担起维护金融稳定的责任。

第四章介绍了 20 世纪正式金融监管的形成。英国历经两次世界大战和大萧条，没有出现系统性金融危机。金融监管逐渐成为政府的一项重要职责。《1946 年英格兰银行法》将英格兰银行国有化，给予其获取银行信息的权力。对银行业的监管开始逐渐增强，着重在许可管理和存款人保护等方面，主要通过《1948 年公司法》《1963 年存款人保护法》《1967 年公司法》等明确。针对证券行业的欺诈行为，英国出台《1939 年防欺诈法》《1958 年防欺诈法》。对保险业的监管进一步完善，出台《1958 年保险公司法》，《1967 年公司法》也对保险业监管做了进一步补充。英国以政府监管为主的正式金融监管体系形成，英格兰银行以其权威性和影响力协助政府对银行业进行监管。

第五章介绍了次级银行危机与《1979 年银行法》。次级银行在 20 世纪五六十年代后快速发展，《竞争与信贷控制法》出台以后，银行业竞争加剧，次级银行危机爆发。英格兰银行组织"救生艇"行动，对次级银行进行救助。危机引发社会各界对金融监管的思考，推动了《1979 年银行业法》的出台。该法第一次以法律形式明确了英格兰银行对银行业的法定监管职责。这期间，在英国推动下，巴塞尔银行委员会成立，1975 年公布《关于银行外国分支机构的监管》，意味着国际金融监管合作迈出重要一步。欧洲共同体于 1977 年颁布《第一号银行指令》，也促进了英国国内银行监管的立法工作。

第六章介绍了 70 年代证券业和保险业的金融监管改革与国际监管合作。证券业方面，贸易部与英格兰银行合作，持续对行业监管现状进行调查，力图改革证券监管体系。贸易部先后颁布《1974 年保险公司法》和《1982 年保险公司法》，前者增强了贸易部监管保险公司的权力，后者明确寿险业务和财险业务须分离经营。

第七章介绍了约翰逊·马西银行事件与《1987 年银行法》。约翰逊·马西银行自 80 年代以来贷款业务增长很快，出现巨大的风险敞口，资本金无法抵补风险准备金，导致问题爆发。英格兰银行担心任其倒闭会影响伦敦作为国际黄金市场和金融中心的地位，决定对其实施救助。此次事件暴露了一系列监管问题，包括外部审计机构的造假问题。英格兰银行成立彭伯顿委员会对此次事件进行了调查。根据调查报告，英格兰银行成立银行监管委员会，政府推出《1987 年银行业法》，将银行及存款吸收机构的双线管理模式合并为单线监管模式。

第八章介绍了"大爆炸"与国际金融监管合作。1986 年，英国通过《1986 年金融服务法》，证券业自律监管与外部监管相结合。至此，在英国金融监管体系中，英格兰银行负责银行监管，证券与投资委员会负责证券与投资公司监管，贸易与工业部仍负责监管保险公司，监管特点是混业经营、分业监管，外部监管与自律监管相结合。国际金融监管方面，英国根据欧共体指令强化银行集团监管。在英国和美国的推动下，巴塞尔协议达成。

第九章介绍了国际商业信贷银行事件与监管影响。国际商业信贷银行于 1972 年在卢森堡注册。该银行涉及做假账、违规借贷、洗钱等诸多问题。1991 年 7 月，英格兰银行关闭该银行。这起事件使英格兰银行受到强烈批评。宾汉姆调查组对此事件进行了调查，调查结果认为，虽然存在监管漏洞，但英格兰银行没有失职。这次危机还暴露出国际金融监管合作的严重不足，事件后巴塞尔委员会强化了对国际银行集团的监管指导。

第十章介绍了巴林兄弟银行（简称"巴林"）倒闭事件与监管影响。80年代以来，巴林开始涉入投资银行业，从事金融衍生品交易。1995年，新加坡子公司交易员内森的违规操作和欺诈，导致巴林出现巨额亏损而倒闭。英格兰银行再次受到强烈批评，人们认为英格兰银行没有及早发现巴林的问题，缺乏对巴林的有效监管。

第十一章是20世纪末的金融监管改革。1997年工党政府上台后推动了英国20世纪以来最重大的金融监管改革。依照《1998年英格兰银行法》，英格兰银行获得实施货币政策的独立权，但不再享有银行监管权。成立金融服务监管局，将银行、保险、住房抵押贷款互助会、投资银行、金融市场的金融监管权限全部纳入，成为权力极大的超级监管机构。英格兰银行、金融服务监管局、财政部签署三方备忘录，设立三方常务委员会，统一协调金融稳定和金融监管事务。《2000年金融服务与市场法》以法律形式确定了新的监管体系、监管方法和监管内容。这次监管改革，顺应了当时国际金融混业经营的形势，标志着英国的金融监管进入混业监管时代。这次改革受到国际社会的广泛瞩目，影响巨大。

第十二章是结论。

第一章　英格兰银行的成立

第一节　英格兰银行的成立

一　成立的背景

英格兰银行成立于 1694 年，与欧洲其他国家与地区的公共银行相比成立较晚，比如荷兰、瑞典和德意志。早在 16 世纪末，有一项法案曾提出在英格兰的七个大城市，比如伦敦、约克、考文垂等地各建一家银行的建议，这些银行的功能不是向工商业提供贷款，而是为中下层百姓提供消费贷款。1640 年，查理一世因为财政收入断流，下令铸币厂停止支付任何铸币，将铸币全部收归己有，那些在铸币厂存有铸币的商人将获得 8% 的利息。后来这些商人得到偿还，但这一事件使商人们感到在王权体制下个人财产难以获得安全保障。此后，商人们开始将黄金或白银存放在金匠那里，金匠为他们开具收据，收据可以流通，成为日后银行券的起源。当时英国国内的政治社会状况并不具备公共银行产生的良好环境。国内对建立公共银行体系在很大程度上还没有形成一致认识。1658 年，一位名叫塞缪尔·兰姆的人还正式向议会提出成立银行的申请，但未获得回复。[①] 护国主时期和复辟

---

① Andreades, A., *History of the Bank of England*, Translated by Meredith, C., Third Edition, London: P. S. King & Son, Ltd, 1935, pp. 26 – 28.

时期，金匠发挥了银行的作用，给克伦威尔和查理二世提供了大量贷款，但也损失惨重。查理二世同荷兰开战，军费巨大，国库入不敷出。财政收入的短缺，使建立一个公共银行进行融资成为迫切需要。但私人财产安全是成立公共金融机构的必备条件，王权体制下这一点很难得到充分保障。由于和议会对立，面对庞大战争费用的查理二世在增税问题上无法得到议会支持，于是他另辟蹊径，大量发行偿债指示书，这种偿债指示书保证在偿还本金之前按6%的年利每半年支付一次利息，根据它们的发行顺序在交税时可与硬币兑换。另外，海军部还发行了在购入物品时替代现金使用的支付指示书。有人认为如果查理二世是个很好的管理者，这些信用工具必将改变英国货币史。但是，由于预收税款的做法严重影响了税收，查理二世的财力难以维持与荷兰的战争，1672年1月，他宣布停止偿还一切债务本息一年，到年底又宣布再延续5个月。[①] 很多金匠银行发生硬币挤兑，导致停止支付。这次债务违约再次沉重打击了人们的信心，也就影响了公共金融机构的出现，这使银行的诞生又延迟许多年。

詹姆士二世即位后，无论是政治还是财政，原本有一个很好的执政基础，但很快被他破坏。1688年11月1日，威廉率领2万人在英国登陆，詹姆士二世逃亡法国，英国实现了一次不流血的革命。英国资产阶级力图在不否定王权的框架内平衡王权和议会的关系。议会希望威廉能够抗衡法国的路易十四，以打击受其支持的詹姆士党人。为巩固自身地位，平衡欧洲大陆的关系，威廉决定在国内问题上向议会做出让步。国王与议会之间的妥协，不仅影响到英国未来的政治格局，也深刻影响到英国的财政金融制度。1689年《权利法案》规定，未经议会批准，国王利用自身权力进行集资违法，国王课税须经过议会批准。随后，议会开始建立议会直接征税的

---

① ［日］富田俊基：《国债的历史：凝结在利率中的过去与未来》，彭曦、顾长江、曹雅洁、韩秋燕、王辉译，南京大学出版社2011年版，第47页。

体制。王室费用由议会拨付的税款支付，国王支出成为国库支出的一部分，于是，"王债"开始变为"国债"。1692 年，议会新设立恒久税，作为国债支付利息的担保。自此，过去债务支付的不确定性以及缺乏信用的"王债"时代结束了，国债的利息支付有了专门税收作为保障。政治体制的变革使王权受到限制，私人财产权得到了保护。这些条件，使英国成立一家公共银行成为可能，这也就为英格兰银行的成立创造了条件。

二　英格兰银行的成立

光荣革命后，英国随即投入和法国的战争，史称"九年战争"。战争的关键是资金。国王和议会采用各种办法筹集资金。1688 年前，英国政府每年的财政支出不到 200 万英镑，从 1689 年到 1702 年则快速增长到每年 500 万到 600 万英镑。① 九年战争时期，每年的税收收入平均为 364 万英镑，虽然是光荣革命前的近两倍，但仍然难以应对支出的增长。② 这种情况下，威廉三世只能通过借款筹集费用，有时不得不从金匠和商人那里以 30% 的利率进行短期借款。③ 九年战争和 18 世纪的其他战争不同，大部分军费由税收和短期借款构成。短期借款是获得议会批准的新税种的预收税款，一般设立了 4—7 年的还款期限，但在期限内经常出现不够偿还本息的情况。④ 从 1688 年到 1697 年，政府的短期债务总额超过 3200 万英

---

① Dickson, P. G. M., *The financial revolution in England: a study in the development of public credit, 1688 – 1756*, New York: St. Martin's Press, 1967, p. 46.

② Brewer, J., *The Sinews of Power: War, Money and the English State, 1688 – 1783*, London: Unwin Hyman, 1994, p. 89.

③ ［美］悉尼·霍默、［美］理查德·西勒：《利率史》，肖新明、曹建海译，中信出版社 2010 年版，第 137 页。

④ ［日］富田俊基：《国债的历史：凝结在利率中的过去和未来》，彭曦、顾长江、曹雅洁、韩秋燕、王辉译，南京大学出版社 2011 年版，第 50 页。

镑，年利率为 5% 至 8%。① 由于仍不能满足需求，议会于 1692 年 12 月通过了长期债务融资的法律，以对啤酒及其他酒类的物品实行恒久的追加课税为保证，开始发行长期国债，意味着英国开始建立国债制度。② 起初计划发行唐蒂年金筹资 100 万英镑，但仅获得 10.8 万英镑。于是，议会又发行了终身年金。从 1693 年到 1694 年，筹集到 89 万英镑。1694 年，以一代、二代和三代年金的形式筹集到 30 万英镑。随后将终身年金转换为 96 年期年金，又筹集到 67 万英镑。③ 1694 年，还发行了附带彩票的永久年金，募集到 100 万英镑，以对进口盐增加的关税作为保证支付利息。④ 即使如此，仍然入不敷出。1694 年 4 月，《财源筹集法》（吨位税法）颁布，对向政府融资 150 万英镑的国民，以吨位税及新物品税为担保，支付一定金额的利息和手续费。在辉格党人财政大臣蒙塔古与苏格兰银行家威廉·佩特森的推动下，英格兰银行的创设被加进该法第 19 章。政府向银行借入 120 万英镑，其余 30 万英镑通过终身年金筹集。政府每年向英格兰银行支付 10 万英镑，其中，96000 镑作为利息（年利率 8%），4000 镑作为管理费。英格兰银行以此获得当时已知的全部银行业务，包括吸收存款、发行银行券和贷款等业务。法案授予银行在今后 12 年内发行不超过资本额的记名票据的特权，英格兰银行盖章的票据可以背书转让，起到了银行券的作用，持有日息 2 便士（年利率 3%）票据的人可以在银行兑换现金。法案还规定，1705 年以后，政府若偿还了借款本金，这些特权将

---

① Murphy, A. L., *The Origins of English Financial Markets：Investment and Speculation before the South Sea Bubble*, Cambridge：Cambridge University Press, 2009, pp. 39 - 40.

② ［日］富田俊基：《国债的历史：凝结在利率中的过去和未来》，彭曦、顾长江、曹雅洁、韩秋燕、王辉译，南京大学出版社 2011 年版，第 50 页。

③ Carruthers, B. G., *City of Capital：Politics and Markets in The English Financial Revolution*, Princeton：Princeton University Press, 1996, p. 75.

④ ［美］约翰·H. 伍德：《英美中央银行史》，陈晓霜译，上海财经大学出版社 2011 年版，第 36 页。

被取消。希克斯指出:"该银行当初的目的在于开辟市民储蓄渠道,用以筹集对路易十四的军费。"① 英格兰银行宪章规定,行长必须认购4000股,副行长3000股,董事2000股。每年3月25日到4月25日,英格兰银行拥有超过500股的股东们将选举新行长、副行长和董事。② 英格兰银行的成立,除了战争经费所需以外,还有重要的商业需要。一是对利率管理的需要,二是商业流通对纸币的需求。此前,虽然英国制定了借款利息的最高限制,但是金匠银行家们认为这一利率太低。有证据显示,当官方利率最高限制为6%的时候,穷人从金匠那里获得的贷款,年利一般不低于33%,据说还曾达到过70%甚至80%的高点。因此,国内迫切需要一家银行能确定或引导基准利率,规范信贷市场。另外一点是纸币需求。建立发行纸币的银行,可以缓解商业流通中货币不足的问题,从而促进商业发展。17世纪末期的英国,贸易和商业发展迅速,由于流通硬币不足,经济发展受到很大影响。纸币以硬币为基础,可以作为流通工具填补硬币的不足。事后证明,英格兰银行的成立,使这两个问题都获得了很大程度的解决。英格兰银行成立后,市场对其发挥的重要作用也很认可,从其股票价格就可以看出。1694年10月25日,股价上涨到每股105英镑。随后经过一段时间回调后,到1695年3月25日,股价降至为99英镑。到1696年1月,股价再次回升到108英镑。

英格兰银行成立之际,第一任行长宣誓要尽全力以合法方式支持并努力使英格兰银行长期经营下去,维护其自由和权力。24名董事宣誓要竭尽所能为英格兰银行提供最好的建议和支持。第一届董事中,大多数人都

---

① [日]富田俊基:《国债的历史:凝结在利率中的过去和未来》,彭曦、顾长江、曹雅洁、韩秋燕、王辉译,南京大学出版社2011年版,第52页。

② Elizabeth Hennessy, "The Governors, Directors and Management of the Bank of England", *The Bank of England : Money, Power and Influence 1694 - 1994*, Oxford: Clarendon Press, 1995, pp. 185 - 216.

是伦敦富商，他们和伦敦市议会以及市议员有很紧密的联系。第一任行长是约翰·霍伯伦（霍伯伦是一个非常显赫的家族），从 1694 年到 1697 年任职，此后还一直是英格兰银行的董事，直到 1712 年去世。他的两个兄弟也是第一届董事会的董事，其中一个还在 1703 年到 1705 年担任英格兰银行行长。在这些董事中，有一位名叫汉斯·考特，是一名西班牙酒贸易商，他先后于 1709—1711 年和 1723—1725 年两次担任英格兰银行行长，并在担任行长之前未曾担任过副行长。于是此后英格兰银行形成一个惯例，就是担任两年行长之前必须担任两年副行长。这个设计对未来英格兰银行的战略和政策产生深远影响，在以后两百多年的时间里，英格兰银行的政策始终保持了连贯性和保守型。克莱汉姆对此评论道："这个机制引入了连续性，并最终使英格兰银行在政策方向上具有显著的保守主义。"英格兰银行第一届董事会中，有 7 位是来自欧洲大陆逃难的新教徒后裔。这个时期有很多伦敦商人都是来自欧洲大陆的新教徒，尤其是来自法国的新教徒，他们很自然地支持光荣革命，为了支持同法国作战，努力募集资金并建立英格兰银行，这使英格兰银行为政府筹资的活动效率极高，仅 12 天就完成全部入股资金的募集。在 1697 年的选举中又有更多的新教徒入选董事会。① 英格兰银行在成立时确立的组织结构和管理模式持续了很长时期，深刻影响着英格兰银行的未来。

英格兰银行成立早期阶段，反对声此起彼伏，从未停息，土地阶层、贸易精英和金匠银行家等反对尤甚。这些阶层认为自身的利益受到影响，在议会和金融市场不断对英格兰银行进行干扰和攻击。早在英格兰银行的法案提交议会上院时，托利党议员就强烈反对。他们认为，英格兰银行很明显为共

① Elizabeth Hennessy, "The Governors, Directors and Management of the Bank of England", *The Bank of England : Money, Power and Influence 1694 - 1994*, Oxford: Clarendon Press, 1995, pp. 185 - 216.

和人士服务，这将削弱王室力量。英格兰银行很有可能在未来产生垄断资本的力量，从而增加土地阶层筹集资本的难度。由于英格兰银行的股票可以流通，吸引了大量社会资本，对贸易和土地价格都会产生不利影响。土地是生产性资源，价格由土地产生的未来价值决定。利率提高，土地价格就会下调。高利率使土地所有人很难以土地为担保借到资金。利率上涨，税率也向上攀升，而地租价格和土地价格却不断下调，这是土地阶层难以忍受的状况。17世纪90年代，英格兰银行的股票在资本市场吸收大量资本，导致贸易领域的资金相应减少，英格兰银行的反对者认为正是英格兰银行导致了信贷短缺，损害了商业利益。在英格兰银行股票价格上涨的同时，贸易却出现下滑，这很容易使人们认为是英格兰银行间接引发了贸易萎缩。金匠银行家也是反对英格兰银行的一支重要力量。英格兰银行发行银行券，吸收存款，导致金匠的业务大幅下滑。英格兰银行成立的几年里，金匠们采取措施对英格兰银行进行反击。一开始，他们拒绝接受英格兰银行的银行券。1696年5月，一批金匠还组织起来储存了大量英格兰银行的银行券，要求英格兰银行立即兑换成现金，构成一次流动性危机，给英格兰银行带来不小麻烦。

第二节　面临的挑战

英格兰银行成立后，便被很多人羡慕。英格兰银行主要是辉格党人推动成立的，于是，托利党人便开始计划建立一家类似的银行，成为英格兰银行的竞争对手，这就是土地银行计划。这一计划的主要推动人是张伯伦和布里斯科。布里斯科得到了哈利伯爵和那些英格兰银行反对者的支持。布里斯科表态可以筹集到两倍于英格兰银行股本的资金，并将全部资本借给政府。土地银行以土地资产为担保，可以发行银行券。不过张伯伦和布里斯科也认识到土地银行不可能过度发行银行券，因为每发行一定单位的银行券必须有同等价值的土地资产作为保证。土地不同于黄金和白银，流动性有限。如果银行券发行过量，人们需要兑换现金，土地银行不可能迅速拿出铸币进行支付。于是，他们建议将土地银行发行的银行券确定为不可兑换的法定货币。1696 年 2 月 10 日，下院召开会议研究筹集 200 多万英镑资金的议案，没有邀请英格兰银行参与。有人建议发行国库券筹资，未获通过。最终议会还是决定建立一家土地银行，通过募集股本融资。财政大臣蒙塔古未雨绸缪，为避免土地银行设立失败，他另外起草了发行国库券（Treasury Bills）的条款，包括发行 150 万英镑国库券和 106 万英镑 7 厘息的国债，以便在土地银行设立不成功的情况下仍能筹集到相应资金。为了显示反对英格兰银行的坚定态度和避免出现干扰，发起者强调任何和英格兰银行有联系的人不能进入土地银行管理层。最后议会制定了以盐税为付息担保的《财源法案》（《ways and means bills》），目标是筹集256.4 万英镑，由哈利等人负责此项任务，年利率为 7%。法案内容除设立土地银行以及筹资额度以外，大部分和设立英格兰银行的《吨位税法》相同。设立土地银行的消息传出后，人们普遍认为英格兰银行不是土地银行的对手，英格兰银行的股价开始下跌。1696 年 2 月 1 日，英格兰银行的股价 107 英镑，到议会会议结束后的 14 日，股价下跌到 83 英镑，跌幅22%。随后，议案上报议会审议，当月获得通过。辉格党没有在议会成功阻击托利党人设立土地银行的议案，主要原因在于辉格党党内也有乡绅，他们希望能够通过新银行得到土地担保融资。[①] 法案于 4 月 27 日获得王室批准，银行的名称是"国家土地银行行长公司"[②]。国王任命了一个委员

---

① ［日］富田俊基：《国债的历史：凝结在利率中的过去和未来》，彭曦、顾长江、曹雅洁、韩秋燕、王辉译，南京大学出版社 2011 年版，第 53 页。

② Andreades, A., *History of the Bank of England*, Translated by Meredith, C., Third Edition, London: P. S. King & Son, Ltd, 1935, p. 105.

会专门募集资本，要求当年 8 月 1 日前必须募集到发行总额度的一半，其余额度在下一年募集完成。为避免投机，委员会还采取了英格兰银行股份募集时采用的办法，即要求认购者必须立即支付认购额度的四分之一。法案规定，无论政府采取季度或半年度的付息方式，土地银行必须以 3.5% 至 4% 的利息向政府至少提供 50 万英镑贷款。如果土地银行连续两年未获得利息，可以出卖土地。募集工作从 5 月 25 日开始，到 8 月 1 日结束。意外的是，设立计划仅仅募集到 2100 英镑，土地银行设立失败。由于和英格兰银行有业务往来的商人被禁止出资，限制了托利党的地主们想获得的低息融资。英格兰银行四处游说，希望那些和英格兰银行有业务往来的商人不要购买土地银行的股份。即便如此，英格兰银行仍然受到很大影响，股价从 107 英镑下跌到 83 英镑，而且，在英格兰银行忙于应付土地银行的威胁时，金匠们又发起挑战。此时正处于英国货币改革时期，1696 年 5 月 4 日，英格兰的旧铸币中止流通，新的铸币尚未铸造完成，英格兰银行的手中没有多少现金。5 月 6 日，对英格兰银行不满的金匠趁此机会组织了对英格兰银行的挤兑，力图给英格兰银行一个措手不及。英格兰银行不得不以小额硬币支付的方式进行应对，而且只提供了他们需要的十分之一。德高望重的行长亲自出面，承诺新铸币到位后立即兑换，这才平息了这次风波。①

土地银行设立的失败使托利党人的信誉受到沉重打击。人们转而认为，只有辉格党人才能为政府顺利筹集资金。英格兰银行虽然受到冲击，但在危机后挺身而出。为应对货币重铸引发的资金短缺，英格兰银行以 6% 的年利向股东筹款 24 万英镑，还从阿姆斯特丹银行筹款 10 万英镑，

---

① ［日］富田俊基：《国债的历史：凝结在利率中的过去和未来》，彭曦、顾长江、曹雅洁、韩秋燕、王辉译，南京大学出版社 2011 年版，第 54 页。

将总计 34 万英镑借给政府，缓解了政府的临时流动性困难。[1] 政府也启动了蒙塔古发行国库券的计划，解了燃眉之急。受到九年战争的影响，政府的资金压力仍然很大。1697 年 1 月，议会向英格兰银行提议，如果银行需要延续特许（此时距特许权的再次延续还有 10 年时间），议会希望能从英格兰银行再借 250 万英镑，以盐税为担保。英格兰银行表示，手里还没有如此多的现金，很难达到这个规模的资金要求，但提议可以增加银行资本，并再次将这部分资金借给政府。于是，这一提议形成的议案于 2 月 3 日获得下院通过，英格兰银行增加了 1001171 英镑原始资本。这部分新认购股本，五分之四可以以国库券认购，另外五分之一可以用英格兰银行的银行券认购，所有认购者根据相应股份承担有限责任。英格兰银行的特许被延续到 1710 年，在此期间，议会不再颁发新的股份有限责任银行特许。借款按照 8% 的年利计算，以盐税为担保。另外，此后的银行券可以不经背书直接转让（1716 年则开始发行不附息的银行券）。1697 年法案的另外一个影响是进一步增强和确认了英格兰银行在国债筹集当中的重要地位，使英格兰银行的股票价格如同它发行的银行券一样，很快恢复到面值。英格兰银行还在次年 9 月 21 日进行了第二次年度分红，红利率为 7%。[2] 对英格兰银行而言，虽然土地银行设立失败，但这次事件也令其心惊肉跳。一旦设立成功，英格兰银行不仅会失去唯一股份银行的地位，而且由于土地银行可以发行银行券，必将严重侵蚀英格兰银行的利润空间，对未来的经营环境造成严重威胁。英格兰银行成立不久，根基未稳，土地银行的资本规模大于英格兰银行，未来在政府的融资业务方面是否能够胜出，英格兰银行没有十分的把握。在英格兰银行的积极运作下，终于

---

[1] Andreades, A., *History of the Bank of England*, Translated by Meredith, C., Third Edition, London: P. S. King & Son, Ltd, 1935, pp. 107 - 108.

[2] Ditto, p. 113.

阻击成功。这次阻击战的意义不小于后来的南海泡沫危机。这场胜利坚定了英格兰银行的信心，并为后来继续延伸和扩大政府债务融资创造了条件。

英格兰银行的成立是英国金融革命的重要组成部分，对英国财政史、资本市场史都产生巨大而深远的影响。这种影响，在英格兰银行成立之初，无论是它的支持者还是它的反对者，都无法想象和预测。从政府财政角度而言，英格兰银行的成立构成金融革命的关键内容。马基林·哈特曾对荷兰与英国金融革命中成立的阿姆斯特丹银行和英格兰银行进行了对比，分析了英国金融革命优于荷兰金融革命的原因。哈特认为，英格兰银行以股份公司的形式成立，这是英国第一个也是最重要的一个为政府筹集资金的金融机构。英格兰银行的建立，引起了伦敦资本市场的高度活跃，而阿姆斯特丹银行在这方面并没有发挥什么作用。英格兰银行虽然是股份公司，但还是受到政府的直接影响，承担了国家层面的任务，比如发行银行券、管理国债。通过发行银行券，英格兰银行还成为国家的储备银行，得以在金融危机期间保持高度弹性，为缓解和解决金融危机发挥着不可替代的作用。这些都是阿姆斯特丹银行不具备的。[①] 虽然阿姆斯特丹银行没有发挥出英格兰银行在公共财政和资本市场那样的关键作用，但英格兰银行的成立在很大程度上模仿了当初的阿姆斯特丹银行。英格兰银行的成立在英国金融监管史上也同样是一件里程碑式事件。英格兰银行的成立是英国金融监管历程的起点。在政府的协调下，英格兰银行一次次从金融危机的处理当中获取经验，不断提高和完善自己应对金融危机的能力和手段，逐渐在处理金融危机当中担当起主要责任。

---

① Marholein't Hart. ，"Mobilising resources for war in eighteen century Netherlands. ：The Dutch financial revolution in comparative perspective"，Paper for the IEHA Congres IN Helsinki Session 69 "Mobilising Money and Resources for War"，2006.

第二章　18 世纪的主要金融危机与应对

第一节　南海泡沫危机与应对

一　南海公司的成立与国债转换

英格兰银行成立二十多年后，英国爆发本国历史上第一次系统性金融危机——南海泡沫危机，对英国资本市场和金融体系产生深远影响，是英国金融监管史上的一次重大事件。这首先要从南海公司的成立说起。

南海公司的成立，与英国的国债发行和国债转换紧密相关，也与辉格党和托利党的两党相争密不可分。早在查理二世后期，英国政坛分野已十分明显。议会颁行《排斥法案》，目的就是防止查理二世以后王位落入天主教徒手中。在王位继承问题上的争执，导致议会分裂为两个派别。一派坚持宗教改革原则，坚决反对天主教徒成为英国国王，也反对查理二世的弟弟詹姆士继承王位；另一派则坚持王位继承的正统原则，要求保留詹姆士的继承权。不久，两派分别得到一个永久性的称号，前者被称为"辉格党"，后者被称为"托利党"。两党斗争十分激烈，不仅在政治领域，也在经济领域。光荣革命后，两党在金融领域的斗争直接影响到英国金融史和财政史的走向。英格兰银行由辉格党人成立，一开始就遭到托利党人的反对。为反击辉格党和英格兰银行，托利党人随后计划建立土地银行，虽然在议会获得通过，但最终遭到辉格党人的阻击未能成功。托利党人没有就此甘心，新的计划一直在酝酿中。

1710 年，托利党的哈利政府上台，此时正值西班牙王位继承战，各方交战正酣。英国发行了普通年金国债、彩票国债，还获得英格兰银行和东印度公司的借款，国债余额从 1640 万英镑剧增到 5370 万英镑，[①] 经费仍然紧张。短期国债带来的利息和贴现负担非常沉重，短期债券年利率高达 9%。由于所在政党不同，面对庞大的债务负担，哈利政府和英格兰银行、东印度公司无法形成良好的合作关系。1710 年 11 月，正当哈利为难之际，一位名叫乔治·卡斯维尔的伦敦商人给哈利写了封信，提出建立南海公司的想法，获得了哈利的认同。1711 年初，哈利以此建议为基础，成立南海公司筹建小组，组成人员主要是伦敦商人和金融家。方案计划成立一个在南海地区开展对外贸易的股份公司，以公司股份收购政府短期债务，进行债务转换。一方面，过去的短期债务持有人成为南海公司的股东；另一方面，公司成为政府的债权人，将短期债务转换为长期债务，并将债务利息调整为 6%，减轻政府还本付息的负担。公司以此为条件，获得在南海地区从事贸易的垄断权。另外，形成和英格兰银行相抗衡的金融力量，增强与辉格党人竞争的经济基础和社会影响。这不仅是一个合理有效的国债转化计划和商业计划，也是一个非常精巧的政治计划。如果得以顺利实施，不仅可以增强托利党人的政治地位，还可以形成对英格兰银行的显著优势。

1711 年 5 月 17 日，成立南海公司的法案上报议会，18 日在下院二读。托利党人在下院占有多数，引起英格兰银行和东印度公司的高度警惕。东印度公司另提出一个方案，旨在对公司形成保护，以免受到南海公

---

① Neal, L., *The rise of financial capitalism. International capital markets in the Age of Reason*, Cambridge：Cambridge University Press, 1990, p. 90.

司的影响。英格兰银行制订了一份对南海公司法案的补充计划，以确保自己的地位不受挑战。哈利曾经是土地银行的发起人，土地银行设立失败的教训历历在目。为了不得罪以英格兰银行、东印度公司为代表的金融阶层，确保南海公司成立，哈利采取了以退为进的策略，接受了两家公司提出的意见，将其补充到法案中。这一刻，确保南海公司的成立是首要大事，双方的竞争才刚刚开始。此前，在英格兰银行和东印度公司董事会的选举中，辉格党人大获全胜，获得对这两家公司的控制。因此，哈利吸取教训，在法案中规定股东不享有董事选举权，将公司董事的任命权交给女王，这样也就实际控制在哈利手中。南海公司的董事中，有 13 名是英格兰银行和东印度公司的董事选举中的落选人员。法案还规定，现任英格兰银行和东印度公司的董事或行长、副行长等高级管理人员不得在南海公司任职。

法案在议会通过并经过女王批准后，南海公司于 1711 年 9 月 8 日正式成立。公司资本总额 917 万英镑，全部由海军证券、食品证券以及符契等短期债务构成。债券的持有人成为南海公司股东，南海公司则将这些短期债券转换为长期债务。政府以葡萄酒、醋等新增加的关税为担保，每年以 6% 的利率向南海公司付息，另支付每年为 8000 英镑的管理费。[1] 公司章程完全参考了英格兰银行的章程，要求公司总经理必须持有 5000 英镑股份，董事必须持有 3000 英镑股份。股份认购超过 1000 英镑的投资人才有选举权。公司的首要目标是转换短期国债。这项工作从公司成立开始进行，花费两年时间完成。一开始明确了转换的周期和价格，即 100 英镑的国债兑换 100 英镑的股票。当时，短期国债的贴现率为 32%。因此，只要股价不低于 70 英镑，认购人就会有盈利。转换完成后，股价发生了小

---

① ［日］富田俊基：《国债的历史：凝结在利率中的过去和未来》，彭曦、顾长江、曹雅洁、韩秋燕、王辉译，南京大学出版社 2011 年版，第 56 页。

幅度波动，但基本维持在 70 英镑左右，到 1713 年年底认购完成时，股价涨到每股 94 英镑，认购人至少获得 40％的盈利。按照法案，南海公司应从财政部每年获得 6％的利息，分别在年中和年底两次支付。但是，由于资金紧张，1715 年财政部停止了利息支付，利息欠款被转换为公司股本，因而股本增加到 1000 万英镑。由于现金不足，公司 1715 年的分红以公司债券支付，1716 年的分红以股票支付。根据章程，公司整理国债的同时，也开展对外贸易业务。但无论是产品贸易还是奴隶贸易，一开始就很不顺利。除了时运不济外，南海公司的管理层对海外贸易一窍不通也是原因之一。通往卡塔赫纳和维拉克鲁斯的贸易活动产生了一些微利，每年不过 2 万英镑。另外，英国和西班牙之间的战争导致公司失去在西班牙殖民地的全部资产。好在业务萎靡未对股价造成太大影响。在此情况下，南海公司高层将目光转移到庞大的长期国债，力图重新复制第一次债务转换的成功，借此巩固和提升公司在英国公共财政领域中的地位，也为今后的业务拓展创造条件。但在随后的操作中，南海公司的股东和管理层被过度贪欲侵蚀，最后失去对整个过程的控制，造成英国历史上第一次系统性金融危机，也是第一次真正的资本市场危机。

　　1719 年，南海公司向政府提出转换 1710 年发行的 150 万英镑 32 年期彩票型年金。这期年金还有 23 年的支付期，每年支付利息总额 13.5 万英镑。南海公司提出以年息 11.5 倍的价格进行收购，总额为 155.2 万英镑，年金持有者按照市场价格转换，成为南海公司的股票持有人。这次转换非常成功，南海公司进而提出规模更大的国债转换计划。1719 年年底，南海公司的实际控制人约翰·布兰特向财政大臣阿斯拉比提出整理国债的方案，方案以法国约翰·劳的密西西比计划为基础，建议南海公司接收包括英格兰银行和东印度公司持有的全部国债。方案能为政府大幅降低巨额利息，政治意图也很明显，就是取代辉格党人控制的英格兰银行和东印度公司，成为英国政府主要的财政代理人。南海公司的方案得到财政大臣支持，提交议会下院。方案提出，如果允许南海公司转换国债，公司将向政府提供 150 万英镑的无条件贷款。除此之外，根据国债转换的情况，可以给政府贷款 160 万英镑。下院于 1720 年 1 月 22 日开会对方案展开讨论。方案中，公司将所有国债全部转化为南海公司股票，公司持有的国债总额将达到 3098 万英镑，利息率下调到 5%。[1] 下院有不少英格兰银行的支持者，为体现公正，要求英格兰银行在 1 月 27 日前也上报一个国债转换方案，以便在方案中进行评估和选择。英格兰银行的方案是对所有可赎回和不可赎回的债务进行转换，另外再给政府提供 560 万英镑贷款。这个条件比此前南海公司方案要优厚。得知英格兰银行方案的当天，南海公司立即修改了自己的方案，将无条件给政府的借款额度上调到 350 万英镑，根据国债转换情况增加的借款数额也修改为不超过 500 万英镑，而且从 1727 年年中开始，借款利息从 5% 调整到 4%。方案改动很大，意味着如果国债转换顺利，政府的利息负担不仅大幅减少，南海公司向政府提供的借款也将超过 800 万英镑。议会对两个方案审议后，要求南海公司和英格兰银行都对各自的方案进行完善，2 月 1 日提交。在给议会提交的最终方案中，英格兰银行虽然竭尽全力，但也没有进行更多修订，只是明确了股票和国债转化的价格。[2] 南海公司也制定了转换价格，调整的主要内容还是关于政府借款条款。方案给政府的无条件贷款由 350 万英镑增加到 400 万英镑，依据国债转换的有条件贷款上限由 500 万英镑增加到 760 万英镑。对急需资金的政府而言，南海公司的方案无疑更具竞争力。不出所料，议会于 2 月 2 日通过了南海公司的方案，4 月 7 日获得国王批准。方案确定

---

[1] Andreades, A., *History of the Bank of England*, Translated by Meredith, C., Third Edition, London: P. S. King & Son, Ltd, 1935, p. 129.

[2] Ditto, p. 130.

由南海公司以其股票对所有长期年金、短期年金以及可赎回债券进行转换，总额大约为3150万英镑。公司给予政府400万英镑的无条件借款。另外，到1722年3月1日为止，对不可赎回债券按4.5倍年利的价格进行转换，以此为条件，再向政府提供400万英镑的有条件借款。如果无法完成长期年金转化，政府向南海公司征收66.6万英镑的罚金。根据转换情况，公司再向政府提供不高于760万英镑的贷款。所有3100万英镑的国债等额转换为南海公司的股本。长期年金按照20倍的年利进行转换，短期年金按照14倍的年利转换。提供给政府的借款按照5%的年利计息，其余按照4%计息，到1727年全部以4%计息。另外，政府给南海公司提供100万国库券（具有和现金一样的功能）补充流动性。但是，方案中没有确定南海公司股票和国债的转让价格，交由南海公司自行确定，这为以后南海泡沫危机的产生埋下隐患。有人认为议会没有对此做出规定简直就是"犯罪"①。南海公司在国债转换中疯狂追求股价的上涨，股价越高，转换国债所需的股份就越少。

从4月到8月，南海公司共组织了4次股票发行，两次国债转换。4月14日是第一次股票发行，以现金或合格债券认购，发行2万股。实际上以每股300英镑的价格发行了2.25万股，总计募集资金675万英镑。公司没有将已经获得的投资款用作给政府的借款，而是用于维持和抬高股价。为保证股票顺利销售，董事会授权董事可以给投资者提供贷款购买股票，进一步推高了股价。从4月21日到5月19日，购买股票贷款达到100万英镑，发行的股票很快被抢购一空。4月30日，公司迫不及待地安排了第二次发行。以每股400镑的价格销售4万股，可分期付款，利息为10%，周期为3—4个月，最多分9次付清。前两次发行实际获得认购资

---

① Dale, R., *The First Crash: Lessons From The South Sea Bubble*, Princeton: Princeton University Press, 2004, p. 80.

金 200 万英镑，如果认购资金全部缴清可以获得 1275 万英镑，足够支付给政府的借款和相关花费。5 月 19 日，南海公司进行了第一次以国债转换为目的的股票发行。当时，南海公司的股价为 375 英镑，价值相对于对 99 年期的长期年金支付 32 倍的年利，为 32 年期国债支付 17 倍的年利。[①] 此时 99 年期年金国债的市场交易价格是 24—25 倍的年利，因此这是一个非常优惠的转化计划。股票价格的持续上涨也给年金持有者很高预期，认为债务转化后还可以通过卖出股票再赚一笔。这次国债的顺利转换也意味着南海泡沫危机最后一个阶段的开始。[②]

6 月 17 日，南海公司组织第三次新股发行，计划以每股 1000 英镑的价格发行 5 万股，这个价格是股票票面价格的 10 倍。这次发行被人们认为达到了南海泡沫的最高点。这种状况引起很多人的担心，包括财政大臣阿斯拉比。阿斯拉比持有南海公司的股票，在股价持续的上涨中，已经赚得钵满盆满。不过他比较清醒，认为事态的发展可能已经失去了控制。大约就是在这一时间，他卖掉了手中所有南海公司的股票，还向持有南海公司股票的国王乔治一世提出警告，他提醒道："股票被那些疯子们抬高到不可思议的价格了，（在这一高度）不可能挺得住。"[③] 当然，这也就到了南海泡沫危机的转折点了。一场风暴即将来临。8 月 12 日，公司进行了第二次国债转换，此时股价为 800 英镑。8 月 24 日，进行了第四次新股发行，以每股 1000 英镑的价格发行了 1.25 万股。[④] 四次发行共计增加股份 10 万股，现金流入大约为 7525 万英镑。股价泡沫到了高点，下跌就是

---

① ［日］富田俊基：《国债的历史：凝结在利率中的过去和未来》，彭曦、顾长江、曹雅洁、韩秋燕、王辉译，南京大学出版社 2011 年版，第 76 页。

② Dale, R., *The First Crash: Lessons From The South Sea Bubble*, Princeton: Princeton University Press, 2004, p. 106.

③ Ditto, p. 113.

④ Ditto, p. 102.

迟早的事。早在南海公司计划提出的时候，法国的投资热潮已经开始消退，随后的事态发展对南海泡沫的破灭也产生了直接影响，投资人对南海公司的股价是否能继续维持高位也产生了怀疑。

二　危机的爆发与应对

1720 年 6 月，为了顺利募资，在南海公司努力下，旨在禁止虚假设立股份公司的《泡沫法案》获得王室批准。推动这一法案的议员正是与南海公司有密切关系的人，目的在于将那些对南海公司募资造成影响的公司逐出资本市场，以保证南海公司股票的顺利发行。根据保罗对上院档案的考证，乔治一世和王室成员 6 月前往汉诺威，为筹集旅行费用，在上院对《泡沫法案》进行辩论以后，王室就卖掉了南海公司的股票，数量据说很大，足以对价格形成冲击。另外，还有些人卖掉股票可能是在其他地区发现了更好的投资机会，包括荷兰和德国。从外部看，卡斯维尔认为 7 月在马赛出现的黑死病开始在欧洲蔓延，很多国家对入境船只进行检疫，这对商船进出港产生很大影响。另外，人们对瘟疫传播的担心也影响到市场信心。[1] 总之，自《泡沫法案》生效的几个星期内，股价下调速度非常快。从 7 月中旬开始，到 8 月底调整到 775 英镑，9 月中旬为 520 英镑，10 月 1 日为 290 英镑，10 月 14 日为 170 英镑，[2] 12 月 24 日为 140 英镑。[3] 南海公司高层一开始试图维持股价稳定。8—9 月，通过官方经纪人，公司拨出近 200 万英镑资金购入自家股票，希望能稳定股价，但护盘

---

[1]　Paul, H. J. , *The South Sea Bubble*: *An Economic History of Origins and Consequences*, London and New York: Taylor & Francis Group, 2011, p. 49.

[2]　Dale, R. , *The First Crash*: *Lessons From The South Sea Bubble*, Princeton: Princeton University Press, 2004, p. 136.

[3]　［日］富田俊基：《国债的历史：凝结在利率中的过去和未来》，彭曦、顾长江、曹雅洁、韩秋燕、王辉译，南京大学出版社 2011 年版，第 77 页。

没有成功。随后公司于8月底宣布在当年圣诞节期间分红30%，未来12年每年现金分红50%。① 但是，大厦将倾，任何承诺已无济于事，这些空头支票反而加剧了投资人的恐慌，不仅没有起到稳定股价的作用，反而加快了股价的下行，公司失去了对局面的控制。

股价下跌引发了投资人强烈不满，高位接盘的投资人损失惨重，南海公司也出现严重的流动性危机。按照戴尔的统计，南海泡沫破灭时，南海公司至少面临1460万的短期流动性缺口。其中，债务转化过程中欠政府的700万英镑需立即支付，财政部提供的100万英镑国库券需偿还，另有未清偿债务约500万英镑，利息支付和分红款约140万英镑。此时，公司的财务状况虽然紧张，但还不至于破产。根据卡斯维尔的统计，公司握有国债3775万英镑，另外还有7600万其他资产，包括股票质押贷款、到期股票认购款等。② 南海公司的困境在于，股价的飞速下调严重打击了资本市场的信心，投资者此时几乎不可能接受南海公司发行的任何证券，包括短期债券。无奈之下，南海公司向竞争对手英格兰银行求助。1720年9月19日，政府代表、南海公司和英格兰银行进行了协商，初步达成救助南海公司的协议。英格兰银行同意承销300万英镑南海公司债券，为南海公司提供短期资金支持。名为承销，实际是由英格兰银行购买和持有，此时除了英格兰银行，没有人还敢购买南海公司债券。另外，英格兰银行将手中持有的19万英镑年金型国债以每股400英镑的价格转换为南海公司的股票。③ 这一计划的目的是尽可能将南海公司的股价维持在相对合理的价位上。按照当时的设想，如果股价在400英镑以上，英

---

① Dale, R., *The First Crash: Lessons From The South Sea Bubble*, Princeton: Princeton University Press, 2004, p. 136.

② Ditto, p. 141.

③ Andreades, A., *History of the Bank of England*, Translated by Meredith, C., Third Edition, London: P. S. King & Son, Ltd, 1935, p. 137.

格兰银行还可获利。① 但是，英格兰银行此时压力也很大，危机影响到整个资本市场，英格兰银行股票也出现下跌，恐慌情绪传递到货币市场，引起对英格兰银行银行券的挤兑，使英格兰银行陷入流动性困难。② 这时候的英格兰银行对于解决如此规模的金融危机，不仅没有意愿和能力，也缺乏方法。到 10 月 1 日，南海公司股价到下降到 290 英镑。如果继续按 400 英镑收购，英格兰银行势必损失惨重。虽然政府对英格兰银行施加了巨大压力，英格兰银行仍然于 11 月 9 日通知南海公司不再履行此前的协议。结果，12 月中旬，南海公司股价下跌到 130 英镑左右。这样，救助南海公司的任务只能落在政府身上。

1720 年秋，国王乔治一世委托沃波尔解决南海泡沫事件。虽然此时沃波尔尚未成为第一财政大臣，但已权力在握。他和财政顾问罗伯特·杰科姆制订了一个"嫁接计划"，由英格兰银行和东印度公司按照一定价格收购南海公司的股票。一方面，两家公司成为南海公司股东，结成利益共同体，间接支持南海公司；另一方面，可以直接为南海公司输血，解决燃眉之急。1721 年 3 月，议会批准了计划。但英格兰银行和东印度公司均对此表示反对，认为这一计划会损害自身利益。当月，沃波尔接任第一财政大臣，实际成为英国历史上第一位首相，也就拥有了解决危机的全权，开始着手新方案的制定。1721 年 8 月，《公共信贷恢复法案》颁布，其实就是一个危机解决方案。戴尔认为，这是英国历史上第一次政府对私人机构的救助行动。方案免除了南海公司在国债转化过程中应向政府支付的 700 万英镑，但南海公司欠政府的 100 万英镑国库券必须偿还。那些从南

---

① Paul, H. J., *The South Sea Bubble: An Economic History of Origins and Consequences*, London and New York: Taylor & Francis Group, 2011, p. 50.

② 查尔斯·P. 金德尔伯格：《疯狂、惊恐和崩溃——金融危机史》，中国金融出版社 2010 年版，第 185 页。

海公司进行股票抵押借款的债务人必须偿付所借金额的 10%（后来规定经纪人必须支付 20%），抵押的股票全部没收。方案重新确定了四次股票发行的发行价格。对于那些已经支付了股票认购款的投资人，将第一次认购价格调整到 300 英镑，其余三次股票认购价统一调整到 400 英镑。[1] 方案将两次国债转换的价格统一起来，实施相同的转化价格，以尽可能减少先前国债持有人的损失。为了补充南海公司的流动性，沃波尔请英格兰银行协助，购买了南海公司持有的约 420 万英镑的年金国债，英格兰银行以同等额度增加了银行资本。[2] 这笔现金的注入对缓解南海公司困局起到很大作用。另外，政府还变卖了南海危机中没收的部分南海公司管理人员的房地产，总额约为 200 万英镑，这部分资金移交给南海公司救急。至此，南海泡沫危机才算结束。1723 年，南海公司被一分为二，股份公司以 1600 万英镑的资本成为贸易公司，后来持续经营到了 19 世纪中期。另外 1600 万英镑成立"南海年金公司"，长期持有年金国债。1727 年以前获得 5% 的利息，1727 年以后，利息调整为 4%。1733 年，南海贸易公司以四分之三的资本购买了 4% 的新南海年金，到 1754 年都被转换为 3.5% 的国债。[3] 两家公司实际上在以后仍然发挥着支持国债的积极作用。

三　危机的影响

早期的观点认为，南海泡沫危机前颁行的《泡沫法案》对英国 18 世纪的商业和金融发展形成很大障碍，但按照很多当代经济史学家的观点，

---

[1]　Dale, R., *The First Crash: Lessons From The South Sea Bubble*, Princeton: Princeton University Press, 2004, p. 146.

[2]　Paul, H. J., *The South Sea Bubble: An Economic History of Origins and Consequences*, London and New York: Taylor & Francis Group, 2011, p. 51.

[3]　[日] 富田俊基:《国债的历史: 凝结在利率中的过去和未来》, 彭曦、顾长江、曹雅洁、韩秋燕、王辉译, 南京大学出版社 2011 年版, 第 79 页。

《泡沫法案》作用有限。另外，富田俊基认为南海公司推动的国债转换整体上是成功的。他评价道："南海计划给英国经济带来极大混乱。但另一方面，政府将合计 2605 万英镑的年金国债、短期债务转换为拥有偿还选择权的南海公司的借款，而且这些都是低息借款，因此从国债整理的角度来说，取得了较大进展。国债付息费从 1721 年的 331 万英镑减少至 1728 年的 233 万英镑，盈利部分被归入了沃波尔减债基金。"[①] 南海泡沫危机无疑是 18 世纪英国最大的一次系统性金融危机危机，造成大量投资人破产。南海危机造成的心理震撼和社会影响是深远和长期的，尤其影响到未来英国资本市场的走向。综合而言，主要表现在以下三个方面。

首先，南海泡沫危机后，英国对股份公司的成立依照《泡沫法案》进行了限制。没有获得特许，禁止成立 6 个人以上的股份公司。这一法案直到 1820 年才被废除。对法案的效果学界有不同看法。很多学者对方案的有效性提出了疑问。哈里斯指出，法案没有得到实际执行，未对商业产生显著影响。[②] 戴尔认为，法案对股份公司的影响微乎其微，法案内容模糊，可操作性不强。[③] 从 18 世纪后半期运河公司的发展来看，他们的观点不无道理。《泡沫法案》颁行以后，涌现的第一批股份公司是运河公司。获得议会特许成立运河公司似乎不难。从 1759 年到 1774 年，英国就批准了 52 个内陆航运法案。[④]

其次，加大了政府对资本市场的关注力度。南海危机中，政府出面协

---

① ［日］富田俊基：《国债的历史：凝结在利率中的过去和未来》，彭曦、顾长江、曹雅洁、韩秋燕、王辉译，南京大学出版社 2011 年版，第 78 页。

② Harris, R., "The Bubble Act: Its Passage and Its Effects on Business Organization." *The Journal of Economic History*, 1994, 54 (3): 610 – 627.

③ Dale, R., *The First Crash: Lessons From The South Sea Bubble*, Princeton: Princeton University Press, 2004, p. 102.

④ Duckham, B. F., "Canal and River Navigations", in Aldcroft, D. H. and Freeman, M. J. (ed.), *Transport in the Industrial Revolution*, Manchester: Manchester University Press, 1983, p. 105.

调解决危机，而不是任由市场自发，公司自生自灭，这一行动对未来英国金融监管产生深远影响。英国精英阶层、商人阶层自此开始对金融危机有了初步理解，即金融危机产生的影响太大，涉及面太广，如果不加以干预，很可能产生无法预期的严重后果，危及社会稳定和国家稳定。18世纪初期，英国的外部环境并不乐观，持续的对外战争使英国必须有一个相对稳定的国内环境。1720年6月中旬出台的《泡沫法案》，是为了帮助南海公司，以免其他股份公司的持续增加导致社会资金分流，影响南海公司的新股发行。政府此时尚无意识采取措施对市场进行干预，即便出现了大量皮包公司、骗子公司，仍不清晰自己的定位。到1720年9月，南海股价开始下跌，南海公司出现困难，金融市场流动性枯竭，恐慌情绪开始出现并迅速升温、蔓延。在这种情况下，政府不能置之不理，立即进行了干预。自此以后，到18世纪、19世纪、20世纪的历次金融危机，政府都会出面干预，或直接出手，或通过英格兰银行，缓解市场流动性，维护经济和金融稳定。如果说，英格兰银行的成立是英国金融监管的起点，处理南海公司危机则是英国金融监管的重要起源。除了《泡沫法案》外，英国于1733年还颁布了《巴纳德法案》，旨在防止包括国债在内的证券投机，尤其防止国债价格的大幅度波动，1736年确定为永久性法律。① 法案在抑制投机方面取得明显效果。

最后，南海泡沫危机后，英格兰银行在英国金融体系中的地位进一步增强，开始在应对危机和维护金融市场稳定方面发挥关键作用。南海公司是英格兰银行成立以来面对的最强大的竞争对手。面对南海公司，英格兰银行在未来英国金融体系中的位置具有非常大的不确定性。英格兰银行由辉格党创立，南海公司由托利党创立。两党政治观点的矛盾和差异直接体

---

① Carlos, A. M. and Neal, L., "Amsterdam and London as Financial Centers in the Eighteenth Century", *Financial History Review*, 2011, 18 (1): pp. 21 – 46.

现在金融战场。南海公司出现流动性危机以后，英格兰银行的救助态度十
分勉强。此前，南海公司在国债转换的竞争中已经占据上风，资本实力是
英格兰银行的数倍，令英格兰银行感到不安。早期成立土地银行的消息就
曾导致人们做空英格兰银行的股票。南海危机开始时英格兰银行的退缩，
一方面说明了英格兰银行对竞争对手的态度，另一方面也表明英格兰银行
并不清晰自己在金融市场中的位置。危机中，在政府的推动下，英格兰银
行被迫对南海公司伸出援手，历史将英格兰银行推向这一重要舞台。自
此，英格兰银行的发展走向出现重大变化，不仅是一家商业股份银行，而
且开始承担起协助政府应对危机、维护金融市场稳定的责任。最重要的
是，南海公司的一分为二使英格兰银行在此次金融大战中获得决定性胜
利，自此以后，英格兰银行再无对手。

第二节　18 世纪中后期的金融危机与应对

　　整个 18 世纪，英格兰银行还不是一家现代意义上的中央银行。到这
个世纪末，英格兰银行开始具有一些现代意义上的中央银行功能。一方
面，英格兰银行成为国家的银行和国债管理人；另一方面，它是伦敦城最
大的金融机构。历次金融危机的解决过程，使英格兰银行逐渐承担起最后
贷款人职责，并开始熟悉、掌握应对市场危机的方法。

　　18 世纪中后期爆发多次金融危机。严格来说，1745 年危机主要是对
英格兰银行造成了冲击。1745 年 7 月，詹姆士二世的儿子邦尼王子在苏
格兰贵族的支持下，为重获王位，从苏格兰南下，连续打败政府军。11
月 5 日，邦尼的军队进入英格兰，在没有受到强烈抵抗的情况下推进到德
比，距伦敦仅有 127 英里，邦尼在金融城还有大量支持者。失利的消息传
到伦敦，市场发生恐慌，国债价格下跌到 49 英镑，所有商店关门，12 月

6 日被称为"黑色星期五"。① 在英格兰银行门前还出现了挤兑。趁机发起挤兑的，不仅有政治反对派，也包括对英格兰银行不满的人，尤其是那些力图与其展开业务竞争的人。这是自南海危机以来的第二次挤兑。英格兰银行对这次挤兑毫无准备，不得已继续采用了南海危机期间的办法，以 6 便士缓慢支付以赢得时间。但是，仅依靠小额硬币支付还远不够应对恐慌。英格兰银行得到了伦敦 1140 名商人的联名支持，他们签署了一份声明，一致同意使用英格兰银行的银行券。声明中说道："我们，以下签名的商人和其他人，明白现在很有必要保持公共信用，在此宣布，我们不会拒绝接受向我们支付的任何数额的英格兰银行的银行券，而且我们将尽最大努力用同样的方式支付我们的款项。"② 这给英格兰银行提供了巨大支持，恐慌逐渐消散，战争形势也发生了突然逆转。邦尼王子从德比后撤，很快退出英格兰，英格兰银行这才真正摆脱这次危机。

1763 年危机发源于欧洲大陆的"七年战争"，蔓延到英国后转变为一次完全的货币危机。这一年英格兰银行贴现票据数量达到历史最高，黄金储备滑落到 18 世纪的最低点，仅有 5.3%。危机导致大量投机者和商人破产，其中影响最大的倒闭事件是荷兰的内维尔公司倒闭，公司留下 33 万几尼未清偿债务，导致 18 家荷兰本地公司和汉堡多家商人破产。危机对英国的影响不如对欧洲大陆那样严重，没有大量银行倒闭。伦敦城也愿意为欧洲陷入困境的同行提供支持。危机期间，英国商人为欧洲提供了大量资金，英格兰银行业贴现了大量国外票据，这是英格兰银行第一次通过贴现业务在危机期间给金融市场提供支持。据斯密称，英格兰银行向欧洲

---

① Andreades, A., *History of the Bank of England*, Translated by Meredith, C., Third Edition, London：P. S. King & Son, Ltd, 1935, p. 150.

② ［美］约翰·H. 伍德：《英美中央银行史》，陈晓霜译，上海财经大学出版社 2011 年版，第41 页。

商人提供了大约 100 万英镑的借款。① 拉威尔认为，这次危机开启了英格兰银行履行最后贷款人之路的大门。②"七年战争"期间，荷兰出现大量贴现票据，一部分票据贴现业务转移到英国，英格兰银行票据贴现量因而剧增。英格兰和圣彼得堡之间建立了直接的汇兑业务，无须通过阿姆斯特丹办理，也增加了英格兰银行对外国票据的贴现量。另外，国内贸易量增加，乡村银行体系快速发展，工业革命开始之前对短期资本需求增加，都是英格兰银行票据贴现业务增加的重要原因。

1763 年危机后，包括英国在内，欧洲出现了普遍的经济繁荣，英国出口量达到历史最高，大量投资涌向房屋、公路、运河及其他公共工程，信贷迅速扩张，股票市场投机加剧，显现经济危机爆发前的先兆。1772年 6 月 10 日，艾尔银行的一位合伙人留下 30 万英镑的未清偿债务不知所踪，迅速引发恐慌，开始出现商人破产。同时，阿姆斯特丹和伦敦市场的股票泡沫开始破灭，危机迅速蔓延。商人企业的破产数量达到 525 家，这是自南海泡沫危机以来数量最多的一次。③ 同 1763 年危机期间一样，英格兰银行再次向货币市场提供支持，1772 年，英格兰银行的贴现数量达到新的高点，以至 1773 年 2 月，英格兰银行的黄金储备下滑到 15%，这是自 1768 年以来的最低点。当然，和 1763 年的救助相比，方式上还有一些不同，就是英格兰银行在贴现业务方面设置了一些限制性标准，以杜绝在此期间可能产生的投机行为。危机后期，英格兰银行拒绝对艾尔银行提供

---

① Andreades, A., *History of the Bank of England*, Translated by Meredith, C., Third Edition, London：P. S. King & Son, Ltd, 1935, p. 156.

② Michael C. Lovell., "The Role of The Bank of England As Lender of Last Resort in The Crisis of The Eighteenth Century", *Exploration of Entrepreneurial History*, 1957, p. 14.

③ Andreades, A., *History of the Bank of England*, Translated by Meredith, C., Third Edition, London：P. S. King & Son, Ltd, 1935, p. 157.

进一步支持，导致艾尔银行最终倒闭。① 这次危机损失严重，有人估计达到 1000 万英镑。1782—1783 年，还出现了一次危机，但主要是英格兰银行危机。美国独立战争后，英国国内经济形势开始触底回升。贸易的发展和市场的扩展推动经济持续向好，英格兰银行的银行券也因此过量发行。由于进口增加，英格兰银行的黄金储备持续减少。另外，欧洲大陆国家开始进行战后重建，导致黄金从英格兰银行外流。到 1784 年，英格兰银行的黄金储备降低到 8.4%，处于极其危险的水平。英格兰银行被迫采取紧缩措施，进行了一定的信贷限制。因此，这次所谓的危机并没有导致出现较大规模的恐慌，也没有出现银行倒闭。

1793 年危机要从乡村银行说起。乡村银行自 18 世纪中期以后开始快速成长，1750 年，乡村银行仅约 12 家，到 1793 年增加到 280 家。② 1792年，由于欧洲大陆的战争以及经济繁荣结束后出现的商业破产，导致几十家乡村银行倒闭，原因主要是这些小银行过度发行银行券，出现挤兑时根本无法应付。另外，从经营角度看，乡村银行本身储备太少，完全依靠英格兰银行支持，一旦英格兰银行收紧银根，乡村银行就无法渡过难关。危机从纽卡斯尔开始，乡村银行突然开始面对始料未及的挤兑，虽然股东有足够的实力应对，但并没有储备这么多现金，引发破产潮。英格兰银行采取有选择的救助方式，救助了一部分银行，也导致另一部分银行破产。英格兰银行自身的黄金储备也快速下降，从 1789 年年底的 863 万英镑下滑到 1792 年年初的 400 万英镑。③ 英格兰银行缓慢的和有选择性的救助方式

---

① Michael C. Lovell. , "The Role of The Bank of England As Lender of Last Resort in The Crisis of The Eighteenth Century", *Exploration of Entrepreneurial History*, 1957, p. 14.

② ［美］查尔斯·P. 金德尔伯格：《西欧金融史》，徐子健、何建雄、朱忠译，中国金融出版社 2007 年版，第 89 页。

③ Michael C. Lovell. , "The Role of The Bank of England As Lender of Last Resort in The Crisis of The Eighteenth Century", *Exploration of Entrepreneurial History*, 1957, p. 11.

受到人们的指责，认为英格兰银行应该为那些倒闭的乡村银行负责。危机很快蔓延到苏格兰。苏格兰皇家银行的一名董事赶到伦敦，希望得到救助，警告如果再不采取救援措施，苏格兰也将很快出现银行破产。在紧急情况下，1793 年 4 月，皮特首相召集伦敦城的市长、英格兰银行的 4 位董事等 11 人在唐宁街开会讨论应对措施。会议决定，政府（特别委员会）发行 500 万英镑国库券给商人，商人以未销售的商品作为抵押获取国库券，国库券等同于英格兰银行的银行券，可以持票到英格兰银行兑现。根据申请情况，国库券随即被发往各地。总共收到 338 项申请，总额为 385 万英镑国库券，其中 238 项申请获得批准，得到 220 万英镑国库券，另有 49 项被拒绝，其余的申请自行撤回。最终只有两家企业破产。政府在此次救助中还盈利 4348 英镑。[1] 这次危机，除了英格兰银行前期的努力，政府发挥了主导作用，通过发行国库券，增加了市场流动性，恢复了市场信心。但是，危机还在萌芽阶段时，英格兰银行应对缓慢无力，引起了广泛指责。人们普遍认为，如果危机前期英格兰银行迅速行动，危机是可以得到有效遏制的。

　　18 世纪末，英国还出现了一次金融危机，引发了大规模挤兑事件。1797 年 2 月 18 日，由于法国入侵的传闻，纽卡斯尔银行出现挤兑。20 日，当地银行停业。21 日，法国的三艘军舰在威尔士海岸西南部的菲什加德发起一次入侵登陆，登陆虽然成功，但被随即赶来的当地武装击败。即便如此，法国的入侵仍带来大规模恐慌，并迅速蔓延到伦敦和其他城市，人们纷纷将手中的钞票兑换为硬币。风潮期间，英格兰银行每天流出 10 万英镑黄金，黄金储备急剧降低。到 2 月 25 日，英格兰银行宣布不再以纸币兑换黄金。26 日，英格兰银行召开有国王乔治三世、首相皮特等

---

[1]　Andreades, A., *History of the Bank of England*, Translated by Meredith, C., Third Edition, London: P. S. King & Son, Ltd, 1935, pp. 188 - 189.

参加的董事会，商议应对之策。会后公布的枢密令如下："为了必需的公共服务，英格兰银行董事会决定中止任何黄金支付，直到议会辨明这一问题，并采取恰当措施以维持流通方式。"3月9日，下院通过了《限制兑换法案》，宣布英格兰银行中止以纸币兑付黄金，英格兰银行的银行券享有与现金（黄金）一样的支付效力。此事虽然令人震惊，但人们似乎也坦然接受了，于是，挤兑随之消失。① 但是，通货膨胀的压力随之产生。1797年到1810年，英格兰银行的票据贴现量较之过去增加4倍，存款和银行券发行量也成倍增加，出现了银行券对黄金的贴水。这引起议会的关注，成立了黄金委员会对此事进行调查，并发布了货币史上有名的《黄金通货报告》，引发历史上著名的货币学派和银行学派的学术之争。

可以看到，整个18世纪，历史给予了英格兰银行持续应对危机、维护金融稳定的机会，大约十年一次的金融危机把英格兰银行一次又一次推向前台，即使它并不情愿。对它而言，这些工作不该由它完成，应对危机和化解危机都是政府的责任，解决危机不是英格兰银行存在的理由，获取利润是它的最终目的。解决金融危机，不仅没有任何经济上的收益，还要承担风险甚至陷入绝境。之所以出手，是因为如果不及早处理危机，可能引发的大危机也会危及自身的利益。协助政府解决危机，还可以为顺利延长特许权创造条件，这也正是英国政府牵住英格兰银行的"绳索"。18世纪，英格兰银行通过自身努力，距离一个现代意义上的中央银行也越来越近。1781年，诺斯爵士在下院宣称，英格兰银行"经过长期以来的习惯和这么多年的经营，已经成为政府的组成部分"②。通过特许权的更新，

---

① ［美］彼得·L. 伯恩斯坦：《黄金简史》，黄磊译，上海财经大学出版社2008年版，第238页。

② David Kynaston. , "The Bank of England and the Government", *The Bank of England: Money, Power and Influence 1694 – 1994*, Oxford: Clarendon Press, 1995, pp. 19 – 55.

英格兰银行逐渐增强了自己的地位。在每个特许权的期限内，相关法律也力图消除关于对英格兰银行地位的疑虑，确认它的"排他性银行业务权力"。每一项特许权都扩大了英格兰银行的资本基础，从 1694 年的 120 万英镑，到 1742 年的 1078 万英镑。①

---

① H. V. Bowen，"The Bank of England during the Long Eighteen Century，1694 – 1820"，*The Bank of England ：Money，Power and Influence 1694 – 1994*，Oxford：Clarendon Press，1995，pp. 1 – 18.

第三章　19世纪的主要金融危机与应对

第一节　1825年危机与《1826年银行法》 《1833年英格兰银行法》

拿破仑战争以后，通过紧缩的货币政策，英国于1821年恢复了金本位制，英格兰银行的银行券开始再次和黄金实现兑换，经济进入快速发展时期，主要表现在两个方面，一是出口增长，二是投资增长。一些基础设施也开始蓬勃兴起，比如铁路、运河、照明等项目建设。由于在拉丁美洲发现了金银矿，因而矿业公司股票十分畅销。整体上看来，1821年到1824年的工业和贸易形势显现出前所未有的繁荣。1823年议会会期结束后，乔治四世向议会就经济形势的繁荣景象表示了祝贺，1824年年底和1825年年初，也分别向议会表达了同样的心情。1822年4月，议会通过法案，授权英格兰银行和乡村银行增加它们的银行券发行数量。银行券数量的增加导致物价上涨，政府开始推动国债的低息续借。政府从英格兰银行获得500万英镑借款，将5%的国债利率调整为4%到3.5%。① 在政府支持下，英格兰银行推行宽松的货币政策，发放大量贷款，这是经济扩张

---

① Andreades, A., *History of the Bank of England*, Translated by Meredith, C., Third Edition, London: P. S. King & Son, Ltd, 1935, pp. 248 – 249.

和股票市场上涨的重要推动因素。英格兰银行充足的黄金储备为经济扩张提供了条件。乡村银行发行的银行券虽然存在地域限制，但支付方便，而且和英格兰银行的银行券可自由兑换，发行量也很大，成为助推经济增长和股票市场上行的重要因素。经济繁荣不仅体现在工商业，对外投资狂潮也开始出现。这一时期，英国在墨西哥和南美洲的投资据称达到了1.5亿英镑。1825年年初，对经济热潮已深感不安的财政大臣提醒议会关注这几年以来形成的经济狂热。七周后，劳德戴尔勋爵指出，已经有2亿英镑投资在各类公司。[①] 1825年，实行了一百多年的《泡沫法案》被废除。这期间注册的公司越来越多，政府已经无法对它们进行有效监督，也确实想取消对股份公司的不合理限制。

投资热潮必然带动股价上扬。有家名为"安格鲁—墨西哥矿业公司"的企业在成立股份公司时，股票的发行价为10英镑，仅仅一个月，股价从43英镑飙升到150英镑。还有一家名为"瑞尔戴蒙蒂"的公司，股票发行价为70英镑，很快又从550英镑飞涨到1350英镑。资本市场显然已经迈入价格狂潮，巨大泡沫再次出现。1825年4月，泡沫开始破灭，危机爆发。这次危机和大多数危机一样，特征十分明显，就是宽松的货币政策和大量信贷造成的。[②] 另外，英格兰银行为迎合政府的财政需求，实施了自由放任的货币政策，乡村银行发行了大量银行券。对此，有人认为英格兰银行扩张的货币政策实际上导致了自身政策的反转趋势，由于货币扩张，导致价格上扬，引起出口下降和进口增加，英格兰银行的黄金储备大幅度减少，从1824年的1380万英镑下降到1825年8月的360万英镑，

---

① Andreades, A., *History of the Bank of England*, Translated by Meredith, C., Third Edition, London: P. S. King & Son, Ltd, 1935, p. 250.

② Forrest Capie, "200 year of financial crises: lessons learned and forgotten", CASS Business School, City University, London, Paper prepared for meeting in Madrid, February 2012.

于是不得不实行紧缩的货币政策。1825 年年初，英格兰银行开始收紧银根，阻止黄金外流。股票价格也在当年 4 月达到峰值，随后开始下调。此次危机不仅是货币现象，还有实体经济的冲击，包括基础设施的大规模投资、工业革命的影响以及对外投资的增加。这些投资无疑需要大规模的货币投入。① 到 1825 年 9 月，英格兰银行已觉察到危机会发生，但直到 12 月才提高利率。3 周内，61 家地方银行和 6 家重要的伦敦金融公司停止支付，总计有 73 家银行倒闭。② 英格兰银行有选择地对这些公司进行救助，自身也已陷入困境。12 月 15 日，英格兰银行向政府求助，希望以国库券的方式进行融通，也就是采取 1793 年的办法，但被政府拒绝，政府要求英格兰银行"继续支付，一直到最后一便士"③。利物浦勋爵直接向英格兰银行表示，如果发放国库券拯救市场，他将辞去首相职务。④ 看到政府的强硬姿态，英格兰银行被迫对危机做出积极行动进行应对，加紧印制银行券，迅速分发到全国各地，促进市场信心的恢复。对此，英格兰银行银行董事哈曼说道："我们通过各种可能的途径以及此前从未采用过的方式发放贷款……我们动用证券准备金购买国库券，发放国库券抵押贷款。我们不但无约束地提供贴现，而且还发放巨额汇票抵押贷款，总之，我们采取了一切保证英格兰银行安全的可能手段，有时候也就不太讲究方法了。面对公众所处的可怕状况，我们凭借手中的权力提供各种援助。"⑤ 发表

---

① Michael D. Bordo, "Commentary", *Review*, May/June, 1998.

② ［美］查尔斯·P. 金德尔伯格：《西欧金融史》，徐子健、何建雄、朱忠译，中国金融出版社 2007 年版，第 95 页。

③ ［美］约翰·H. 伍德：《英美中央银行史》，陈晓霜译，上海财经大学出版社 2011 年版，第 64 页。

④ ［美］查尔斯·P. 金德尔伯格：《西欧金融史》，徐子健、何建雄、朱忠译，中国金融出版社 2007 年版，第 103 页。

⑤ ［英］沃尔特·白芝浩：《伦巴第街》，沈国华译，上海财经大学出版社 2008 年版，第 23 页。

这个讲话一两天后，市场恐慌平息下来。12 月 19 日星期一，英格兰银行还通过罗斯柴尔德银行，从法兰西银行获得 40 万英镑（主要是黄金）的援助。① 实际上，此时英格兰银行的黄金储备已所剩无几。作为同行，向法兰西银行提出救助请求，对英格兰银行来说或多或少有些难以启齿，但这时候已经顾及不了那么多了，生存问题压倒荣誉。危机期间，信心和流动性是最重要的，英格兰银行最终解决了这两个问题。

此次危机中，伦敦以外的部分乡村银行对黄金和英格兰银行的银行券储备不足，导致出现兑付危机，延伸到其他银行，有些没有挤兑问题的银行也受到冲击，进而扩大和加深了危机。于是，危机期间如何快速输送黄金和银行券的问题就摆在英格兰银行的面前。英国的黄金主要集中在伦敦，伦敦的黄金主要集中在英格兰银行。同样，英格兰银行的银行券主要集中在伦敦，是各地乡村银行的主要货币储备。危机爆发很快，将黄金和银行券从伦敦运送到外地需要花费时间，影响到对危机的解决。1826 年 1 月 12 日，英格兰银行董事会任命了一个委员会，研究建立分支机构的可行性和便利性。一周后，委员会报告认为分支机构非常必要，从两个方面分析了设立的必要性。第一个方面是英格兰银行的角度，有四点：可以增加英格兰银行发行银行券的数量；可以增强英格兰银行对整个银行券流通的控制，避免最近的动荡再次出现；可以为英格兰银行增加存款；可以使英格兰银行应对那些受到政府支持的大银行的竞争。第二个方面从公众角度，也是四点：可以提供更多的地方流通货币；可以防止经常出现因货币的膨胀或紧缩引发的动荡；增强货币传输的安全性和便利性；为每一个地区提供安全的存款场所。报告提交给董事会讨论。董事会会议中，行长公布了首相利物浦勋爵和财政大臣罗宾逊的信件，显示出政府对这件事情的

① ［美］查尔斯·P. 金德尔伯格：《疯狂、惊恐和崩溃——金融危机史》，朱隽、叶翔译，中国金融出版社 2007 年版，第 229 页。

看法。信件认为这次危机的主要根源在于长时间以来，乡村银行对投机行为的支持、扶植和鼓励，取消乡村银行的钞票发行权是可行的。政府认为危机的责任虽然不能由英格兰银行承担，但它独自应对危机显然力不从心，从维护金融稳定的角度，应建立起一种既能从事银行业务，也能维护金融安全的银行体系，就是允许建立规模较大的股份银行。显而易见，经过这次危机，政府认为需要解决英格兰银行的问题了，那就是政府应减少危机期间对英格兰银行的依赖。

很显然，英格兰银行无法完全应对最近出现的挑战，政府已经下定决心建立竞争性的银行以便更好地服务于公众和政府。利物浦勋爵 1 月 25 日正式通知英格兰银行，但英格兰银行对此决定犹豫不决，毕竟这关系到英格兰银行未来在英国金融体系中的地位和影响。利物浦勋爵决定继续推动此事，并向议会提报议案，这就是随后的《1826 年银行法》，法案影响到未来英国的银行体系。其实早在 1822 年，政府已经开始和英格兰银行谈判，并以特许权续期和赋予英格兰银行的银行券以法定货币为条件，希望它同意成立其他股份银行并发行银行券。这个过程由于英格兰银行的犹豫不决而延误下来，直到这场危机的推动。也许是出于对英格兰银行的抚慰，《1826 年银行法》虽然取消了英格兰银行作为股份银行的垄断权，但把此次危机的主要教训归结在乡村银行方面，禁止乡村银行再发行银行券。法案规定，6 个发起人以上的股份银行只能在伦敦城以外 65 英里的地区经营并发行银行券。这一项规定十分重要，打破了一百多年来英格兰银行作为股份银行的垄断地位，英国的金融体系出现重大变化，股份银行逐渐成为英国金融体系的重要组成力量，乡村银行、商人银行开始退居次要地位。英格兰银行仍然拥有在伦敦的银行券发行权，同时可以在其他大城市设立分支机构开展业务。英格兰银行其实并无设立分行的意愿，但政府表示如果不设立分行，将不再考虑给予其特许。随后，英格兰银行在 7

个重要的工业城市设立了分行，包括曼彻斯特、格罗斯特、斯旺西、伯明翰、利物浦、布里斯托尔和利兹。到 1829 年增加了爱赛特、纽卡斯尔、赫尔和诺里奇等。根据利物浦勋爵的意见，法案的目的是通过英格兰银行设立的分行，将乡村银行的银行券发行权逐渐转移到英格兰银行，并成为乡村银行的最后贷款人，促进金融稳定，减少金融动荡。法案将危机的主要责任归于乡村银行，这一点在以后引起了历史学家的争论。根据马赛厄斯的观点，乡村银行发行的都是小额银行券，主要用于支付报酬和零售交易，从货币的角度看，危机主要是由投机泡沫引发，这与乡村银行的小额银行券没有太大关系。① 这个观点得到了伯德和尼尔的认同，认为乡村银行是此次危机的受害者，虽然其脆弱的内部结构是此次危机恶化的重要原因之一，但危机的主要责任人是英格兰银行。② 而伍德的看法是，此次危机，"英格兰银行不急于响应形势，但主要错误在银行系统。数以百计的小型发行者过于受投机气氛的影响，而且太弱小，不能在崩盘后幸存"③。总之，无论主要责任在哪一边，英格兰银行都不能摆脱干系是大家的共识。危机中，英格兰银行未及时和迅速采取救助行动，导致危机扩大和蔓延。作为一家私人银行，也确实不是它的责任，这是它救助行动迟缓的原因。虽然经过了 18 世纪历次危机的考验，英格兰银行对危机的处理能力仍然欠缺，处理方法仍不成熟。

　　1832 年，距离英格兰银行特许到期还有一年。财政大臣成立了一个委员会，研究是否继续给予英格兰议会特许的问题。政府的主要关注点是

---

①　Peter Mathias, *The First Industrial Nation*: *The Economic History of Britain 1700 – 1914*, London: Routledge, Second Edition, 2001, pp. 323 – 325.

②　Larry Neal, "The Financial Crisis of 1825 and the Restructuring of the British Financial System", *Review*, May/June, 1998.

③　[美] 约翰·H. 伍德:《英美中央银行史》，陈晓霜译，上海财经大学出版社 2011 年版，第65 页。

英格兰银行的纸币控制以及利率上限问题。这实际上又成为一次银行学派和货币学派的争论。但双方都没有在法案的形成过程中产生实质性影响。李嘉图在此期间写出了《建立国家银行的计划》，力图以国家银行的纸币代替私人银行纸币，但这一计划未获得政府认同。政府更关注银行券的可兑换性以及数量控制。1833 年，议会通过《1833 年英格兰银行法》，法案将英格兰银行的银行券确定为法定货币。政府按照英格兰银行股本的四分之一偿付英格兰银行的借款。这使英格兰银行的股本从 1452 万英镑降低到 1089 万英镑。财政部还将支付给英格兰银行的国债管理费每年降至13.1 万英镑，减少了 12 万英镑。法案要求，英格兰银行应按照财政大臣要求，公布银行的财务报告，报告包括黄金储备、流通中的银行券数量以及存款。英格兰银行必须将以前的财务报告以季度报告的形式在《伦敦公报》中进行公布。[1] 法案规定，如果股份银行不发行银行券，则可以在伦敦城 65 英里以内从事银行业务。1833 年法确定了英格兰银行券法定货币的地位，使英格兰银行维护货币稳定的职能增强。同时允许股份银行在伦敦开展业务，英格兰银行在银行业务方面受到股份银行越来越强有力的挑战。实际上，到 50 年代，在伦敦城至少有 3 家股份银行的存款超过了英格兰银行。

第二节　1836—1839年危机与1844年"皮尔法案"

《1833 年英格兰银行法》颁布后的两三年中，英国经济形势又进入一个繁荣期。刚刚经历过运河热的英国，开始进入铁路建设时期。股份银行数量越来越多，利率持续处于一个相对较低的水平，市场贴现率一直在

---

[1]　Andreades, A., *History of the Bank of England*, Translated by Meredith, C., Third Edition, London：P. S. King & Son, Ltd, 1935, pp. 261 – 262.

4% 以内，提供给工商业的信贷更为便捷。人们似乎已经忘记了不久前的 1825 年危机，经济再次出现过热迹象，证券市场的投机气氛也变得越来越浓。经济过热，货币增发，必然引发新一轮危机，这几乎成为 19 世纪英国经济的一个循环。这一年，爱尔兰出现农业歉收，农作物进口导致大量黄金外流。与此同时，爱尔兰的一家大银行——"商业银行"倒闭，引发了国内其他银行的担心，银行纷纷从英格兰银行借入黄金，以防止出现挤兑，数量大约有 200 万英镑。票据市场也出现了投机，尤其是商业票据的再贴现业务，很多股份银行也卷入其中。1836 年夏，美国银行向英国股份银行的承兑增加，对此，英格兰银行不仅提高了贴现率，而且拒绝贴现股份银行背书的商业票据，并要求其利物浦的代理机构不得对在英国的七家美国银行中的所谓三家"w 银行"（即维金斯银行、威尔德斯银行和威尔逊银行）进行再贴现。这一行为立即引发恐慌。金德尔伯格评论道："有的事情，有时几乎是没有任何事情的发生，就对信贷前景投上了阴影，从而改变市场预期——开始了冲向流动性的争夺。"① 1836 年，美国杰克逊总统否决了美国第二银行延长特许的议案，将联邦政府在第二银行的存款转入州银行，同时给予各州在银行监管方面的权力。同年，杰克逊颁布了控制土地投机的《铸币流通法令》，要求购买土地必须以硬币支付。这些改革导致美国人持有的证券开始在伦敦大量套现，并以黄金形式回流美国。杰克逊的改革引发了美国新一轮的经济危机。内外因素共同造成英格兰银行的黄金储备持续减少。1836 年年初，英格兰银行的储备是 800 万英镑，5 月开始逐渐减少，到 6 月降低到 600 万英镑，11 月减至 364 万英镑，负债则超过 3000 万英镑，储备仅占负债的 12% 左右，兑付风险很大。为减少黄金外流，英格兰银行将贴现率提高到 4.5%，随后又

---

① ［美］查尔斯·P. 金德尔伯格：《疯狂、惊恐和崩溃——金融危机史》，朱隽、叶翔译，中国金融出版社 2007 年版，第 131 页。

提升到5%。兰开夏在美国和爱尔兰都有不少投资，危机也就从兰开夏开始。1836年11月，拥有39家分行的"曼彻斯特北部与中部银行"向英格兰银行提出救助申请。开始时英格兰银行拒绝援助，但很快认识到可能产生的严重后果，被迫向该银行提供了50万英镑借款，最终提供的救助金额达到137万英镑。危机随后蔓延至伦敦，很多美国银行在伦敦的分行也出现流动性困难。由于担心可能引发信贷危机，这次英格兰银行立即出手，为这些机构提供了总额大约为600万英镑的贷款。这时候危机尚处于早期阶段，主要是信心危机，流动性未出现真实短缺。因此，支出的这些救助款项很快又回流到英格兰银行。1837年12月，英格兰银行的铸币和黄金储备提高到1050万英镑。1838年3月，英格兰银行的负债总额为3157.3万英镑，铸币和黄金储备为1052.7万英镑，储备是负债总额的30%。[①] 1838年年初，形势已改善很多，人们都以为危机已经结束，但随后出现的情况却令英格兰银行始料未及。这一年，英国农业歉收，英国进口了价值大约1000万英镑的谷物，导致黄金大量输出。法国、比利时恰在此时出现了兑付危机，纷纷请求英格兰银行提供黄金支持。美国由于杰克逊改革引发的经济危机也急需黄金。此时，英格兰银行仍未认识到储备下降的风险，迟至当年11月，英格兰银行的贴现率低至3.5%，低于市场利率，并从自己的账户向美国输出100万英镑黄金。直到1839年3月，英格兰银行才将贴现率提高到5%，这时的铸币及黄金储备已减少到411.7万英镑。到7月，储备减少至257万英镑，英格兰银行已濒临险境。无奈中的英格兰银行再次向法兰西银行提出援助请求。法兰西银行通常只进行票据贴现，或者进行证券抵押贷款，不直接提供借款，于是请巴林银行从巴黎的12家银行提取了200万英镑的票据，在法兰西银行进行

---

① Andreades, A., *History of the Bank of England*, Translated by Meredith, C., Third Edition, London: P. S. King & Son, Ltd, 1935, p. 266.

贴现，随后提供给英格兰银行。汉堡银行也以此种方式给英格兰银行提供了 90 万英镑借款，英格兰银行这才逐渐渡过难关。

1836—1839 年危机是由国内国外因素共同导致的，这次危机没有造成严重后果。既没有货币的显著增长，没有股票的过热交易，也没有出现国内信心的崩溃。危机的主要问题是英格兰银行的黄金储备外流。一方面是谷物进口形成大量的对外支付；另一方面，欧洲和美国经济形势恶化导致大陆资金从伦敦大规模回流。白芝浩评论道："1825 年以后，直到 1847 年，货币市场没有受到真正的恐慌。1836 年和 1839 年虽然发生了严重的危机，但是两次危机都没有演化为恐慌：人们的恐惧心理在发展到最强烈之前得到了遏制。因此，在这两次危机中，英格兰银行运用于恐惧最后阶段的政策都没有受到检验。"① 严格意义上讲，1836—1837 年危机实际上是一次英格兰银行的兑付危机，没有引发国内经济下行或金融机构大量倒闭。得到欧洲同行的支援，英格兰银行最终化险为夷。英格兰银行的铸币及黄金储备问题也越来越引起人们的关切。保留多少储备才能应对各种危机，引发了政府和金融界的广泛关注和争论。

这两次危机，催生了 19 世纪英国银行领域最重要的两部法案：《股份银行法》《银行特许法》（也称为"皮尔法案"或"1844 年法"）。首相皮尔和货币学派认为，英国持续的金融不稳定主要是由于发行了过多钞票（银行券）。在和银行学派的角逐中，货币学派赢得胜利。根据皮尔法案，禁止成立新的银行券发行机构。那些拥有银行券发行资格的乡村银行终止发行，将此权力转移给英格兰银行及其分支机构。如果拒绝转移，危机时期政府不再对其进行救助。这些银行终止发行银行券后，这项业务将不能恢复。乡村银行已发行在外的银行券不收回，逐渐退出流通领域。实际

---

① ［英］沃尔特·白芝浩：《伦巴第街》，沈国华译，上海财经大学出版社 2008 年版，第 91 页。

上，法案颁行前，英格兰银行的银行券在各地已占流通货币的四分之三并继续增长，乡村银行的银行券已经处于衰落境地。法案将英格兰银行分为发行部和银行业务部。发行部负责银行券的发行，必须以黄金为 1∶1 储备，在此基础上可以以政府证券为担保，信用发行 1500 万镑。发行部和银行业务部相互独立，发行部的黄金储备不能在银行业务部遇到挤兑时转移给银行业务部。这一点在法案讨论期间就引发争议。有人担心这会影响英格兰银行在危机期间的救援能力，曾经询问皮尔，如果发生黄金出口，导致英格兰银行不能以黄金支付，从而影响整个国家的流通会怎样？图克也认为，在危机期间，发行部的黄金转移给银行业务部以应对挤兑几乎不可避免，他在《货币原则探究》中说道："如果真的发生紧急事件，如同 1797 年或 1825 年一样，要解决问题取决于政府是否会同意发行部支援银行业务部。"[1] 当法案提交议会时，英格兰银行就提醒皮尔，限制发行银行券会影响英格兰银行救助市场的能力，多家银行也提出同样的观点，都被皮尔驳回。事实证明，这种担心后来变成了现实。1847 年，英格兰银行的银行业务部储备头寸仅剩 199.4 万英镑，1857 年危机期间，储备头寸为 146.2 万英镑。如果没有皮尔法案的中止执行，发行部向银行业务部提供了即时所需的黄金，银行业务部肯定已经破产了。对此，白芝浩说道："在 1844 年以来的三次恐慌（1847 年、1857 年、1866 年）中，英格兰银行的这种政策多少受到了 1844 年条例的影响。……笔者只能谈两点：首先，英格兰银行的董事们特别强调，在恐慌的早期阶段，要不是受 1844 年法的约束，他们早就发放贷款了。其次，在那几次恐慌的后期，无论正确与否，1844 年法已暂停实施。无论理论可以如何阐述，但事实似乎是那么冷酷无情。而这些行为准则合在一起都是要说明，根据英格兰

---

① ［美］约翰·H. 伍德：《英美中央银行史》，陈晓霜译，上海财经大学出版社 2011 年版，第 85 页。

银行董事们的观点，无论是否有 1844 年法，英格兰银行都应该尽自己所能来控制恐慌……"①

　　皮尔法案还产生了其他负面影响。银行业务部的设立使英格兰银行过去一百年来潜意识中正在形成的维护金融系统稳定的责任意识有所减弱，它开始投入货币市场和其他竞争对手一争高低并获取利润，虽然英格兰银行对此竭力否认。以后面对议会质询时，行长表示，虽然法案减轻了英格兰银行负责流通的责任，但它在追求股东回报时并未放弃维护公众利益，董事们对公共利益的关注高于股东利益。无论如何，英格兰银行和其他股份银行、贴现公司的业务竞争无疑是存在的，此后几十年间，英格兰银行陷入两难的矛盾境地：一方面，作为货币市场的监管机构与最后贷款人应承担公共责任；另一方面，作为一家私人股份银行又追求获取利润。这一直持续到它不得不完全退出竞争性业务领域。从金融监管角度讲，英格兰银行的业务行为会影响到它面对金融危机时的应对能力和处理方式，这一点引发了人们的顾虑。危机期间，如果私人银行和股份银行以及票据经纪商遇到困境，英格兰银行会如何行动呢？这种顾虑在以后的危机中得到印证。

第三节　1847年危机、1857年危机与《1857年银行法》

　　40 年代中期，英国的铁路建设成为一项新的投资领域，银行贷款额度快速增长，投资泡沫开始形成。皮尔法案通过后，英格兰银行将贴现率从 4% 降至 2.5%，其他票据经纪商也下调了利率，从而引起市场的再度

---

　　① ［英］沃尔特·白芝浩：《伦巴第街》，沈国华译，上海财经大学出版社 2008 年版，第 91 页。

扩张和投机。铁路热潮仍然继续，宽松的货币供给仍然不断，很多公司的股票价格在这期间翻了 10 倍。当铁路公司股票下跌后，这股热潮又转向其他公司。英格兰银行的利率维持在 2.5%，这是历史上最低的利率水平，而且也没有发现任何问题。这期间，英格兰银行董事乔治·W. 诺曼已经认识到问题的严重性。他后来写道："这一年（1847），我向董事会表达了我的观点，应该尽早采取合适的行动，早一点提高贴现率效果会好。3 月我向董事会提出正式建议，但建议受到责难，很不受欢迎，董事会的一些人陷入过度交易，宽松的货币市场对他们来说非常重要。我自己置身于这些交易之外，因此，看待这些问题的时候可以不受利益干扰，当然我也不打算使我的建议让他们更能接受一些。"① 1845 年和 1846 年庄稼歉收，粮食大量进口，黄金持续外流。提高贴现率的政策虽然在英格兰银行董事会引发争论，但采取措施似乎还不算太晚。1846 年英格兰银行的硬币及黄金储备为 1516 万英镑，1847 年年初下降到 1394 万英镑，英格兰银行将贴现率提升到 3.5%。4 月，贴现率提高到 5%，硬币及黄金储备仍下降到至 37 万英镑。英格兰银行只对短期票据贴现，还将客户的贴现减少一半。私人银行则将贴现率从 10% 提高到 12%。这些举措减缓了黄金外流，使英格兰银行的铸币及黄金储备短期内恢复到较为合理的水平。但是，受制于 1844 年银行法，英格兰银行发行银行券不能突破法定限制，这在很大程度上限制了英格兰银行应对危机的能力。谷物价格的快速上涨还引发了一些商人对谷物的投机。为应对危机，英国政府大量进口了谷物和土豆以应对国内需求，使谷物价格大幅度回落，价格跌幅超过了 50%，引起投机商大量破产。据统计，破产投机商涉及的债务总计达到 1500 万英镑。投机商的资金很多来自票据经纪商和银行，于是危机转向

---

① Forrest Capie, "200 year of financial crises: lessons learned and forgotten", CASS Business School, City University, London, Paper prepared for meeting in Madrid, February 2012.

金融机构。危机引起投资者的普遍恐慌，统一公债价格从 84.5 英镑下跌至 77.75 英镑，国库券价格跌幅达到 35%。利物浦、曼彻斯特、纽卡斯尔和西英格兰出现了银行倒闭潮。11 月 23 日，英格兰银行的银行业务部储备仅剩 117.6 万英镑，危在旦夕。如果不给予英格兰银行临时处理权限，放任危机恶化，后果不堪设想。11 月 26 日，财政大臣给英格兰银行发了一份正式信函，授权英格兰银行的票据贴现和贷款可以不受 1844 年法约束，但贴现率不能低于 8%，皮尔法案可暂停实施。[①] 消息公布后，人们知道随时可以获得足够的黄金和钞票，于是也就不再要求更多，市场信心逐渐恢复。实际上，最终英格兰银行没有突破信用发行限制就结束了这场危机，额外准备的 40 万英镑银行券没有派上用场。白芝浩认为英格兰银行在危机中的行动仍然需要改进，他评论道："确实，英格兰银行在三次恐慌期间发放了大量贷款，采取行动的速度要快于 1825 年，并且动用银行准备金发放贷款时的表现也没有那么优柔寡断。但是英格兰银行仍然犯了一个错误，就是没有公布在那样的非常时期需要什么样的担保品才能获得那些必须提供的贷款。"[②]

危机后，议会建议任命一个专门质询委员会，对危机形成的原因以及 1844 年法对危机的影响等问题进行调查。委员会成立前，议会就此问题进行了长达 3 个月的辩论，主要发言人包括财政大臣和皮尔（此时已卸任首相）。皮尔承认由于英格兰银行没由提前做好预防，导致 1844 年法在这次危机中失效。但是，他也指出在保证银行券的可兑换性以及防止因滥发银行券引发投机这两个主要目标的实现方面，法案是成功的。同时，他赞

---

① ［美］约翰·H. 伍德：《英美中央银行史》，陈晓霞译，上海财经大学出版社 2011 年版，第 96 页。

② ［英］沃尔特·白芝浩：《伦巴第街》，沈国华译，上海财经大学出版社 2008 年版，第 91 页。

成在危机紧急时刻，财政大臣通过信件形式授权英格兰银行采取的临机处理办法。鉴于英格兰银行对英国金融体系储备的独占性，皮尔还建议股份银行业应该承担一部分储备任务，以分散储备风险。质询委员会成立后，其实进行的是一场关于是否中止1844年法案的辩论。英格兰银行对法案持支持态度，这表明英格兰银行的立场从银行学派朝着货币学派的转变。虽然反对声强烈，调查委员会的报告最终认为，1844年法应该继续保留，也要保持一定程度的弹性。[1]

1857年危机被称为第一次世界性经济危机。[2]这场危机从美国开始，逐渐蔓延到欧洲，包括英国、法国、德国、挪威、瑞典等。对英国而言，自1847年危机后，经济平稳发展，铁路热潮如火如荼，没有出现投资过热。在欧洲大陆，由于受到1848革命的影响，大量外国投资从欧洲转移，投向美国和印度，一定程度上引起了欧洲货币市场的紧张。英国正处于第一次南非战争期间，英格兰银行提高了贴现率，1855年贴现率达到7%。虽然货币市场略显紧张，但欧洲和英国未出现产生经济危机的迹象。1857年8月，英格兰银行的黄金储备达到1000万英镑。英格兰银行还与东印度公司协商，输送100万英镑铸币到东方。此时，一场危机正开始从美国爆发。起源于美国的这场危机从俄亥俄人寿保险与信托公司纽约分公司开始，扩散到国内的纽约、俄亥俄、宾夕法尼亚、马里兰、罗德岛和弗吉尼亚，然后向国际扩散，利物浦、伦敦、巴黎、汉堡、奥斯陆和斯德哥尔摩等地，无不受到影响。主要原因主要有几方面：一是黄金大发现。1848年，美国加利福尼亚的萨特发现天然金块，金矿开采带来黄金产量的大幅

---

① Andreades, A., *History of the Bank of England*, Translated by Meredith, C., Third Edition, London: P. S. King & Son, Ltd, 1935, pp. 338 - 342.

② ［美］查尔斯·P. 金德尔伯格：《疯狂、惊恐和崩溃——金融危机史》，朱隽、叶翔译，中国金融出版社2007年版，第164页。

增加。接着在澳大利亚、西伯利亚都有新的金矿发现。到 1859 年，世界黄金年产量达到 275 吨，是 18 世纪年均产量的 10 倍。[1] 虽然物价并没有同比提升，但无疑促进了各项产业的发展，同时也使美国进口大增。二是美国银行业的快速发展。从 1847 年到 1857 年，美国的银行数量从 715 家激增到 1416 家。随着银行数量的增加，票据贴现额度也同样翻了一倍多，从 3.1 亿美元飙升至 6.84 亿美元。三是这段时期内美国铁路热潮继续，经济呈现过热迹象。1857 年 8 月 24 日，位于纽约和辛辛那提的俄亥俄人寿保险与信托公司宣告破产，负债 700 万美元。消息一经公布，立刻引发纽约证券交易所证券价格大幅下跌，危机开始了。[2] 8 月，猪肉价格从一桶 24 美元降至 13 美元，面粉从一桶 10 美元降至 5—6 美元。到 9 月底的最后四天，仅弗吉尼亚、罗德岛、马里兰、宾夕法尼亚四个州就有 160 家银行倒闭，银行利率从 15% 升至 24%。至 10 月，此轮危机达到了高峰，总计有 1415 家银行倒闭，短期贷款的年利率升至 60% 到 100%。[3]

危机随即蔓延到英国，引起大规模的票据贴现与银行券兑付，英格兰银行的黄金储备迅速降低至 899 万英镑。11 月 7 日，丹妮斯顿公司宣布停止支付，负债为 200 万英镑。11 月 9 日，西部银行关门停业，紧接着出现大量银行倒闭。英格兰银行不仅将大量黄金运往爱尔兰，还向苏格兰输送了 100 万英镑。这一时期，每天的票据贴现量达到 237 万英镑。随着储备迅速降低，英格兰银行再次面临兑付危机。最后关头，即 1857 年 11 月 12 日，财政大臣按照 1847 年的同样内容，写信给英格兰银行，授权其

---

① ［美］彼得·L. 伯恩斯坦:《黄金简史》，黄磊译，上海财经大学出版社 2008 年版，第 256—257 页。

② Andreades, A., *History of the Bank of England*, Translated by Meredith, C., Third Edition, London: P. S. King & Son, Ltd, 1935, pp. 346–347.

③ ［美］查尔斯·P. 金德尔伯格:《疯狂、惊恐和崩溃——金融危机史》，朱隽、叶翔译，中国金融出版社 2007 年版，第 133—134 页。

在危机时刻可以暂时中止执行 1844 年法。于是，英格兰银行超过法定限额发行了 200 万英镑银行券，用以缓解了流动性不足。不过，最终用于流通中的银行券只发行了 92.8 万英镑，其余的用来增加英格兰银行的储备。[①] 于是，当民众了解到英格兰银行拥有足够的储备后，信心开始恢复，局面也逐步恢复正常了。这是英格兰银行唯一一次突破了 1844 年法限制，超额发行了用于救助的银行券。这一年，英国还出台了《1857 年银行法》，法案的主要内容包括：股份银行发行的股票，每股票面价值最低为 100 英镑，股份银行（英格兰银行除外）继续采用无限责任制度等。

第四节　1866 年奥弗伦·格尼公司倒闭与危机

一　奥弗伦·格尼公司的倒闭与危机爆发

距 1857 年危机不到 10 年，英国爆发了一次系统性金融危机，即 1866 年危机，这场危机规模很大，给英国带来很大冲击。这得先从贴现公司说起。贴现公司就是票据经纪商，票据经纪业务从 19 世纪初期开始发展，早期相对简单，就是给票据寻找资金和给资金寻找票据的经纪人，从中收取手续费，只作为中间人。以后，票据经纪商的业务逐渐复杂和繁多起来。票据经纪商从票据持有人手里贴现票据，再将票据转贴现给银行，从银行获得贷款，票据到期兑付后银行收回贷款。贷款银行对经纪人没有追索权，完全根据票据的品质发放贷款。19 世纪中期以后，票据经纪商的信用开始变得十分关键。有时候贷款人接受票据经纪商的票据主要是出于对票据经纪商的信任，不需要对票据提供担保。票据经纪商也逐渐积累了自己的声誉和实力，开始从事一些存款业务，并且不给存款提供担保。但

---

① Andreades, A., *History of the Bank of England*, Translated by Meredith, C., Third Edition, London: P. S. King & Son, Ltd, 1935, pp. 348 - 349.

是，有存款就要支付利息，票据经纪商需要尽快将资金通过贴现票据的方式贷放出去，如果出现资金占用，需要支付的利息就足以让他们负债累累。票据经纪商的利润很低，完全依靠高杠杆率，通过大额交易量获取利润，业务风险极高。在伦敦，为提高资金使用效率，很多银行在票据经纪商那里有存款，以期获得较高的收益，包括股份银行以及乡村银行，多数是短期存款或者随时兑付的存款，存款资金往往是这些银行的准备金。一旦出现危机，随时会从票据经纪商那里抽回。因此，票据经纪业务的经营模式非常脆弱。实际上，贴现公司已经成为规模较小的银行，和其他银行的区别就是它们缺乏足够的准备金。

1825 年危机对票据经纪商是一个重要转折点。此前由于很多商业银行过度贷款，导致危机期间银行间承兑市场流动性枯竭，大量商业银行倒闭。存活下来的那些商业银行不再愿意大量持有商业票据，以免危机期间无法获得承兑，这给票据经纪商提供了一个成为货币市场基金的绝好机会。他们从商业银行那里吸收即期存款，然后再将此存款投资于承兑市场。为获取利润，票据经纪商承担了商业银行不愿承担的资产期限配置风险。票据经纪商发展的早期阶段，还得到了英格兰银行一定程度的支持。随着伦敦货币市场的发展，英格兰银行对一些票据经纪商开放了贴现窗口。如果这些票据经纪商出现流动性需求，可以去英格兰银行那里贴现或再贴现票据，包括当时最大的票据经纪商奥弗伦·格尼公司在内。票据经纪商持有大量待贴现票据，如果英格兰银行提高利率，必然会因此受到损失。为尽可能减少损失，票据经纪商会预测英格兰银行的利率走势。如果预计英格兰银行要提高利率，票据经纪商就会在公开市场提前贴现以应对冲击，这使英格兰银行的利率政策可以提前有效发挥作用。因此，票据经纪商其实也是英格兰银行货币政策传导机制的重要环节。一些学者认为，英格兰银行和票据经纪商是一种共生关系，谁也离不开谁。这种和谐的合作关系到 40—50 年代出现了变化。1844 年，英格兰银行分为发行部和银行业务部。银行业务部本身也有大量的票据业务，因而，票据经纪商成为英格兰银行最强有力的竞争对手。但在危机期间，由于英格兰银行持有全国的现金储备，票据经纪商还要到英格兰银行申请获得流动性支持。1857 年危机期间，英格兰银行向票据经纪商提供了 900 多万英镑的贷款，而给伦敦和外省银行的贷款也不过 800 万英镑。对此，白芝浩评论道："……所以，每逢发生恐慌，鉴于货币市场的基本结构，英格兰银行必须救助这些交易商，维持它们的生命；而这些交易商在任何时候是不会帮助英格兰银行的，平时还是英格兰银行最直接、最强劲的竞争对手。"① 对这种状况，英格兰银行自然心生抵触。1858 年，英格兰银行出台一项措施：每年资金宽裕时期，票据经纪商可以自由贷款；在其他时期，票据经纪商的贷款都将被视为特例处理。这项规定令票据经纪商十分不满，但小交易商只能接受，不敢也无力采取任何对抗行动。票据经纪商的老大奥弗伦·格尼公司则不然，决意向英格兰银行摊牌，以显示自己的力量。1860 年的一天，公司突然从英格兰银行提走全部存款，总额一定很大，据说以 1000 英镑的面值提走 300 万英镑，这立即引发了伦敦货币市场的混乱，英格兰银行被迫紧急提高利率以保护储备。奥弗伦·格尼公司的行动效果并不明显，未对英格兰银行产生显著打击，不得已情况下，公司几天后把资金重新存入英格兰银行。但是，英格兰银行的这项措施也没有维持下去。毫无疑问，这个事件成为英格兰银行和该公司业务关系的一个分水岭，此后，奥弗伦·格尼公司的票据不再依靠英格兰银行从事再贴现业务，这对 1866 年危机产生了直接影响。

　　奥弗伦·格尼公司由诺里奇·格尼银行和伦敦理查德森·奥弗伦票

---

① ［英］沃尔特·白芝浩：《伦巴第街》，沈国华译，上海财经大学出版社 2008 年版，第 131 页。

据经纪公司两家公司合并而成。公司业务的增长得益于他们对客户可靠性的认真检查。他们贴现的票据"代表了当前商业交易的标准"①。到1820 年，奥弗伦·格尼已经被认为是一家非常优秀的金融公司，不仅伦敦的主要银行和金融公司都在它这里有投资业务，连英格兰银行也有。由于业务可靠，使公司成功度过 20 年代到 40 年代的历次危机。十多年后，公司成为伦敦最大的贴现公司。很多伦敦的银行和乡村银行在奥弗伦·格尼公司都有存款，公司成为银行的银行。卡佩认为，它的资产规模是当时最大的两家商业银行——米德兰银行和威斯敏斯特银行的 10 倍左右，它在伦敦城的地位仅次于英格兰银行。② 50 年代，公司发生转折性变化，主要是新上任的管理层完全没有前任的谨慎和认真，丢弃了曾经长期坚持的经营原则。他们不仅从事没有担保的借贷业务，而且也不再对客户进行可靠性检查。公司投资了大量次级票据，投资组合中充斥着各种缺乏价值的证券。公司几乎涉足了所有的投机业务和风险业务，出现大量坏账。1863 年，伦敦货币市场利率很低，但公司的存款却有所增加，这给公司带来问题，要想保持增长和盈利，就必须发现更能盈利的项目。获取高额利润的方法之一就是投资风险业务，于是公司在铁路股票和其他工业证券方面做了大笔投资，甚至还拥有过小型船队。当时，股份银行的资本资产比率一般为 9%—11%，但公司只有 2%。虽然贴现公司的资本资产比率可以较银行略低，但此时公司已经是一家全能银行了。1865 年，公司将合伙制改为股份公司制，力图通过增发股票填补资本。股份公司必须对外公布会计报表，这实际上成为格尼公司垮掉的关

---

① Ashraf A. Mahate, "Contagion Effects of Three Late Nineteenth Century British Bank Failures", *Business and Economic History*, Vol. 23, No. 1, Fall 1994, p. 102.

② Forrest Capie, "200 year of financial crises: lessons learned and forgotten", CASS Business School, City University, London, Paper prepared for meeting in Madrid, February 2012.

键一步。如果仍是合伙制，外界并不了解其实际经营情况，或许公司还能维持下去。此时公司的净资产为 – 425 万英镑，这些状况内部人心知肚明，但还没有引起外部人的注意。1866 年早些时候，各种消息已经开始传播，说老合伙人已经面临倒闭，公司也背负了巨大的债务。这些传言导致大量存款取出，公司存款减少三分之一。1865 年 7 月，公司存款额为 1440 万英镑，到 1866 年 5 月下滑到 980 万英镑，情况还在继续恶化。1866 年 5 月 10 日星期四，面临流动性危机的公司被迫向英格兰银行提出救助请求，希望得到 40 万英镑的支持。英格兰银行拒绝了这个请求。行长认为，如果不对其他陷入此类困境的银行提供救助，那么对奥弗伦·格尼公司也不能提供支持。[①] 英格兰银行拒绝救助也显示出两家公司结怨之深。下午 3 点 30 分，公司在绝望中宣布中止支付，19 世纪最后一场系统性大危机开始了，在当时被称作一场"地震"。宣告中止支付时，奥弗伦·格尼的负债为 1873 万英镑。[②]

二 危机的应对及影响

安德瑞斯认为 1866 年危机本该在 1864 爆发，由于英格兰银行的及时应对而延缓了两年而已。这场危机不是没有前兆，年初，英国就有两家银行宣告倒闭，其中利物浦伯纳德银行倒闭时负债达 350 万英镑。[③] 奥弗伦·格尼公司宣布中止支付的当天到第二天（5 月 11 日）中午，所有银行的大门都被挤兑人群挤满，伦巴第街的交通陷入瘫痪，这显示出奥弗伦·格尼公司在英国的影响有多大。这一天同样被称为"黑色星期

① Ashraf A. Mahate, "Contagion Effects of Three Late Nineteenth Century British Bank Failures", *Business and Economic History*, Vol. 23, No 1, Fall 1994, p. 103.

② Andreades, A., *History of the Bank of England*, Translated by Meredith, C., Third Edition, London: P. S. King & Son, Ltd, 1935, p. 358.

③ Ditto, p. 357.

五"。很多银行家甚至到伦敦市长那里提出抗议，要求解决陷于停顿的交通问题和同样陷于停顿的业务。这一天没有人感到安全。英格兰银行贴现办公室在一层，挤满来借钱的银行家、票据经纪商和商人。消息传到乡村后，乡村银行立即挤满了提现的人。乡村银行没有足够储备，立即向伦敦的代理行求助，希望尽快运回黄金和钞票，但此时伦敦已乱成一团，无法顾及它们。近半个世纪以来，绝大多数乡村银行一直把奥弗伦·格尼公司当作自己的家一样，所有的短期存款都在这里，其实这也是它们的准备金。要么早已获知奥弗伦·格尼公司的真实情况，要么出于职业敏感，英格兰银行应该提前意识到了危机即将来临。5月3日，英格兰银行就将利率从1%大幅上调到7%，5月8日又上调到8%，随后调整到9%，5月11日提高到10%。但是，危机的剧烈程度仍然超出英格兰银行的想象。仅一天内，它的贷款额度已经达400万英镑。这天中午11点半和下午3点，英格兰银行董事会紧急召开了两次会议商议应对措施。英格兰银行的储备已经所剩无几，但持续投放货币救助市场的能力受到了皮尔法案的限制。1847年、1857年危机期间该法案曾被暂时中止。于是，英格兰银行给首相约翰·茹塞尔和财政大臣格雷斯顿写了封信件，信中写道，仅"黑色星期五"一天，英格兰银行已经贷出去400万英镑，这是前所未有的，而且现在仍然无法拒绝任何合理的贷款申请。星期六仍是工作日，挤兑还在继续，但英格兰银行认为自己能够兑付，因为贷出去的钞票还会回来，除非银行和商人把钱藏在地窖里，或者不再贷款。但是，中止皮尔法案仍是最终平息市场恐慌的重要手段。格雷斯顿最终在金融城商人代表团的催促下改变了态度，在给英格兰银行的回信中同意暂时中止皮尔法案，但英格兰银行的利率必须提高到10%，而且财政大臣保留要求继续提高利率的权力。因提高利率而额外获得的利润要上交国库。于是，限制英格兰银行应对危机的主要障碍消除了。

暂停执行皮尔法案的消息公布的第二天，市场信心似乎立即恢复了。几天内，英格兰银行发放的贷款总额达到 1300 万英镑。① 9 月召开的股东大会上，行长曾经描述了当时的情形：

"本行已经尽了最大努力，并且非常成功地克服了危机。我们没有在自己的位置上退缩。在奥弗伦公司破产消息传开的那天上午，暴风雨向我们袭来的时候，我们处于任何一个银行机构最为稳健的状态。那天和此后的一个星期里，我们发放了数额令人难以置信的贷款。我本人认为，即使在这之前很短的时间里，也没有人能够预计到贷款数额会如此之大。在这种情况下，一定程度的恐慌会引起的公众的警觉；如果我们认为这样的措施是值得采取的话，那么，那些需要银行贷款的人再去找财政大臣，请求政府授权本行超额发行货币，就很不正常了。但是，我们必须在获得这项授权之前采取行动，并且在财政大臣或许还没醒来之前，已经把我们一半的准备金作为贷款放出去；而我们的准备金就这样减少到了我们安心目睹的水平。但是，我们不会推卸赋予我们支持银行界同仁的义务。而且，据我所知，向本行提出的任何合理的援助请求都没有遭到拒绝。每个有充分担保的绅士来我们这里都能满意而归；虽然贷款没有完全达到贷款申请额的水品，但至少没有一个能够提供适当担保的人没有获得本行的援助……"② 虽然市场信心得以恢复，人们都认为危机已经解除了，但是在接下来的一个星期仍然有一些银行受到惯性冲击而破产。例如伦敦银行，在支付了 50% 的负债后破产，破产时负债仍有433 万英镑。在东方具有巨大影响力的阿格拉马斯特曼银行业倒闭时，

---

① Geoffrey Ellott, *The Mystery of Overend and Gurney-A Financial Scandal in Victorian London*, London：Methuen& Co. Ltd, 2006, pp. 182 – 184.

② ［英］沃尔特·白芝浩：《伦巴第街》，沈国华译，上海财经大学出版社 2008 年版，第158 页。

负债为 1558 万英镑。安德瑞斯认为，这些倒闭的银行其实都有足够的资产进行负债清偿，倒闭是因为没有足够的时间将这些资产转换为现金。①

这场危机对英国银行体系和资本市场造成强烈冲击。据统计，危机带来的损失为 5000 万英镑。人们普遍认为真实数字还要大。铁路证券价格大幅下跌，统一公债价格下跌到 85 英镑。危机在国际上也产生很大影响。英格兰银行将 10% 的贴现率水平一直保持到 8 月 11 日，而法兰西银行的利率持续在 4% 以内，即使如此，由于对英国资本市场的信心不足，国外资本仍然没有大量流向英国。对英格兰银行在这场危机当中的救助行动，长期以来存在争论。有人认为如果英格兰银行对奥弗伦·格尼出手相救，这场危机就可以避免。最主要的问题是，救助行动是否导致出现了道德风险。卡佩认为，19 世纪危机期间，只要能够提供良好的担保，英格兰银行并不对借款人加以鉴别，也不向单独的机构提供救助，而是向市场提供充分的流动性支持，英格兰银行对危机的解决表现完美。拒绝对奥弗伦·格尼提供救助，体现出英格兰银行对整个市场而不是对单独机构的救助模式。他认为，奥弗伦·格尼公司在金融体系的地位中处于仅次于英格兰银行，危机以后，英国的金融体系变得更加强大和稳定。英格兰银行拒绝救助被看作一个标志，意味着今后在危机期间将采取更加强有力的措施。② 但一些其他学者有不同看法，他们指出，符合英格兰银行救助条件的机构是有限的，并非所有人都能进入英格兰银行的贴现窗口获得救助。英格兰银行有一个能够与它开展贴现业务的公司清单，

① Andreades, A., *History of the Bank of England*, Translated by Meredith, C., Third Edition, London: P. S. King & Son, Ltd, 1935, p. 369.

② Forrest Capie, "200 year of financial crises: lessons learned and forgotten", CASS Business School, City University, London, Paper prepared for meeting in Madrid, February 2012.

主要包括一些商业和工业公司、商人银行、商业银行和票据经纪商。要符合与之进行贴现业务的条件，必须有政府部门的推荐。1865 年，这些交易对手为 438 家，1866 年为 503 家。通过贴现窗口，英格兰银行加强了对贴现公司的监控。具体方式就是从贴现公司那里获得资产担保，以及贴现公司在业内的声誉（获得贴现资格需要被推荐）、口碑，都是进入清单的条件。英格兰银行获得担保主要是为了应对可能发生的损失或由贴现公司引发的风险。如果承兑人不支付，英格兰银行会立即要求贴现公司偿付，如果它们不能偿付，就会被从清单中清退。这意味着贴现公司负有审核承兑人的责任，相应承兑人负有审核出票人的义务。如果贴现公司被英格兰银行从清单中清除，意味着丧失在紧急时刻获得英格兰银行的救助机会（危机时期几乎是唯一可能的救助人），这足以置贴现公司于死地，奥弗伦·格尼公司的倒闭就是一例。实际上，在货币市场已经形成一种英格兰银行通过贴现窗口对贴现公司实施有效监管的方式，英格兰银行可以获得这些公司较为清晰的信息，同时也可以防范道德风险。英格兰通过"非匿名"的借贷方式实现了对道德风险的控制。因此，这个有限的贴现窗口发挥出对货币市场的监管效果。这一监管模式包括两个紧密联系的组成部分：较为严格的审核筛查程序；通过危机期间垄断性的救助和扩大信贷而实施的惩罚措施。因此，英格兰银行不仅承担了最后贷款人的职责，而且无形当中已经担负起监管货币市场的责任，虽然并非刻意，但产生了显著的效果。在救助的同时，避免了道德风险。①

① Marc Flandreau and Stefano Ugolini, "Where It All Began: Lending of Last Resort and the Bank of England During the Overend, Gurney panic of 1866", EHES Working Paper in Economic History, No. 7, February 2011.

第五节　1878 年格拉斯哥银行倒闭与 1890 年 巴林银行危机

一　1878 年格拉斯哥银行倒闭事件

1866 年危机 12 年后，英国出现了一次影响较大的银行倒闭事件，这就是苏格兰的格拉斯哥银行的倒闭。自 18 世纪以来，苏格兰的银行业较之英格兰的银行业更为稳定，甚至成为英格兰学习的榜样。格拉斯哥银行成立于 1839 年，注册资本近 66 万英镑，有 779 名合伙人，在格拉斯哥算比较大的资本规模了。到 1857 年，它拥有 88 家分行，仅次于西部联合银行。[①] 虽然这些分行都有不同程度的盈利，但格拉斯哥银行对此并不满意，随后大量资金投向贴现业务，并逐渐依赖伦敦货币市场。银行很看好国际业务，贴现了大量美洲和东印度的票据。1878 年 9 月初，《格拉斯哥消息报》透露有一家苏格兰银行面临困难，但没有透露是哪家银行。消息很快传到伦敦，银行圈的人们认为苏格兰的银行需要获得救助。这些传言对格拉斯哥银行没有产生什么影响，也没有形成存款人的挤兑，但人们知道这家银行的合伙人很多，并且负有无限责任。当时看起来没有什么能引起合伙人关注的事情，银行已经建立了较好的分行网络，存款突破 800 万英镑，而且年度报表显示自 1857 年以来，公司业务稳定增长。当时人们普遍认为格拉斯哥银行是苏格兰最有活力和最繁荣的银行，股价也相对其他银行较高，但股价的稳定性与其持续买入自己的股票有关。9 月 11 日，针对相关报道和伦敦的传言，苏格兰银行要求格拉斯哥银行退回已承兑的票据款。没想到这一举动引发了令人意想不到的后果。格拉斯哥银行竟然

---

① Ashraf A. Mahate, "Contagion Effects of Three Late Nineteenth Century British Bank Failures", *Business and Economic History*, Vol. 23, No. 1, Fall 1994, p. 104.

拿不出这笔钱来，并转向苏格兰银行要求提供支持。开始求助的金额是20 万英镑到 30 万英镑，随后就增长到 50 万英镑。因为此前有一笔给格拉斯哥银行的贷款正在审批过程中，这使苏格兰银行感到检查这家银行财务状况的必要性。于是聘请爱丁堡会计师事务所对格拉斯哥银行的财务报表进行审计。9 月 28 日，审计报告公布，显示该银行存在大量坏账。10月 1 日，苏格兰银行拒绝向其发放贷款，格拉斯哥银行只得关门。

格拉斯哥银行的倒闭对苏格兰的金融业和工业产生一定影响。爱丁堡和格拉斯哥的报纸每天都能看到因为该银行倒闭引发一些公司破产的消息。受到冲击的公司中，最有影响的是苏格兰人银行，它仅持有格拉斯哥银行 400 英镑的股票用以担保。就是这么微量的股票，也引起人们对苏格兰人银行的挤兑，担心它受到格拉斯哥银行倒闭的影响。人们普遍认为，即便包括了苏格兰人银行在内的所有股东资产，也不够抵偿格拉斯哥银行的债务。12 月 5 日，苏格兰人银行业被迫关闭。① 这场危机不限于格拉斯哥甚至苏格兰，也蔓延到英格兰和威尔士。有人认为这场危机给英国的银行带来巨大冲击，最显著的影响就是导致英格兰西部银行和威尔士社区银行的倒闭，也有一些英格兰的小银行倒闭。虽然这家银行的倒闭引起一定程度的恐慌，但最终没有产生系统性风险，甚至没有引起英格兰银行的关注。卡佩认为此次倒闭事件称不上一次金融危机，英格兰银行和财政部都没有在此次事件中涉及救助事务。② 当然，苏格兰的银行体系在一定程度上相对独立也是一个因素。

---

① Ashraf A. Mahate, "Contagion Effects of Three Late Nineteenth Century British Bank Failures", *Business and Economic History*, Vol. 23, No. 1, Fall 1994, p. 105.

② Forrest Capie, "200 year of financial crises: lessons learned and forgotten", CASS Business School, City University, London, Paper prepared for meeting in Madrid, February 2012.

二　1890 年巴林银行危机

19 世纪，英国的金融危机和银行危机十多年出现一次，1890 年巴林银行出现危机。好在应对及时，没有演变成一场系统性危机。这场危机并非偶然，主要原因是英国对阿根廷的过度投资。自 80 年代以来的近十年当中，巴林银行给南美洲普拉特河流域国家的贷款总额达到 3000 万英镑，占非拉丁美洲地区银行在该地区贷款总额的 30%。对巴林银行而言，与这些国家相比，英国的银行利率太低，1883 年以来银行利率从来没有超过 4%。虽然在欧洲投资比较稳定，但收益相对较低，而 80 年代在阿根廷的投资收益达到 13%。这些成功导致了巴林银行"致命的过分自信"①。对阿根廷的投资当然不止巴林银行，很多新成立的股份公司纷纷前去阿根廷捞金。据统计，英国在 1888 年和 1889 年对阿根廷的投资分别达到 3610 万英镑和 2922 万英镑。②

随着投资持续过热，一些人士已经产生警惕。鉴于黄金外流和国债价格下滑，1889 年，英格兰银行将贴息率上调到 6%。此举未得到股份银行支持，市场利率仍然保持在 4.5% 的相对低位。进入 1890 年，情况开始出现变化。4 月，阿根廷政府陷入困局，无法给贷款支付利息。随后，阿根廷国民银行宣布由于土地价格下跌（该银行从事了土地投机买卖）暂停支付红利，此时土地价格已经下跌 50%。投机土地生意的还包括乌拉圭国民银行。由于出现流动性危机，两家银行不得不到伦敦寻求短期贷款支持，给巴林银行带来巨大压力。鉴于巴林银行在阿根廷的庞大投资，人

①　[英] 尼尔·弗格森：《罗斯柴尔德家族》第四部，何正云译，中信出版社 2009 年版，第 110 页。

②　Andreades, A., *History of the Bank of England*, Translated by Meredith, C., Third Edition, London：P. S. King & Son, Ltd, 1935, p. 363.

们已经开始怀疑巴林银行是否受到影响。随着财政部和英格兰银行与巴林银行的频繁接触，人们确认巴林银行遇到了大麻烦。实际上，此时巴林银行持有的阿根廷土地债券已经跌去三分之一，来自贷款的利息收入中断，公司背负了伦敦货币市场的大量债务。在一次账务检查中，发现巴林银行应付票据为 1580 万英镑，而应收票据仅为 700 万英镑，差距超出了想象，而总负债已经达到 2100 万英镑。① 11 月 8 日，巴林银行向英格兰银行表示需要提供 400 万英镑贷款。此时英格兰银行的储备只有 900 万英镑。最令人担心的是，如果巴林银行财务紧张的消息为公众所知，不仅可能会出现一场比 1866 年更严重的银行危机，还会引发外资抽逃。于是英格兰银行立即向财政部报告了此事，决定对巴林银行的真实情况进行保密。其实，外界已经对巴林银行的情况有所了解。周四，大约 75 万英镑的统一公债在市场被抛售。周五，市场似乎已经开始弥漫恐慌气息。英格兰银行感觉必须要迅速出手，将危机消灭在萌芽中。为了应对可能产生的挤兑，英格兰银行迅速通过罗斯柴尔德银行从法兰西银行获得 300 万英镑的黄金。另外，从俄罗斯国家银行获得 150 万英镑的贷款，并协调俄罗斯不从巴林银行提走 240 万英镑存款。② 英格兰银行行长是威廉·里德代尔，他在伦敦城的信息渠道极为丰富，早在 11 月 7 日就已获知伦敦的几家银行处于危机之中，但认为英格兰银行有足够的能力解决巴林银行的问题。会计报告显示，巴林银行的长期清偿能力并没有问题，只是短期内需要 1000 万英镑左右。与财政部协商后，行长立即召集包括罗斯柴尔德银行在内的 11 家银行开会，希望建立一个担保基金来处理巴林银行问题。会

---

① ［英］尼尔·弗格森：《罗斯柴尔德家族》第四部，何正云译，中信出版社 2009 年版，第 112 页。

② ［美］查尔斯·P. 金德尔伯格：《疯狂、惊恐和崩溃——金融危机史》，朱隽、叶翔译，中国金融出版社 2007 年版，第 232 页。

议非常顺利，到第一天结束，担保资金为 300 万英镑，第二天，认购额度达到 1000 万英镑，最终达到 1700 英镑，远远超过救助巴林银行所需的金额。① 这次行动快速有效，得益于英格兰银行在金融城的巨大影响力。11 月 25 日，新的巴林兄弟股份银行成立，债务由原来的银行承担，并负责最后清算，一场危机被消除。

此次危机处理得到后世史学家的赞扬。金德尔伯格评价道："与其说巴林公司倒闭是伦敦金融体系脆弱的表现，不如说担保基金是伦敦金融体系强健的特征。"② 另一位历史学家鲍威尔说："英格兰银行并不是金融市场上的唯一斗士，要么战斗，要么退却，而是世界有目共睹的大金融财团的领袖。"③ 著名史学家伯恩斯坦则强调："也许，在上述整个行动中，最了不起的是执行过程的审慎和保密。"④ 英格兰银行在此次危机中的表现可圈可点，和以前的危机救助相比，这次行动有这样几个特点：一是介入及时。在得知巴林银行的问题后，英格兰银行没有推脱，立即和财政部取得联系，并商议危机解决和损失承担的方案，为危机的化解争取了时间。二是主动介入，这和以前的被动应付完全不同，意味着英格兰银行已经认识到自己作为金融城最大的机构需要承担的责任。三是没有直接动用公共资金，而是采用建立担保基金对债务进行担保的方式。实际上，巴林银行本身并非资不抵债，只是出现短期流动性危机。最终没有动用英格兰银行的准备金。巴林银行危机的顺利解决，标志着英格兰银行在危机的应对和

---

① ［美］查尔斯·P. 金德尔伯格：《疯狂、惊恐和崩溃——金融危机史》，朱隽、叶翔译，中国金融出版社 2007 年版，第 193 页。

② ［美］彼得·L. 伯恩斯坦：《黄金简史》，黄磊译，上海财经大学出版社 2008 年版，第 290 页。

③ ［美］查尔斯·P. 金德尔伯格：《疯狂、惊恐和崩溃——金融危机史》，朱隽、叶翔译，中国金融出版社 2007 年版，第 193 页。

④ ［美］彼得·L. 伯恩斯坦：《黄金简史》，黄磊译，上海财经大学出版社 2008 年版，第 290 页。

危机处理上进入成熟阶段，也从认知上开始主动承担起维护金融市场稳定的责任。因为在危机处理中的杰出表现，里德代尔两年任期结束后再次连任，打破了200年来很少破例的任职规定。1866年危机以后，没有再出现系统性的金融危机。英国货币经济学家认为在1866年以后没有出现金融危机，是因为有了中央银行的经验和操纵贴现率的技能。但约翰·H. 伍德认为，这不能只归功于法律或英格兰银行的政策，可能与金融机构、生产结构和政府金融的改进也有关系。① 对英格兰银行在这一阶段的转型，辛格顿评价道："到1900年，英格兰银行已经视自己为一家致力于维护银行体系稳定的公共机构，而非商业机构。换言之，它已经完成了从发行的银行向中央银行的转变。"②

---

① ［美］约翰·H. 伍德：《英美中央银行史》，陈晓霜译，上海财经大学出版社2011年版，第110页。

② ［英］约翰·辛格顿：《20世纪的中央银行》，张慧莲等译，中国金融出版社2015年版，第40页。

第四章　20世纪正式金融监管的形成

第一节　"一战"到"二战"时期的金融监管

一　第一次世界大战时期

从20世纪初到第一次世界大战爆发，随着交通工具、通信手段以及资本和人口的自由流动，全球经济的联系越来越紧密。英国在这一时期的经济发展速度虽然落后于美国和德国，但综合实力仍居世界第一，在很多领域依然保持主导地位，比如对外贸易、金融服务等。自19世纪开始，伦敦就是国际金融中心。1870年以前，巴黎在一定意义上和伦敦是国际金融的双中心，但普法战争以后，巴黎的地位受到削弱，伦敦的地位则进一步增强。这一时期，纽约、柏林也逐渐成长为世界金融中心，但和伦敦相比仍然存在很大差距。伦敦作为真正全球化的世界级金融中心，是所有金融中心的中心。从金融监管角度看，英国在这一时期仍然同过去一样，是非正式监管，也就是还没有法定意义上的监管。各个金融机构，包括伦敦证券交易所，主要依靠自律监管。英格兰银行在金融城的地位是经过漫长的历史时期逐渐形成的，依靠的是实力和影响力。虽然没有法定监管责任，但英格兰银行知道如何和这些金融机构进行沟通交流，这些金融机构也乐于就重要事件和英格兰银行进行协商，更清楚一旦出现危机必须倚仗英格兰银行的支持，1890 年巴林银行危机时英格兰银行所展现出的权威有目共睹。两百多年来应对金融危机的经验和无形中形成的主动意识，使英格兰银行一如既往地维护着金融城的稳定。到 19 世纪末 20 世纪初，英格兰银行发自内心地认为维护金融体系的稳定就是它的责任。凯西斯评价道："伦敦金融城有自己的行业准则，也有它不成文的规则。从总体上看，所有的金融机构都独立于政府的监管。这种独立性适用于所有的金融机构，包括那些履行公共职责的机构（比如伦敦证券交易所或英格兰银行），以其行政上的自治为象征，由伦敦金融城的市长领导，独立于伦敦其他地区。"① 自巴林银行危机到第一次世界大战爆发前，英国没有出现金融危机。从金融监管角度而言，这是一个稳定平和的时期，英格兰银行在金融监管和银行稳定方面也没有花费太多心力。

1914 年 7 月底，第一次世界大战爆发，英国金融体系进入一个由政府直接实施管制的时期。由于人们对大战的爆发预期不足，金融市场出现了严重的恐慌气氛。政府快速出手，因此没有出现金融危机。由于欧洲大陆各国停止资金汇入，加上英国各家银行本身也开始撤回资金，金融市场立即呈现流动性紧张的局面。英格兰银行门口排起多年未曾有过的长队，人们都希望将手中的纸币兑换成黄金。英格兰银行迅速提高贴现率，同时增加流动性注入。7 月 30 日，贴现率从 3% 提高到 4%，31 日上调到 8%，8 月 1 日上调到 10%。② 同时，再次中止执行皮尔法案，政府同意英格兰银行的银行券发行量超过法定限额。8 月 2 日，议会颁行法令，允许贷款延期支付。8 月 5 日，英国最主要的 21 家银行开会讨论当前局势，并认

---

① ［瑞士］尤瑟夫·凯西斯：《资本之都——国际金融中心变迁史（1780—2009 年）》，陈晗译，中国人民大学出版社、中国金融出版社 2011 年版，第 73—74 页。

② ［日］富田俊基：《国债的历史：凝结在利率中的过去与未来》，彭曦、顾长江、曹雅洁、韩秋燕、王辉译，南京大学出版社 2011 年版，第 360—361 页。

为必须和英格兰银行进行合作才能度过危局。8 月 13 日，英格兰银行和这些银行达成合作协议，英格兰银行承诺在财政部支持下对 8 月 4 日前的所有汇票进行贴现，还将以高于官方贴现率 2 个百分点的价格借出资金，用以帮助那些出现流动性困难的银行。① 由于对战争持续时间的估计过于乐观，英格兰银行提出向政府提供 600 万英镑贷款的计划。到 1914 年年底，英格兰银行总计给政府贷款 7700 万英镑，利息为 2.5%。② 8 月 6 日，议会还通过一项法案，给予财政部发行流通券的权力，发行事务由英格兰银行具体负责，面值为 1 英镑和 0.5 英镑。发行流通券的主要考虑是英格兰银行的银行券印刷能力有限，且在北部的苏格兰地区接受程度不高。发行流通券前，邮政汇票也被作为紧急货币投入使用。作为政府债务，流通券发行之初曾希望可以起到和银行券相同的效果，即不仅可以流通，也可以从英格兰银行兑换黄金，但最后这种兑换没有实现。为应对战时金融危机，流通券的发行为解决流动性危机发挥了重要作用。但作为一项平衡国债的政府负债，流通券的发行量过大。到 1914 年年底，流通券超过当年纸币的发行量。到 1915 年，则超过 1 亿英镑，是纸币发行量的 3 倍，流通券成为物价上涨的主要推动因素，也延长了英国再次恢复金本位制的准备时间。另外，1914 年 8 月 19 日以后，国库券开始公开竞价发行，引入价格竞争机制，以进一步满足政府的战争费用。到 1915 年 4 月 13 日，财政部累计发行了 10 次国库券，总共募集资金 5500 万英镑，到 1915 年年底，金额达到 9000 万英镑。③ 同时，政府还发行了军事债券，由于投资者较少，英格兰银行积极响应，进行了大额认购，为政府融资。这是政府和

---

① ［瑞士］尤瑟夫·凯西斯：《资本之都——国际金融中心变迁史（1780—2009 年）》，陈晗译，中国人民大学出版社、中国金融出版社 2011 年版，第 129 页。

② ［日］富田俊基：《国债的历史：凝结在利率中的过去与未来》，彭曦、顾长江、曹雅洁、韩秋燕、王辉译，南京大学出版社 2011 年版，第 361 页。

③ 同上书，第 361—364 页。

英格兰银行所采取的应对措施。

战争对金融市场的冲击无疑是巨大的。作为世界第一大金融中心，伦敦受到的影响也就最大。战争爆发时，伦敦贴现市场总计有 3.5 亿英镑的票据在流通，这些票据将在 3 个月内兑现。但问题是，超过三分之一票据由于战争原因无法进行支付。这需要伦敦的承兑人对这些票据进行承兑。伦敦商业银行持有的资金不过 2000 万英镑左右，简直是杯水车薪。于是，伦敦证券交易所的会员总计向商业银行借入 1 亿英镑，其中 80% 来自各类银行。① 英格兰银行随后的贴现承诺也缓解了市场的紧张情绪，挽救了贴现市场。战争爆发后，英国政府还禁止发行外债，政府债券占据了金融市场的大量份额。到战争结束后的 1920 年，伦敦证券交易所中，政府债券占所有上市证券的 30%，这一比例在 1913 年仅为 11.5%。政府还禁止在资本市场从事套利活动，虽然压制了市场，但避免了战时市场的剧烈波动。

战争期间，英格兰银行和政府之间有紧密合作，也有分歧和矛盾，这仍与战时体制有关。为了黄金储备的安全，战争爆发后，英格兰银行将国库黄金运往加拿大。此事非同小可，但英格兰银行并不认为这个行动需要财政部的同意，没有向财政部汇报。虽然长期以来，英格兰银行保持了相当的独立性，但政府认为在战时则不一样，任何重大经济行为都必将对国家产生影响，更何况转移国家金库。财政大臣劳合·乔治对英格兰银行未同其协商就做出这样的决定感到十分愤怒，要求和英格兰银行行长签署一份备忘录。备忘录提出，在战争持续期间，如果财政大臣认为涉及国家利益，英格兰银行必须就任何事情接受财政大臣的指导。这时英格兰银行的行长是个性极强的克里夫，在英格兰银行，很多事情不和财政委员会协商

---

① ［瑞士］尤瑟夫·凯西斯：《资本之都——国际金融中心变迁史（1780—2009 年）》，陈晗译，中国人民大学出版社、中国金融出版社 2011 年版，第 127 页。

就独自做出决定。因为对伦敦货币市场危机处理的迅速有效，1914 年第一次世界大战爆发时，他在连任两年后又连任一年，直到 1915 年春季结束，而这一年他又重获选举担任两年行长，这在之前是从未有过的。克里夫接到财政大臣提议后，以未和同事协商为由予以拒绝。劳合·乔治立即针锋相对，提出对英格兰银行实施国有化的可能性。这一提议似乎超出克里夫和英格兰银行管理层的承受力。于是，英格兰银行财政委员会起草了一份备忘录给克里夫，要求他向财政大臣致歉，并指出将黄金转移到渥太华的电报未同财政大臣协商，主要是由于当时情况特殊，并非故意所为。在股东和财政委员会的巨大压力下，克里夫最终被迫道歉，并表示，今后"在战争期间，涉及国家债务和英格兰银行黄金储备的行动"[1]，事先都会同财政大臣协商。对道歉一事，克里夫内心并不认可，随后他在英格兰银行内部指出，这样的让步迟早会让英格兰银行被收归国有。30 年后，这一预言变成了现实。

　　第一次世界大战对伦敦金融城造成非常严重的损失。英国为筹资应对战争，卖出大约 30 亿美元美国股票。由于实施外汇管制，人们对英镑的使用感觉越来越不方便，于是美元标价的汇票逐渐取代了英镑标价的汇票，伦敦金融城地位受到削弱，因为英镑是全球性货币和国际贸易的支付手段，是伦敦城作为世界金融中心地位的重要基石。战时金融管制，虽然情况复杂，但处理手段更为简单，包括利率控制、信贷控制等。这期间，英格兰银行在利率政策方面发挥了主要作用，金融管制的任务主要由各个政府部门执行。财政部在金融领域发挥了决定性影响，英格兰银行在战时更像财政部的一个所属部门，依照财政部的政策行事。

---

　　[1]　Elizabeth Hennessy, "The Governors, Directors and Management of the Bank of England", *The Bank of England : Money, Power and Influence 1694 – 1994*, Oxford: Clarendon Press, 1995, p. 194.

二 大萧条和第二次世界大战时期

第一次世界大战结束后，英国经历了一次短暂的经济繁荣，随后出现了短暂萧条。这一时期，英国的失业率达到 10%，出口仅为战前的 50%。经济水平一直处于不紧不慢的水平。但是，随后的大萧条给英国带来巨大冲击。英国的物价从 1929 年到 1932 年下降 24%。在失业率超过 20% 的情况下，英格兰银行为保护英镑，于 1931 年 7 月 23 日和 7 月 30 日将官方利率分别上调了 1%，调整到了 4.5%，随后又从美国和法国的中央银行借款 2500 万英镑。虽然再次获得美国和法国的借款，但贬值压力没有得到根本好转。此时英国面临严重的英镑危机，但金融城没有一家大银行破产。1931 年 9 月 20 日，英格兰银行宣布将官方利率上调到 6%，同时宣布停止黄金兑换。随后，英联邦及北欧一些国家总计 32 个国家也先后宣布中止金本位制。退出金本位制后，英镑快速贬值，从 9 月 23 日的 1 英镑兑换 3.98 美元下调到 25 日的 1 英镑兑换 3.58 美元。脱离金本位使英国避免了类似美国的通货紧缩，在西方国家中较早走出了经济危机。即便在大萧条时期，英国的金融体系仍然保持了稳定，虽然国家总产出下降 5.6%，但英国的增长较之其他国家还是比较快的。大萧条时代，英国没有发生银行破产，银行业本身没有出现严重问题，因此政府和英格兰银行未加强对银行业的监管。凯西斯评论道："至于英国，它避免了对银行业加大监管力度的做法。这可能是因为英国在 30 年代没有发生任何银行破产，也可能是因为它的整个金融体系比其他国家更为专业，并且英格兰银行的监管非常有效。"[①] 但是，放弃金本位制是伦敦城作为世界金融中心历史的一个关键转折点。人们对英镑的信心大为动摇。尽管金融城没有受

---

① ［瑞士］尤瑟夫·凯西斯：《资本之都——国际金融中心变迁史（1780—2009 年）》，陈晗译，中国人民大学出版社、中国金融出版社 2011 年版，第 161 页。

到很大的物质损失，但是，金融城的地位和权威却受到很大伤害。

1939年9月，德国入侵波兰，英国开始对资本流动实施管制。对于战争爆发，此前人们已有预料，因此没有给金融市场带来类似第一次世界大战爆发初期那样的巨大震动。对德宣战后的9月4日，英国颁行《外汇管理条令》，将英镑的买入卖出汇率分别固定在4.02美元和4.06美元。这一官方汇率一直维持到1949年。10月，官方贴现率下调至2%，这一水平一直维持到1951年。1940年3月上调了国债最低交易价格，发行了大量利率为3%的国债，英格兰银行大举买入国债，维持了国债价格。政府是商业银行最大的客户。以米德兰银行为例，1945年8月，政府票据占据了米德兰银行存款总额的80%。[1]伦敦证券交易所吸取了第一次世界大战时期的教训，于1939年8月24日在国债交易中设定了最低价格。统一公债的最低价格为面额的65%，折合利率4%。交易所9月1日关闭，6日就重新开启。所有交易都被限定为实物交易，新证券的发行受到限制。德国对英国进行轰炸后，金融城的三分之一成为废墟，但是，股票价格从1941年6月开始平稳上升。《金融时报》工业指数1941年年末是79.7点，一年后上升到93.7点，1945年12月达到103.1点。资本管制方面，政府禁止居民越过英镑区进行黄金外汇交易和面向海外发行债券，对非居民也实施了同样的限制。1940年3月7日，所有出口收益都必须卖给政府。7月，推行"储存美元制度"，把从英镑区域所获得的黄金和美元全部存放在伦敦进行统一管理，防止黄金和美元外流。[2]

由于政府实行金融管制，措施严厉，这使银行完全依照政府指令行

---

[1] ［瑞士］尤瑟夫·凯西斯：《资本之都——国际金融中心变迁史（1780—2009年）》，陈晗译，中国人民大学出版社、中国金融出版社2011年版，第170页。

[2] ［日］富田俊基：《国债的历史：凝结在利率中的过去与未来》，彭曦、顾长江、曹雅洁、韩秋燕、王辉译，南京大学出版社2011年版，第540—542页。

事，无论是利率设定还是贷款方向，都为最终赢得战争的胜利服务。严格控制资本资本市场是政府战时金融政策的基础，银行利率从 4% 降低到 2%，为政府债券制定最低价格，利率在战争期间不允许上浮。[①] 虽然管理方式刻板、固化，但也没有出现金融危机。说起来有趣，在世界面临最大危机的时候，金融危机反而消失了，至少在英国如此。这一时期，英格兰银行的职能更类似于 18 世纪，为国家进行战争融资。第二次世界大战期间，英格兰银行认购了巨额国债以支付战争经费。在金融监管方面，它没有花费太多精力，因为政府在银行业务的管控政策上比此前的非正式监管更直接。

第二节　1946 年英格兰银行国有化

第二次世界大战刚结束，英国金融体系就发生了一件大事，即英格兰银行的国有化。第一次世界大战期间，保守党政府就曾考虑过此事。1943 年，财政部提出一项建议，希望调整英格兰银行的结构，以更好地服务于政府，但是丘吉尔的战时政府并没有计划对英格兰银行实行国有化。1944 年 2 月，对英格兰银行的改革建议提交给英格兰银行财政委员会，其中很多建议在 1946 年的国有化中得以付诸实施。主要包括：缩减董事会规模，设立两名副行长，政府任命董事会的部分或全部董事，董事有固定的任期，股东的分红比率确定在 12%。上述内容要以立法的形式确定下来，还有一部分内容不需要采取法律形式，包括：英格兰银行在调整利率、发布财务盈亏信息以及公布年度报告时，须同财政大臣协商，或者得到财政大臣批准。1944 年到 1945 年，英格兰银行制定了一整套方案，以后成为

---

① ［英］乔治·G. 布莱恩：《伦敦证券市场史》，周琼琼、李成军、吕彦儒译，上海财经大学出版社 2010 年版，第 3 页。

财政大臣方案的主要内容。1945 年 7 月工党上台，方案有了很大变化，主要是加入了国有化的内容。工党对英格兰银行实施国有化的计划应该早已形成。理查德·罗伯茨认为这是工党对 1931 年货币危机期间英格兰银行致使工党威信扫地的报复。[①] 1945 年上台前，工党的竞选纲领就已提道："英格兰银行及其享有的权力必须收归公众所有，其他银行的运营必须和工业的需要相一致。"工党上台后，财政大臣道尔顿决定在议会的第一个任期就通过法律来实现这个承诺。因为已经有了方案基础，再加上准备充分，方案拟定之快令人吃惊。工党 7 月 23 日上台，8 月 3 日财政部的方案已经出台。8 月 14 日，财政大臣写信给英格兰银行行长卡顿，信中包括了方案的主要内容，并提议召开会议讨论这个方案。[②] 方案的主要内容包括：英格兰银行行长、副行长应由首相和财政大臣联合任命，这意味着财政部具有了正式的权力。在两位副行长中，其中一位一般情况下应是英格兰银行的长期职员。董事会董事由过去的 24 名削减为 12 名，董事包括行长和副行长。所有的董事应由财政部和董事会协商后任命或由董事会经财政部批准后任命。财政部拥有对英格兰银行进行指导的权力，这项权力仅在涉及重大政策时使用。在指导事项中，董事会仍负责业务管理。国有化的方式是，政府对英格兰银行的股东进行补偿，以永久性非投票年金交换股权，年金从英格兰银行利润中支出。英格兰银行发行特种投票权股份给财政部。财政部随后和英格兰银行就方案具体内容进行了沟通，其中绝大部分内容都为英格兰银行所接受，对国有化这一问题，英格兰银行即使不情愿也是无能为力。经过反复协商，财政部和英格兰银行的主要的分

---

① ［英］理查德·罗伯茨：《伦敦金融城——伦敦全球金融中心指南》，钱泳译，东北财经大学出版社 2008 年版，第 26 页。

② John Forde, *The Bank of England and Public policy 1941 – 1958*, Cambridge：Cambridge University Press, 1992, pp. 5 – 7.

歧还有两点：一是关于银行管理层的结构问题，二是关于给予英格兰银行一些法定权力的问题。

关于第一个问题，财政部决定让步。9月5日，财政大臣同意董事会成员设置为16名，包括4名执行董事，改变了之前财政部的12名董事且都是非执行董事的计划。但是，财政大臣要求英格兰银行所有董事都由王室任命，行长的任期设定为5年，而不是之前建议的7年。关于财政部对英格兰银行的指导权力，增加了新的内容，即在财政部做出指导决定之前，应先同英格兰银行行长协商。另外，关于股东的补偿条款，财政大臣同意股东的股票和政府公债进行简单交换，而不是之前的永久性年金补偿，但英格兰银行每年向财政部缴纳用以支付新增公债的利息。另外，对英格兰银行是否设置两名副行长，财政部的意见是设置两名，其中一名来自英格兰银行的长期职员。原因就是外界对英格兰银行有一些批评，认为它的控制权一直掌握在那些常任管理人员手中。财政部最早的计划是以董事会中不设执行董事的方式来解决这个问题。行长对此表示反对，但他直接指向两名副行长的设置。在9月5日给财政大臣的信件中表示，一旦行长不在，管理权要转移给副行长，如果有两名副行长，这种临时管理权的转移就会成为问题。财政大臣最终接受了行长的意见，同意仍设一名副行长。其实，反对设立两名副行长还有一个没有公开说明的原因，也是最主要的原因，即英格兰银行十分担心另一名副行长来自财政部，这对英格兰银行来讲不能接受，因为它希望在职能上保持和财政部的区分，避免使英格兰银行成为财政部的一部分。①

关于涉及对银行的法定权力的问题，英格兰银行管理层的绝大部分人对此表示反对，尤其是行长本人。长期以来，英格兰银行已经拥有一种在

---

① John Forde, *The Bank of England and Public policy 1941–1958*, Cambridge：Cambridge University Press, 1992, p. 10.

银行体系中的非正式权威，英格兰银行认为这种权威可以使它应对各种可能的问题。在应对和解决危机的过程中，这种非正式权威发挥着重要作用，虽然没有明确的法律界定，但这种权威强大而有效。如果拥有法定权力，英格兰银行认为这反而会削弱这种权威和地位，与出台这项法案的精神不一致。如果获得这项权力，必将超出法案本身的目的，并对清算银行的储户带来负面影响。对于英格兰银行的强烈反对，财政部先是在银行资产比例和惩罚条例方面做出了一些让步，但英格兰银行仍不为所动。9 月 11 日，行长卡顿给财政大臣道尔顿的信中再次阐明了自己的立场，他认为这项权力应该交给财政部。9 月 13 日，财政大臣将法案大纲提交内阁讨论。内阁同意对法案的第 4 条第 3 款再做修订。这次修订对英格兰银行做出较为明显的让步，其中有一点甚至行长本人也未曾提出过。早期的表述是这样的："对于银行运营，英格兰银行可以进行指导（指导意见来自财政部），或者要求银行提供信息，并向它们提出建议。如果财政部认为符合公共利益，可以采取监管措施。"经过改动以后，表述为："如果认为符合公共利益，英格兰银行可以要求银行提供信息，并向它们提供建议，如果得到财政部的授权，可以对任何银行进行指导。"[①] 9 月 25 日，修改后的法案获得内阁批准，10 月 10 日正式公布。10 月 29 日，法案在下院进行了二读辩论。道尔顿在辩论中对相关条款进行了解释。对于第 4 条第 3 款，他认为，英格兰银行作为政府的中央货币和金融最高管理机构，法案给予了它在责任方面正式的权力。他指出，这个条款有利于保证各家银行的运营符合工业发展的需要，而且这项权力仅在英格兰银行发起时才能行使。

根据下院和英格兰银行提出的意见，法案在股东补偿、银行权力和内

---

① John Forde, *The Bank of England and Public policy 1941 – 1958*, Cambridge: Cambridge University Press, 1992, p. 12.

部储备方面做了一些调整。在银行权力方面，政府承诺对第 4 条第 3 款进行修订，对涉及特定银行客户的事务不进行管制。清算银行私下担心在和它们进行协商前英格兰银行会秘密发布指导意见。对此道尔顿表示将对该条款进行修订，给予银行一项权力，即在指导意见发布前，银行可以向财政部进行交涉。法案 12 月 20 日通过三读，随后转给上院，上院在 1946 年 1 月 22 日进行二读辩论，虽然也有异议，但没有人怀疑议案会很快通过。2 月 6 日，议案在上院获得通过，12 日，下院接受了上院的修订意见，14 日，法案获得国王批准正式生效。在上院辩论期间，第 4 条第 3 款仍然是重点，尤其是对其准确意义的表述和认识，仍然存在一些分歧。有的议员认为这一条款实际是财政部通过英格兰银行对银行业发布指导，没有必要隐藏这样一个事实，即财政部是指令的实际发布人。斯维顿议员要求财政大臣"要告诉我们法案中这种联系的真实含义"，财政部做出如下回答："适用于这种机制的条件是清楚的，那就是英格兰银行的看法。如果英格兰银行认为这符合公共利益，它就完全可以启用这项特殊机制。"① 虽然议会有分歧，但看起来财政部和英格兰银行已经达成一致，即这项权力的发起人是英格兰银行，但要获得财政部批准。

2 月 27 日，老董事会召开最后一次会议后解散。会议前，举行了包括前任行长、董事们的晚宴。卡顿在致辞中说道："……对于未来我无法做出预测，但我可以说，在新的特许中，英格兰银行的结构没有发生任何变化，而且特许还将维护英格兰银行业已存在的信心、繁荣和荣誉。"② 老行长诺曼也参加了这次晚宴，后来在日记中写道，这是英格兰银行的"告别晚餐"。作为担任英格兰银行行长 20 年的诺曼来说，这可能多少有

---

① John Forde, *The Bank of England and Public policy 1941 - 1958*, Cambridge: Cambridge University Press, pp. 25 - 26.

② Ditto, p. 28.

一些伤感。对英格兰银行的国有化，他似乎并不认同。后来在和一个朋友的交流中，他表示不认为英格兰银行仍如同过去一样，只不过"他们试图假装和过去处于一样的地位"①。3 月 1 日，英格兰银行的所有权转移给财政部，行长以及董事们在新体制下就职，新的皇家特许法案颁行。英格兰银行国有化完成，跨入另一个时代。自巴林银行危机以来的 50 多年中，英格兰银行在金融体系中的权力是非正式的，以权威和影响力为基础。国有化之后，虽然没有明确定义英格兰银行的监管权力，但是，在财政部授权下，英格兰银行可以对任何银行进行指导，这意味着英格兰银行已经开始拥有对银行施加影响的法定权力。对法定的金融监管权力，英格兰银行自身并不情愿。它更愿意过去的非正式方式，在这种方式下，英格兰银行显得更加自如。这时，金融监管还没有引起人们的太多关注，甚至在以后的 20 年中仍然如此。到五六十年代，随着政府对银行监管的进一步强化，英国正式的金融监管体系才开始形成。

第三节　银行业、证券业和保险业监管

一　银行业监管

进入 20 世纪下半叶，人们对金融行业尤其是银行的认识有了新的变化。很多人认为，虽然市场经济具有优越性，通过竞争可以获得最好结果，但在银行业并不适用。银行倒闭所引发的社会代价要远大于自由竞争带来的好处。如果一家普通公司倒闭，可能仅是股东受到损失。如果一家银行倒闭，存款人也会受到损失，消息传播到其他地区，还容易引发流动性风险，从而对支付体系构成威胁。这一时期，随着政府及公众对金融市

① John Forde, *The Bank of England and Public policy 1941 – 1958*, Cambridge: Cambridge University Press, 1992, p. 30.

场功能和银行系统性风险认识的变化，英国在银行监管方面的意识和方法正在形成。英国自1890年巴林危机以来还没有发生过大的银行系统性危机。对英格兰银行来讲，应对银行危机主要是采取已经非常熟练的最后贷款人方式。英格兰银行为所有的优质（或特定）资产提供抵押贷款。当银行了解到只要保持良好的资产组合，就无须再担心，可以在需要的时候获得现金支持。运行良好的银行，不会出现自己造成的失败，而且可以应对挤兑，满足任何需求。《1946年英格兰银行法》虽然赋予英格兰银行获取信息的权力，但英格兰银行还从未行使过。实际上，这项权力也无法实现对银行业的系统监管，银行业仍以自律监管为主。对这一时期英国的银行监管，卡佩认为："50年代到60年代，政治家和记者在货币控制方面都纷纷发表意见，但很少有人提到金融体系和银行监管。银行监管无论在教科书还是在学术研究方面都没有成为一个主题。英格兰银行坚持采取这样的谨慎手段。英格兰银行监管的低调特点也是很少引人注意的原因；另一个就是长期以来金融体系的稳定。从历史上看，中央银行在危机管理中的角色和作为最后贷款人的职能没有大规模运用过。监管作为一个课题没有得到发展，也很少有人讨论监管银行业是否是中央银行的一项职能。到这个时代的后期，情况发生戏剧性变化，银行监管成为一门学科，形成以提高监管能力、保护存款人利益为目标的控制方法，这是由国内外压力推动形成的。英格兰银行对此非常抵制，仍然想保持它那种轻度的、非正式的、非法定的方式。在《1979年银行法》的形成过程中，英格兰银行在保持它的目标方面是成功的。但是，这项法律也标志着银行监管正式化、法制化、官僚化的开始。"①

　　这一时期，已经存在法定（正式）和非法定（非正式）监管的初步

---

　　① Forrest Capie, *The Bank of England 1950s to 1979*, Cambridge：Cambridge University Press, 2010, p. 588.

组合。英格兰银行的法定权力是 1946 年法赋予的，只是这项权力比较简单和宏观。此时的金融监管更强调非正式性和灵活性，而非法定和刚性。同其他国家相比，英格兰银行显然支持非正式监管，这个想法在 1946 年法的制定时期已经表现出来，以后还会有所体现。在非正式体系下，机构要看"行长的眉头"，接受道义劝说和警告。因此，1958 年英格兰银行在提交给拉德克利夫的报告《结构和功能》中这样说道："对其他银行没有正式的控制力，也没有检查的责任。"① 根据 1946 年法，如果英格兰银行认为此举有利于维护公众利益，它可以从银行那里获得需要的信息，并对其提出建议。这项权力得到政府的支持，财政部对此有决定权。如果英格兰银行拒绝接受某家银行的报告，实际上就可以认为这是对这家银行的制裁措施。但英格兰银行从未行使过这些权力。英格兰银行对资本资源、流动性以及贴现公司的一般地位都保持着高度关注，对贴现公司的业务活动也有透彻了解。英格兰银行在金融体系中表现出一种家长风范，尽最大努力使"孩子"们不越轨，并保持使"孩子"们恢复秩序的能力。但是，英格兰银行如何约束那些"任性孩子"，约束的程度和内容都不清晰。这一时期，金融体系基本保持稳定，偶尔也有几个欺诈和违法的例子。40 年代后期开始一直到 60 年代末，英国出台若干部法律，涉及银行监管的一些内容。虽然主要是政府对银行的行政事务监管，但仍然意义重大。

一直以来，政府就有对公司登记、成立及年度财务报表的监管规定，这些规定也适用于银行，因为没有专门对银行登记及发放许可的法律规定。1947 年，政府颁行《交易控制法》，规定"获得许可的银行"才具有从事外汇交易的资格，而且可以获得委托授权。在获得完全许可之前的 6—12 个月，可以获得临时许可参与外汇市场交易。银行将这项许可认为

① Forrest Capie, *The Bank of England 1950s to 1979*, Cambridge: Cambridge University Press, 2010, p. 588.

是一种很高的荣誉。1948 年，政府出台《1948 年公司法》，法案中，负责英国经济与贸易的贸易委员会列出一份银行清单，清单上的银行可以享有一些财务特权。这些银行以后被称为"清单 8 银行"，都是一些有历史的银行，范围非常有限，到 1967 年也没有增加。该法还提出公司名称的问题，贸易委员会对"银行""银行家""银行业"这类名称的运用进行了严格管理。英格兰银行对此表示支持。但上述这些监管行为都没涉及吸收存款的问题。50 年代中期，英格兰银行向政府建议，除非享受豁免，否则银行机构每年必须到贸易委员会进行登记以获得许可，但政府并未采纳。随后，贸易委员会内部建立了一个工作小组，开始制定一项新的法律以保护公众投资。1959 年 12 月工作小组提交了一份报告，建议对存款吸收机构按照公众公司的方式进行管理，这些机构应该公布审计报告。报告还考虑到登记形式的问题，计划设置一名登记员负责存款吸收机构的登记。与此同时，议会也在准备一项关于存款吸收机构的议案，目的也是保护投资人。后来形成的法案涉及两个关键问题。一是适用对象。法案提出对所有机构都适用，这引起了清算银行的不满。清算银行认为，它们已经提供了足够的信息，如果它们也要进行登记，登记员对权力的运用可能会影响到清算银行与客户的关系。另外，清算银行已经接受了监督，再增加对它们的监管必将影响清算银行的声誉。英格兰银行对清算银行的看法不以为然。英格兰银行认为，如果清算银行得到豁免，东道国的其他机构也必然要获得同等待遇，而这是不可能的。经过反复沟通，法案还是豁免了"清单 8 银行"。清单总共有 100 多家银行，其中清算银行 10 家，16 家商人银行，13 家贴现公司，其余都是海外公司。二是关于"银行"以及其他相关名称的使用问题。有很多银行的名称中没有"银行"的字样，而一些不是银行的机构还挂着"银行"的招牌。法案规定，贸易委员会拥有禁止新公司使用"银行"名称的权力，但 1947 年以前登记的公司不在

禁止之列。最终，于 1963 年颁布了《1963 年存款人保护法》。该法对
"通过欺诈诱导方式获取存款"的行为做出惩罚规定。任何人只要被发现
为了揽储而进行误导、欺骗或者不诚实的描述和许诺，将被处以最高刑期
为 7 年的监禁。同其他关联措施结合，法律还对广告进行了限制，并要求
存款吸收机构必须提供审计报告。法律给予贸易委员会取消不服从监管公
司许可的权力。所有为了揽储而发布广告的公司都包括在内，但"清单 8
银行"不在此列。这项豁免，连同没有登记的义务，没有设置登记员，意
味着最后颁布的法律和先前的方案相比力度有所减弱。

　　1967 年 7 月，政府颁行《1967 年公司法》，其中第 123 款规定了一项
新的银行许可，目的是保护贷款公司，以应对认为它们是未获得许可的贷
款人的指控。获得这项许可的银行的称为"123 条款银行"。贸易委员会
同英格兰银行协商后，列出一系列作为银行特征的客观标准，便于平等颁
发许可证。标准包括：最低 25 万英镑的资本金；一系列银行服务产品，
比如提供支票服务、提供存款便利等。公司反馈给贸易委员会的调查问卷
要显示出公司的业务活动、存款来源、贷款增长等。起初，贸易委员会发
放许可证无须向英格兰银行征询意见，但不久后，贸易委员会对每一项申
请都和英格兰银行的贴现办公室进行协商。在许可管理过程中，还存在后
续管理的问题。贸易委员会虽然颁发了许可，但缺乏对这些标准的后续检
查工作，结果在实践中没有出现过许可被吊销的情况。《1967 年公司法》
还拓展了存款人保护法案中豁免的范围，引入"127 条款银行"。英格兰
银行和贸易委员会对这一标准的银行达成了一致：最低资本额为 100 万英
镑，广泛的银行业务，充足的流动性，健康良好的信贷，管理层的素质，
良好的声誉。

　　这些规定虽然是官方性质的检查，也确实成为一种法定监管要求。这
些法律许可，由政府部门主要是贸易委员会负责，贸易委员会希望在监管

过程中得到英格兰银行的建议。英格兰银行对这些机构的衡量标准主要包括：申请机构的名誉和地位、业务特点以及是否符合银行业的标准。另外还有资产负债表的比率：公共负债不能超过自有资本（free resource）的10倍，承兑（acceptance）不能超过自有资本的4倍，可变现资产（readily realizable assets）至少是存款的三分之一，承兑的五分之一。为汇总并了解银行基本情况，英格兰银行要求各家银行报送数据，以编纂英格兰银行的季度报告。这些被要求报送数据的银行后来被称为"统计银行"，包括获许可银行及"清单8银行""127号条款银行"。1971年9月以后，"统计银行"就是指依照《竞争与信贷控制》（Competition and Credit Control）达到最低储备资产标准的银行。1970年4月，有229家统计银行，其中有近100家海外银行，到1972年10月，数字提高到283家，一年后达到323家。① 后来由于次级银行危机，很多银行从这些清单中消失。从此时起，英国的银行监管迈入了一个新的时期，政府的法定监管和英格兰银行的非法定监管、正式监管和非正式监管相结合，虽然监管内容主要体现在许可管理和信息报送方面，监管手段也比较单一，但较之20世纪中期以前已经发生了巨大变化。

二　证券业监管

从法律角度讲，与银行业监管相比，英国证券业监管的出现要早许多年。但是，到20世纪80年代颁行《1986年金融服务法》之前，英国还没有一部可以监管证券行业各项业务的综合性法律，已有的法律只是对某个特定领域进行的规定。早在1720年，英国就颁布了《泡沫法案》，后来又颁行了《巴纳德法案》，都是针对证券市场投机行为推出的监管法

① Forrest Capie, *The Bank of England 1950s to 1979*, Cambridge：Cambridge University Press, 2010, p. 598.

律。进入 19 世纪，涉及证券监管的法律主要体现在一系列的公司法当中。1825 年，英国废除实行长达一百年左右的《泡沫法案》，成立股份公司的限制被取消，力图提升资本在经济发展当中的重要作用。《1844 年股份公司登记与监管法》规定，所有银行业以外的股份公司必须注册登记，股东人数不低于 25 人，股份可自由转让。这些规定不仅适用于将要成立的公司，也适用于当时已经成立的公司。法案对投资人的保护进一步增强。例如，要求公司每半年要向投资人公布一次获利情况，还要向投资人公开经过审计的资产负债表。这两项资料还需报送专门设立的股份公司登记办公室备案。《1856 年有限责任法》则明确了股份公司的有限责任制，成立股份公司无须获得议会特许。从 1862 年开始，一直到 1917 年，又出现了包括《1862 年公司法》《1867 年公司法》《1877 年公司法》《1900 年公司法》《1908 年公司法》在内的多部法案。整体而言，主要是围绕有限责任、破产清算、股东权利等方面的不断总结和持续完善。《1908 年公司法》是对此前颁布多部公司法的一次整合，强化了对股份公司公司招股说明书、抵押登记、公开账户等方面的管理。

到 20 世纪 20 年代，随着证券领域诈骗案的增多，证券业的立法重点转向证券欺诈行为，主要集中在对证券销售及交易等行为的监管上。这期间证券丑闻不断，影响最大的可能是"雅各布·范科特丑闻"。此人来自美国，在成功骗取英国投资者 120 万英镑后潜逃美国。英国一直试图将他引渡，但没有成功。虽然相关人员被惩处，但公众的损失已经造成。还有一家名为麦克莱恩·亨德森的股票经纪公司，被一名叫斯皮罗的人收购。此人夸大事实，诱骗公众购买了大量没有价值的股票，导致人们损失惨重。此人最后被处以 8 年监禁。通过夸大事实和虚假承诺的方式，向投资者兜售股票进行诈骗的现象十分严重，引起议会高度关注，并开始考虑通过法律方式处理这类问题。1925 年成立了格林委员会，对股票欺诈问题进行调查。这项调查历时两年，重点是调查欺骗性销售股票的行为。格林委员会最后公布了报告，报告的最终意见使人们认识到，应该将股票销售纳入法律管理。① 1929 年，《1929 年公司法》颁行（此前还颁行了《1917 年公司法》《1928 年公司法》）。为使投资人不被那些到处兜售股票的骗子蛊惑，法案禁止挨家挨户兜售股票。但是，这项规定很快被那些聪明人规避，他们从这条街道的一户开始销售股票，然后转到另外一条街道的一户继续销售，有些人甚至从这个村镇的一户转到另一个村镇，股票游说和兜售现象没有得到有效遏制。另外，电话销售也规避了这项条款的限制。② 为此，1936 年 12 月，贸易委员会主席伦斯曼成立了一个委员会，任命阿奇博尔德·柏德金为主席，对股票的欺骗性销售和哄抬股价等问题进行再次调查，并要求委员会根据调查结果对监管提出改进建议。委员会经过调查，于 1937 年夏完成了调查报告，提出一系列完善监管的建议。建议主要有三点：一是引入注册（registration）制，所有从事股票交易的机构和个人都要进行注册；二是要禁止诱导人们买卖股票的宣传活动；三是修订《盗窃罪》法，对其中欺诈行为的定义进行延伸。过去对欺诈行为的定义仅针对现实存在的情况，报告提出，必须将对未来的虚假描述和虚假承诺纳入欺诈的定义，因为诈骗人往往以股票未来的高分红和高价格诱骗投资人。另外，委员会对场外经纪人的问题也给予了关注，希望能够组建自律组织，制定规则，实施自我管理。委员会的最终结论是，如果一个人（机构）没有在注册的股票交易所或经纪协会登记为会员，就不能从事股票交易业务。除了柏德金委员会，另外还成立一个由阿兰·安德森

---

① Prevention of Fraud (Investments) Bill, 21, November 1938, vol 341 cc1371 – 426, HC Deb, http：//hansard. millbanksystems. com/commons/1938/nov/21/prevention-of-fraud-investments-bill # column_ 1371.

② Prevention of Fraud (Investments) Bill, 28, February 1939, vol 111 cc970 – 91, HL Deb, http：//hansard. millbanksytems. com.

牵头的委员会，这个委员会主要负责调查固定信托（单位信托）可能出现的欺诈问题。[1]

以两个委员会的报告为基础，贸易委员会制定了《防欺诈法》法案，于 1938 年年底提交议会审议。[2] 法案确定了申请牌照的机制。牌照分为两种（licence），一种是主牌照（the principal's licence），另一种是代表牌照（a representative's licence）。前者授予从事证券交易的公司或合伙人，后者授予获得授权实际从事股票交易的个人。法案规定，牌照由贸易委员会颁发，有效期一年，每年更新一次。贸易委员会有权拒绝牌照申请，也有权取消已经获得的牌照。法案设立了一个 3 人组成的仲裁委员会，专门受理被贸易委员会拒绝颁发或者被取消了牌照的申诉案件。委员会主席必须出身法律专业，并由大法官（Lord Chancellor）任命，其余 2 人由财政部任命，必须具有财经和会计方面的工作经历，且不能在政府机构任职。贸易委员会拥有制定证券交易业务规则的权力，指导证券业务的开展。贸易委员会拥有对从事证券交易的机构和个人给予牌照豁免的权力，条件是他们必须为注册登记的机构或者协会，比如伦敦证券交易所就得到了牌照豁免待遇。法案依照柏德金委员会的建议，对场外经纪人也制定了许可规定。如果这些机构的状况令人满意，而且具有严格的内部管理，贸易委员会可以对这些机构给予登记注册，这样，它们同样可以免除牌照要求。法案于 1938 年 11 月 21 日在下院获得二读通过，经过委员会修订后通过三读。法案在此期间进行了一些修订，比如要求获得主要牌照的机构必须在最高法院的账户中存入 500 英镑作为保证，但主要内容没有变动。法案随后报上院审议，并于 1939 年 2 月 28 日获得上院二读通过。法案最终获国王批

---

[1]　Prevention of Fraud（Investments）Bill, 28, February 1939, vol 111 cc970 - 91, HL Deb, http：//hansard. millbanksytems. com.

[2]　Ditto.

准后施行。《1939 年防欺诈法》的关键条款是引入牌照许可，许可范围包括从事证券交易的个人和机构，交易的证券包括股票和单位信托产品等。但是，由于从事交易的个人和机构大部分都是证券交易所的会员，因此，他们可以从这项条款中得到豁免，这在很大程度上形成了一种自律监管体制。另外，如果证券交易业务不是一个机构的主要业务，或者他们的证券交易由证券交易所的会员代理进行，这样的机构也可以得到豁免。牌照的颁发机构是贸易委员会，获得许可豁免的机构往往是那些具有崇高声誉的机构，包括商人银行、清算银行、保险公司以及投资信托公司。1939 年法还给予贸易委员会制定业务规则的权力。以后的《1958 年防欺诈法》与 1939 年法相比没有大的变化，唯一增加的条款是给予贸易委员会一项权力，即可以任命一名检察官，负责对单位信托计划实施监督检查。《1939 年防欺诈法》确定的牌照许可对伦敦证券交易所是豁免的。不过伦敦证券交易所根据这部法律，在交易规则方面也进行了一些调整。[①] 由于伦敦证券交易所采取自律监管方式，因此这一时期与证券交易所相关的法律主要是关于证券交易的一些技术问题。1959 年，由伦敦证券交易所主席邓迪牵头，组织了一个由交易所会员代表、英格兰银行、承兑商委员会、清算银行委员会等机构参加的委员会，调查在证券交易中存在的普遍性问题。委员会于 1960 年 12 月提交了报告，经过反复修订，最终形成了《1963 年股票转让法》，重点提高证券转让效率，尤其是涉及转让人和受让人的具体手续环节。例如，无论股票受让人有几个，股票转让人只需签署一份转让文件即可，过去则需要和每一个受让人各签署一份转让文件。

---

① Stock Exchange London, 23 April 1941, vol 371 c166, HC Deb, http://hansard.millbanksytems.com.

股票受让人则不需要在现场签署受让文件等。①

自19世纪以来，除了对股份公司的监管立法以外，英国在证券业领域的监管法律和措施涉及的不多。自20世纪20年代，英国证券业才开始逐步进入法定监管时期，虽然监管范围、方法、重点都还不十分具体，但已启动正式监管的进程。以贸易委员会为代表的政府承担证券行业监管的主要职责。另外，对证券交易所会员的牌照豁免也标志着证券业法定监管与自律监管的结合。

三　保险业监管

虽然英国此前也有很多保险法规，但20世纪70年代以前对保险公司监管产生关键影响的第一部法规还是《1870年人寿保险公司法》。由于阿尔伯特人寿保险公司的倒闭，政府认为应该引入一部法律以应对保险公司的破产，于是《1870年人寿保险公司法》应运而生。这部法律最突出的一点是，如果要从事人寿保险业务，必须缴纳2万英镑的保证金，以保障保险公司的偿付能力。20世纪上半期，英国先后出台了《1909年人寿保险公司法》《1923年保险公司法》《1935年保险公司法》《1946年人寿保险公司法》。到1958年8月1日，综合了上述保险法规的内容，颁布《1958年保险公司法》。这部法律没有将"友谊社"和"劳合社"纳入，这两个机构都有自己的管理法规。法律规定，成立保险公司的资本不能低于5万英镑。法律明确了贸易委员会作为保险公司监管部门的地位，要求保险公司每年必须向贸易委员会提交财务报表，贸易委员会则需将此报表提报议会。法律还规定，保险公司每5年要接受一次由保险精算师进行的财务状况检查，包括利润分配等方面。

---

① Stock transfer Bill〔H. L.〕, 12 March 1963, vol 247 cc691 – 704, HL Deb, http://hansard. millbanksystems. com/search/stock + transfer + bill + 1963.

1959 年 12 月 18 日，贸易委员会成立了詹金斯委员会，主要就《1948
年公司法》和《1958 年防欺诈法》的适用情况进行分析。委员会于 1962 年
公布报告。报告提出总计 325 条政策建议，主要包括对信息披露的要求，对
业务名称、公司名称的管理以及对公司董事欺诈行为的监管等。另一个重要
部分是对保险公司的监管，涉及保险公司监管的内容大约有 40 条之多。
1966 年，一家从事汽车保险业务的公司——"火灾/汽车与海事保险公司"
倒闭，致使约 28 万汽车保险投保人利益受到影响。事件发生以后，贸易委
员会受到公众广泛批评，认为政府对投保人的保护不够。另外，英国运输部
也认为如果要解决对汽车风险投保人的保护问题，仅依靠《道路交通法》是
不够的，必须得到贸易委员会的支持。运输部随即和贸易委员会进行沟通，
希望贸易委员会加强对保险公司的监管，对投保人提供更加全面的保护。在
议会对此次事件的质询中，有议员提出建议，希望通过新的立法将保险公司
的注册资本从 5 万英镑提高到 25 万英镑。在 1966 年 7 月 7 日的质询当中，
贸易委员会承诺尽快采取相应措施，包括提高最低资本额度以及对保险公司
的投资进行监管等。[1] 一些议员认为应该制定新的保险公司法来明确这些监
管内容。时任英格兰银行顾问的古德哈特也曾向贸易委员会主席杰伊询问，
对于强化对保险公司的监管有什么建议，杰伊认为监管不能保证保险公司不
出现任何问题，但需要对《1958 年保险公司》进行更新。[2]

1966 年，以詹金斯委员会报告为基础，贸易委员会提交了新的《公
司法案》。法案仅采纳了詹金斯报告建议的三分之一内容，贸易委员会主
席杰伊告知议会，新的公司法案大大增强了贸易委员会对保险公司的监管

---

① Insurance Companies（Controls），7 July 1966，vol 731 c85W，HC Deb，http：//hansard.
millbanksytems. com.

② Insurance Companies，14 July 1966，vol 731 cc232 - 3W，HC Deb，http：//hansard.
millbanksytems. com.

权力。法案在议会的辩论当中，涉及保险公司监管方面，矛盾主要集中于"非适当性人员"的条款。法案中没有对"非适当性"进行定义，但按照贸易委员会主席的解释，所谓"非适当性人员"，不仅指没有诚信，而且也包括没有行业经验，以及做事鲁莽和缺乏能力的人。法案规定，如果贸易委员会认定一个人不符合在保险公司任职（管理人员或控制人）的条件，贸易委员会可以驳回其从事保险业务的申请。但法案没有明确贸易委员会需要对驳回理由进行说明的条款。一些人认为，贸易委员会应该对此给予说明，使其明白被驳回的理由。但也有人对此表示反对（包括英国首席大法官），他们认为，贸易委员会对此人的调查信息主要来自伦敦金融城，很多信息涉及保密问题，如果说明理由，会导致保密信息泄露，从而引发不必要的麻烦，对贸易委员会以后的调查工作形成障碍，因为金融城没有人再愿意给贸易委员会提供信息。法案在议会审议通过后，于 1967 年 7 月 27 日经女王批准颁行，即《1967 年公司法》。法案共 6 大部分 130 项条款，其中，涉及保险公司监管的内容多达 50 项，最突出的主要是两项：一是从事保险业务必须获得贸易委员会的许可；二是对可能成为保险公司的管理人员和控制人提出适当性要求，如果贸易委员会认为此人是"非适当性"人选，可以不给该公司颁发业务许可。法律没有列入对驳回理由进行说明的条款。《1967 年公司法》还在诸多条款方面对《1958 年保险法》进行了修订，比如，将精算师对保险公司财务状况的检查周期从 5 年缩短为 3 年。总之，《1967 年公司法》大大加强了政府对保险公司的监管力度。到 1968 年，贸易委员会负责保险公司监管事务的保险与公司部新增人员 36 人，以增强对保险公司的监管力量，其中 29 日为全职人员，7 人为兼职人员。[1]

---

[1] Companies Bill, 21 February 1966, vol 725 cc35 - 162, HC Deb, http：//hansard. millbanksystems. com/lords/1966/dec/21/companies-bill-hl#column_ 2093.

综合而言，20 世纪以前，英国虽然在银行、保险以及证券领域都有一些监管法规，但比较零散，还没有真正意义上的金融监管。政府和英格兰银行更多的是对突发问题和危机的应对处理。无论是从法律角度还是政府职责角度上来看，英国还没有形成正式的金融监管体系。进入 20 世纪后，政府开始逐渐承担起金融监管的责任，包括在银行业、证券业、保险业等领域。20 世纪上半期，面对金融行业的发展以及出现的各种欺诈事件，金融监管逐渐成为政府的一项重要责任，正式金融监管逐渐形成。这个时期的特点是以政府监管为主，市场监管为辅，正式监管和非正式监管相结合。在银行业监管中，政府是主导力量，英格兰银行以其地位和权威发挥着关键的非正式监管作用，处于监管第一线，是政府实施金融监管的主要助手。在证券业和保险业中，贸易委员会直接实施监管，伦敦证券交易所则保留了自律监管的模式。

第五章　次级银行危机与《1979年银行法》

第一节　危机的背景

　　20世纪70年代，英国发生了一次严重的系统性银行危机，即次级银行危机。这场危机不仅对英国经济形成强烈冲击，也对英国金融监管体系产生很大影响。危机直接引发了70年代末金融监管的重要变革。这场危机主要由次级银行引起，这与50年代以来英国金融市场发生的巨大变化不无关系。

　　1955年以后，伦敦货币市场出现了一种新的中介功能，一些小银行以较高利率吸收存款，利率高于清算银行，然后把资金贷给各种有能力支付较高利息的借款人。清算银行以外的很多银行既向这个新市场供应资金，也从这里借款，形成了一个有规模的新"银行间市场"。不久以后，还出现了存单交易市场。以前，大银行传统上都是通过贴现票据和债券的方式将资金投放到贴现市场，这个新市场是在历史悠久的贴现市场以外成长起来的，于是称为"平行货币市场"，也就是为人们所熟知的"批发货币市场"。这个市场的特点就是资金的交易量很大。50年代后期到60年代早期，批发货币市场持续发展，资金来源也很广泛，包括工业企业、商业公司以及各种金融机构，业务构成主要是大额银行贷款以及与之对应的货币市场借款。批发货币市场的成长以及次级银行的快速发展对清算银行产生严重冲击。60 年代的英镑危机促使政府采取了严格的货币政策，包括对大型银行的业务实施"天花板"控制。但是，很多次级银行躲过了这些限制，因为它们规模很小，当时影响也不大，政府认为它们还达不到进行限制的标准。于是，次级银行快速发展，并且从事清算银行不做的房地产贷款业务。同时，利率卡特尔却限制了清算银行和这些新型银行开展竞争的能力。批发货币市场也开始吸引一些原属于清算银行的传统存款业务。清算银行还必须保持资产 28% 的现金比率，包括流动性高的票据，比如财政部债券等，但收益很低。到 60 年代中期，这些小银行和清算银行在存款业务的竞争中优势尽显。清算银行感到十分不满，于是成立了一个以劳埃德银行主席约翰·托马斯为首的委员会，审查这些业务传统，以应对新货币市场对这些大银行存款业务形成的挑战。结论是，如果利率由市场确定，它们必须付出较之过去更多的利息才能获得现在相同金额的资金；信贷控制虽然使它们的业务空间较小，但也无须在存款方面以高利息来竞争。最后，清算银行通过子公司和分支机构在批发货币市场运作，这些机构被戏称为"清算银行的清算银行"①。

60 年代后期，财政部和英格兰银行都开始关注货币控制的目标和机制，尤其是英格兰银行，希望解除对货币增长的压制，矫正这些年来银行业的扭曲经营。1969 年，财政部和英格兰银行成立了一个高级委员会，在工党政府的执政后期，委员会对货币及有关经济政策的基础问题进行了反思和审查。1969 年 6 月，爱德华·希思的保守党政府上台，这项工作开始进入实质性的推进阶段。希思政府强调银行业竞争，对信贷控制措施也不认同，希望银行业在良好的竞争环境中发展，同时也能控制好货币增

① Margaret Reid, *The Secondary Banking Crisis 1973 - 1975*: *Its Cause and Course*, London and Basingstoke: The Macmillan Press ltd, 1982, pp. 28 - 29.

长。针对这一要求，英格兰银行开始制定解决方案。重点主要是利率卡特尔和流动性比率。在货币控制方面，英格兰银行提出通过更频繁和更大幅度的短期利率变动来实施控制。方案内容主要有这几点建议：第一，取消贷款的天花板限制，同时取消对卡特尔机制的官方审批；第二，"储备比率"统一适用于所有银行机构，降低现金比率要求，或者流动性比率设定为15%；第三，对不愿成为银行的金融机构，应制定相应的控制措施；第四，通过要求特别存款以及在货币市场和金边债券市场的操作来变动"储备比率"，以此作为信贷控制的方式。方案制定过程中，财政大臣要求这些建议必须和保守党政府的竞争思想保持一致，这为方案确定了原则，即减少控制、自由竞争以及对市场力量的充分运用。

1971年3月，英格兰银行将方案报给财政部。财政部的主要担心是在过渡时期，货币政策的控制行动是否会失去效用。英格兰银行指出，一旦执行新的方案，贷款一定会有所增加，因此有必要吸收特别存款并提高利率。虽然天花板措施并未对货币总量和经济增长产生显著影响，但这不意味着取消天花板就不会产生影响。无论信贷天花板有什么缺点，它是有效控制信贷的武器。财政部最关注的是，取消了信贷天花板，利率将成为最主要的货币政策控制手段，意味着要把利率提高到足够的水平以控制未来可能出现的泡沫。5月，英格兰银行公布了名为《竞争与信贷控制》的方案，也被称为"绿皮书"，它实际是英格兰银行的一个协商性文件，不是一项法案。方案发布后，英格兰银行广泛向业界征询意见，还和学术界进行了交流，这在英格兰银行的历史上是第一次。9月，英格兰银行公布了调整后的方案。12.5%的最低储备资产比率（minimum reserve asset ration）代替了28%的流动性比率，这部分资产可以是财政票据、公司税储备证明、短期通知存款、一年或一年以内到期的政府债券，可以在英格兰银行贴现的地方政府票据或商业票据等。1971 年 9 月 16 日，方案正式生效。①

方案的实质内容是，取消对大型银行和金融公司信贷业务的天花板控制，使银行业可以在一个公平的起点上竞争。清算银行的利率卡特尔被取消，每家银行根据市场情况确定自己的利率水平。取消清算银行 28% 的流动性比率，所有银行都将建立 12.5% 的最低储备资产比率。储备资产比率被看作对流动资产的"审慎缓冲"，英格兰银行可以通过公开市场操作来实现它的利率调整目标，可以要求所有银行依照特别存款计划安排它们的资产比例，这是英格兰银行影响银行业信贷能力的一个手段。从行业竞争的角度而言，方案放松管制，推进自由竞争，有利于货币市场。但后来的结果显示，方案制作过于宏观，没有对一些具体问题进行界定和明确。例如，方案没有提出在日常信贷管理中银行应对不同种类的借款人进行差别对待的问题；也没有对银行施加压力，控制或防止银行把钱借给那些风险较大的行业或个人，比如房地产行业。因此，未来次级银行危机的种子已经埋在土壤中，发芽是迟早的事。随后的两年半，信贷扩张推动次级银行业大发展，也直接引发了次级银行危机。

《竞争与信贷控制》方案公布以后，希思的保守党政府实施了经济增长政策，加上扩张的货币政策，英国进入了一个金融狂欢的时代。银行信贷持续增长，到 1973 年 12 月，银行的国内信贷总量较 1971 年 10 月增长 2.5 倍，达到 200 亿英镑。其中，清算银行的信贷总量增长 112%，达到 112.79 英镑。相对于清算银行，次级银行的信贷增长更快，从 3.95 亿英镑增加到 33.66 亿英镑。从 1971 年 10 月到 1973 年 11 月的这两年中，房地产和金融行业的借款总量翻了 4 倍，达到 63.47 亿英镑。很明显，这两

① Forrest Capie, *The Bank of England 1950s to 1979*, London: Cambridge University Press, 2010, p. 506.

个行业从银行获得的贷款要多于制造业，制造业的贷款总量大约为 63.37
亿英镑，同期只增长了 73%。① 个人贷款总量翻了 3 倍，达到 40.76 亿英
镑，这主要受到税收减免和股票市场行情的影响。另一个促进因素是很多
人借钱投资股票一级市场，获得短期收益。不仅是清算银行和次级银行，
还有很多伦敦的美国银行和商人银行，它们也是借贷资金的主要提供者。
首相希望 1973 年加入欧洲经济共同体之前，英国工业能够展现出更好的
竞争力。在新的经济增长政策中，要把失业人数控制在 100 万以内，到
1973 年中期实现 5% 的年度国民产出增长率。另外，1972 年以来的扩大
内需的政策没有收到显著效果，财政部继续采取了扩张性的预算。政府支
出大幅度增加，个人税率下调，并引入很多优惠政策鼓励个人投资。赤字
规模达到 33.6 亿英镑，是 1971 年到 1972 年 11.59 亿英镑的 3 倍，通过
公共支出的扩大促进经济增长。1972 年夏天，银行信贷和股票市场的增
长非常显著。

但是，1972 年出现英镑危机，导致英镑利率出现浮动，英格兰银行
将利率提高了 1 个百分点到 6%，对通货膨胀的担心开始出现。到了 11
月，发现事态不妙的政府调整了方向，政策出现 U 形反转。最低贷款利
率从 10 月的 7.5% 提高到年底的 9%，1973 年 6 月，又重新回到了
7.5%。出于对通货膨胀的预期，以及收支平衡和英镑本身的情况出现恶
化，7 月 20 日，最低贷款利率从 7.5% 提高到 9%，一周后又提高了 2.5
个百分点到 11.5%。这些调整给金边市场和贴现公司带来显著影响，它
们持有的资产价值由于利率的急剧提升遭受重大损失。虽然利率达到两位
数，但感觉为时已晚，信贷规模已经膨胀到几乎不可收拾的地步。9 月，
新任英格兰银行行长理查德森提出，对出口、工业投资和其他必须的贷款

① Margaret Reid, *The Secondary Banking Crisis 1973 – 1975：Its Cause and Course*, London and
Basingstoke：The Macmillan Press ltd, 1982, p. 59.

可优先安排，但对个人信贷、房地产及金融交易要进行更多限制。随着贸易逆差继续扩大，银行借贷利率再次上调，最低贷款利率提高到 11 月中旬的 13%。显然这是一个危机利率。一些猜测开始蔓延，有人认为严格的利率控制已经晚了。那些在批发货币市场把钱借给次级银行的人们开始变得紧张起来。正如历次危机一样，恐慌开始产生。利率提高到 13% 以后，次级银行的收支出现逆差。一方面它们的资金成本突然提高，另一方面，借贷业务利息又很低。大的金融公司也有同样的被挤压感。这种紧张状态到 11 月底达到了高峰，促发了 12 月开始的危机，导火索是伦敦和乡镇证券集团的倒闭。

第二节　危机爆发与"救生艇"行动

伦敦与乡镇证券集团于 1967 年获得"123 条款银行"资格，1969 年以 100 万英镑注册资本和 200 万英镑的存款成为一家公众公司。进入 70 年代，公司快速发展，业务主要在短期货币市场。1972 年 5 月，股价由最早的 25 便士上升到 400 便士，利润从 1969 年的 5.8 万英镑攀升到 1972 年 3 月的 360 万英镑。但是，到了 1973 年，公司因审计暴露出流动性问题，这引起英格兰银行关注。11 月中旬，随着货币市场环境变化，公司股价开始大幅下跌。股价下跌以及市场信心的丧失致使公司无力应对存款人挤兑。11 月 28 日，公司通知英格兰银行将于次日破产。英格兰银行迅速邀请其他银行一起研究可能的救助方案。一方面向公司提供贷款支持，另一方面安排其他机构接管对公司的管理。英格兰银行出面组织的财团总共筹集了 2000 万英镑贷款给公司。公司董事会进行了改组，并请贸易与工业部派一名检察官，根据《1948 年公司法》对公司进行调查，这项工作于 1974 年 1 月 11 日展开。伦敦与乡镇证券集团的问题意味着市场对次级银行的状况已经非常敏感。英格兰银行认为正是这家公司的危机引发了次级银行危机。鉴于伦敦与乡镇证券集团的危机已经很明显，而且这股风潮逐渐向整个次级银行体系蔓延，英格兰银行感到问题十分严重，负责银行监管的贴现办公室召集几家大银行连续召开会议商讨对策。12 月 19 日，英格兰银行行长理查德森召集了包括大银行在内的多家机构到英格兰银行见面会谈。会议上，英格兰银行就各方提供救助的问题给与会者施加了很大压力。行长指出，如果不能形成救助方案会议就不能结束。会议出现激烈争执，还好最后达成一致意见，计划建立一个金额为 7200 万英镑的救助基金，其中英格兰银行提供 200 万英镑。

12 月 21 日这天，次级银行经历了双重煎熬。一方面应对大规模挤兑，另一方面股票价格直线下跌。英格兰银行与清算银行举行了月度会议，会议主题完全被当下的危机主导。英格兰银行向清算银行指出，这次危机很可能带来信心崩溃，而且会蔓延到整个银行体系，并对经济造成巨大影响。虽然并非所有的清算银行都对行长提出的救助行动表示支持，不过会议最终同意组建一个救助集团，对次级银行进行救助。① 救助集团后来以"救生艇"而闻名。英格兰银行在圣诞节期间制定了一整套救助的详细方案。方案提出英格兰银行和清算银行要紧密合作，其他合适的金融机构也可以加入救助集团，贷款和损失由集团共同承担。救助行动由一个名为"控制委员会"的机构负责协调。需要救助的银行向其关联银行提出申请，这些关联银行主要是与次级银行有业务关系的清算银行。控制委员会将申请机构划分为四类：A 类，由救助集团在风险共担的基础上提供完全支持；B 类，由救助集团提供完全支持，但风险由关联银行承担；C 类，在风险共担的基础上提供有限的过渡性支持，并展开进一步调查；D

---

① Other banking developments, Annual Report 1974, Bank of England, 1974, p. 8, https: // www. bankofengland. co. uk/-/media/boe/files/annual-report/1974/boe-1974. pdf.

类，不提供支持。如果控制委员会同意救助，申请公司要满足获取救助所需的条件。12 月 27 日，英格兰银行再次召集会议，重点讨论了救助集团的具体细节。清算银行的代表强烈要求英格兰银行必须在救助资金中占有足够份额，英格兰银行 10% 的资金份额最后被确定下来，其余 90% 的资金份额由清算银行以此前 6 个月的合格负债为基础进行了分配，具体份额如下：国民威斯敏斯特银行占 25.5%，巴克莱银行占 24.7%，米德兰银行占 17.1%，劳埃德银行占 12.4%，苏格兰皇家银行占 3.4%，威廉姆斯·格林银行占 2.6%，苏格兰银行占 2.6%，克莱兹代尔马银行占 1.7%。[①] 28 日，控制委员会召开第一会议，对 20 家可能需要救助的机构进行了研究，这些机构主要是清算银行的关联银行。其中，与国民威斯敏斯特银行关联的机构有 8 家，与巴克莱银行关联的机构有 5 家。会议估算救助金额最多不会超过 3 亿英镑，大家已经认为这个数字过大。会议决定向 12 家机构发放贷款 1.5 亿英镑，但后续情况的严重程度超过了控制委员会的预测。

虽然对危机的时间长短估计不足，但从技术看，这次行动非常有效。从开始申请到做出决定，到最后对贷款使用的督查，无疑是一项银行业救助方案的佳作。具体流程是这样的：清算银行提出相关银行的申请和事实说明，收集和提供相关数据，提出具体执行建议，然后上报控制委员会，由控制委员会做出是否行动的决定。清算银行也可以在救助贷款担保以及救助行动的可行性和适用性等方面提出意见。如果可行，清算银行可以建议具体的救助形式。清算银行必须对获得贷款救助的公司运行情况进行监督，并将监督结果向控制委员会汇报，就可能采取的行动向委员会提出建议。救助行动的标准主要有两项：公司是否具有清偿能力；如果获得流动

性支持，公司是否可以存活。委员会也寻求对提出申请公司的股东施加压力，使他们也能参与到对所属公司的救助中来。如果委员会发现申请公司资不抵债，则不予救助。对这些次级银行的援助主要是通过"回收存款"来实现的。危机开始时，存款人纷纷将存款从次级银行取出，然后转存入安全性更高的清算银行，清算银行获得了来自次级银行的存款。"回收存款"方式就是清算银行将这部分存款再存回次级银行。资金的筹集和分配由设立在英格兰银行贴现办公室的"资金柜"具体办理。到1974年1月底，"救生艇"已经向25家机构贷出了3.31亿英镑，两个月后，增加到了3.9亿英镑。[1]

对英国而言，1974年可谓祸不单行。1974年春，在次级银行危机尚未得到完全控制时，房地产危机爆发。在税收政策以及收紧的货币政策的双重影响下，房地产价格开始下跌。短短几个月内，商业地产价格已经跌去四分之一到二分之一。这种情况下实际上没有市场交易了，瑞德评价说："自南海泡沫以来，还没有出现过投机人对此前极其繁荣的房地产市场持有如此消极的预期。"[2] 英格兰银行再一次发挥领导作用，对房地产公司采取非正式保护措施，这使"控制委员会"和英格兰银行在房地产危机初期有机会对房地产市场保持密切关注。危机爆发后，英格兰银行鼓励银行尽可能帮助受困的房地产公司。如果出现不能支付利息或欠款的情况，可以安排托管人，避免房地产公司倒闭。根据英格兰银行的倡议，一些银行延缓了收付利息的时间，有的银行还给处于困境中的房地产公司额外贷款，协助这些公司完成和卖出房地产项目获得款项。英格兰银行还给

---

[1]　Forrest Capie, *The Bank of England 1950s to 1979*, London：Cambridge University Press, 2010, pp. 539 – 543.

[2]　Margaret Reid, *The Secondary Banking Crisis 1973 – 1975：Its Cause and Course*, London and Basingstoke：The Macmillan Press ltd, 1982, p. 102.

一些大型投资机构比如保险集团和养老基金提供了很多关于房地产公司的信息，希望这些机构通过资产购置优化投资组合，缓解这些大型房地产项目长期资金不足的状况。从 1975 年到 1978 年，大型机构投资房地产项目的投资资金达到 43.93 亿英镑，超过了过去 4 年的投资额。① 即便如此，到 1974 年底，次级银行和房地产行业的危机造成的影响仍在继续，距离危险程度非常接近，这是危机以来情况最严重的时期。无论是股票还是房地产价格都出现了下跌。《金融时报》30 指数在 8 月 19 日下跌到 199.8 点，抵销了过去 16 年以来的盈利。股市从 1972 年至 1973 年下跌了 63%，是有史以来跌幅最大的一次，甚至超过了大萧条和第二次世界大战初期。② 投资机构持有的房地产也大幅减值，还影响到了保险公司的偿付能力。幸运的是，到 1975 年初，股票价格出现反弹。英格兰银行没有中止行动，还发起了一个由大型银行和金融机构参与救助房地产行业的"库克大坝"计划，情况开始逐步好转。

根据卡佩的划分，次级危机经历了三个阶段：第一个阶段从 1973 年 11 月到 1974 年 3 月，这一阶段呈现的是流动性问题，这一问题通过"回收存款"获得了解决。那些取自次级银行的存款都转存到了救生艇计划的成员银行手中，随后这些银行将这些存款通过救生艇计划贷给了次级银行。第二个阶段从 1974 年 3 月到 1974 年 12 月，这个阶段的问题是清偿问题。特点是房地产危机爆发，房地产价格大幅下跌并伴随通货膨胀的压力。第三个阶段是 1975 年以后，这个阶段英格兰银行独自挽救了一些公

---

① Margaret Reid, *The Secondary Banking Crisis 1973 – 1975*：*Its Cause and Course*, London and Basingstoke ：The Macmillan Press ltd, 1982, p. 104.

② ［英］乔治·G. 布莱恩：《伦敦证券市场史》，周琼琼、李成军、吕彦儒译，上海财经大学出版社 2010 年版，第 139 页。

司，目的是避免信心危机的扩散。[1] 到 1974 年 7 月底，救生艇计划提供的
贷款达到 6.76 亿英镑，其中，约 5.66 亿由救助集团分担，约 1.1 亿英镑
由关联银行承担。8 月，由于房地产市场和股票市场的双重影响，清算银
行发现救生艇行动需要的资金越来越多，感到十分不安，担心自身受到危
机的拖累和影响。于是，清算银行向英格兰银行提出应该设立救助金额的
上限的建议，此时救助金额总计已经达到 10 亿英镑。经过和英格兰银行
的协商，确定上限为 12 亿英镑。但到 1974 年年底，上限被突破。12 月
20 日，国民威斯敏斯特银行、巴克莱银行和米德兰银行在此基础上各自
额外增加了 1000 万英镑。截至年底，共有 25 家公司得到了大约 11.60 亿
英镑的支持。1975 年 3 月，英格兰银行告知财政部，危机形势逐渐稳定，
但恢复信心十分重要，英格兰银行计划对救生艇行动以外的 3 家机构单独
采取救助行动。这 3 家公司分别是斯莱特·沃克公司、爱德华·贝茨公司
以及华莱士兄弟公司。这次救助行动，英格兰银行直接收购了斯莱特·沃
克公司和爱德华·贝茨公司。救助行动占用英格兰银行大量精力，使此次
危机的时间被大大延长。"控制委员会"对 26 家公司提供了救助。到
1975 年年底，接受"救生艇"救助的公司减少为 8 家，到 1978 年只剩下
4 家。救助成本在高峰时达到 13 亿英镑。1974 年 8 月，英格兰银行增强
了对银行业的监管，主要是从信息报送方面，要求获得许可的银行以及按
照《1967 年公司法》的"127 条款银行"，都要按季度向英格兰银行报送
更多信息，作为对此前报送统计信息的补充，包括存款与贷款的集中度、
与关联公司的相关交易以及各类英镑存款与资产的到期分析等。从 1975
年开始，英格兰银行年报中第一次将"银行监管"作为一项独立的工作
进行了介绍。自此以后，"银行监管"成为英格兰银行年报当中的一个重

---

① Forrest Capie, *The Bank of England 1950s to 1979*, London: Cambridge University Press, 2010,
p. 543.

要组成部分，这不能不说有次级银行危机带来的影响。[1] 随着危机结束，到 1978 年，救助成本较之高峰时期减少 50%。[2]

危机最终平息了，但对这次救助行动存在一些争议。《银行家》杂志评论道："一些银行家认为，从一开始这次行动就被误解了，烂苹果就应该让它们掉落在地上。"[3] 有人认为次级银行中的那些"骗子"就应该让他们破产倒闭。但英格兰银行不为所动，认为防止信心崩溃和危机扩散是自己的责任，救助行动是成功的。"英格兰银行发现自己面对着几家存款吸收机构即刻崩溃及发生信心危机迅速升级的明显风险，这已经威胁到其他存款吸收机构，如果不加制止，这种威胁会很快蔓延至银行业的其他部门。"[4] 两百多年以来，英格兰银行已经承担起维护英国金融体系安全的责任。过去的经验告诉英格兰银行，人们对金融机构的信心非常脆弱，风吹草动即可掀起轩然大波。对个别银行的挤兑很快会波及其他健康经营的银行。另外还有一点非常重要，伦敦是国际金融中心，危机的扩散会影响到国际对伦敦的信心，从而使伦敦世界金融中心的地位受到影响。作为金融城的领导者，这是英格兰银行绝不能接受的。次级银行危机中，英格兰银行并没有采用最后贷款人这一方式，卡佩认为，有几个可能的因素：首先，英格兰银行认为获得许可的银行不能倒闭。这些银行是英格兰银行通过直接或间接方式给予的许可资格，如果倒闭可能会影响人们对英格兰银行的信心。其次，由于《竞争与信贷控制》方案的实行，金融体系较之

---

① Banking supervision and related developments, Annual Report 1975, Bank of England, 1975, p. 6, https：//www. bankofengland. co. uk/-/media/boe/files/annual-report/1975/boe-1975. pdf.

② Supervision, support operations and City liaison, Annual Report 1978, Bank of England, 1978, pp. 16 – 18, https：//www. bankofengland. co. uk/-/media/boe/files/annual-report/1978/boe-1978. pdf.

③ Forrest Capie, *The Bank of England 1950s to 1979*, London：Cambridge University Press, 2010, p. 575.

④ ［英］迈克·巴克尔、［英］约翰·汤普森：《英国金融体系——理论与实践》，陈敏强译，中国金融出版社 2005 年版。

过去发生了很大的变化，金融机构之间竞争激烈。对不同的体系不能采用同样的解决方式。最后，卡佩认为最重要的是第三个因素——货币因素。[1] 自70年代以来，英国货币投放量增加很快，英格兰银行已经开始实施紧缩的货币政策。如果采用最后贷款人方式，就必须增加对市场流动性的支持，这是当时经济条件下货币当局极力要避免的。

次级银行危机后，瑞德感觉到无论政府还是监管当局，对这次危机并没有进行足够反省。他的结论反映了现实："……或许最大的危险就是，对次级银行问题的忽视逐渐增加，这必然会消减公众对这些事情的了解，而这种了解是以后任何危机爆发后所能提供的一种保护。具有讽刺意味的是，整个危机期间，英格兰银行为了公众信心付出巨大努力，以防止倒闭事件的重演，但是，金融史上的这件大事，至少是一件大事，正在从公众注意当中消失……如果危机中的事件仍然不为人们所知，关于它的信息仍然极其有限，那么总有一天危机还会来临，因为对于这种危险人们并没有给予足够的注意，也没有采取足够的行动去防止一场新危机。"[2] 最后，他的预言不幸言中，他说："在道路标志改变以前，交通事故发生死亡令人悲伤；而在采取行动之前又发生了一起交通死亡事件，这肯定就是一幕黑色喜剧了。针对新的大银行危机的预防行动的效力将被对1973—1975年事件的忽视所削减，这样，在教训还未吸收之前危机就会重演。马克思的格言是历史会重演，一开始是悲剧，接下来就是闹剧。这个格言终将被证实。"[3] 以后的银行倒闭和金融危机证明了瑞德作为历史学家的远见，也证明人类最大的教训就是从不从历史中吸取教训。

---

① Forrest Capie, *The Bank of England 1950s to 1979*, London：Cambridge University Press, 2010, p. 586.

② Margaret Reid, *The Secondary Banking Crisis 1973 – 1975：Its Cause and Course*, London and Basingstoke：The Macmillan Press ltd, 1982, p. 200.

③ Ditto.

第三节 《1979年银行法》

一 法案的产生

次级银行危机的一个直接结果，就是推动了《1979年银行法》的产生。次级银行危机以前，无论是政府还是英格兰银行，对如何监管小型银行和金融公司已有所考虑和计划，次级银行危机在很大程度上推进了这项工作。自60年代起，随着小型银行包括金融公司的快速发展，英格兰银行开始关注对这些银行的控制问题，而且也提及存款人保护的问题。但是，"控制"的概念和"监管"仍然很少讨论，银行界和学术界的议题主要还是关于货币政策和信贷控制。《竞争与信贷控制》方案关注的仍然是信贷控制而不是监管。在次级银行危机爆发以前，政府和英格兰银行已经开始考虑关于对银行以及存款吸收机构的许可问题。如果一个机构未被公众所知或未获得批准就吸收存款是违法行为。监管机构要确保获得许可的公司有足够的资本金、流动性和符合要求的管理层。对于如何实现许可管理，研究了两种模式。第一种模式是，英格兰银行仅负责对获许可银行的监管，另外一个机构负责对其他存款吸收机构的监管；第二种模式是，英格兰银行负责对所有机构的监管。早期阶段，各种方案都在研究中，还没有最后的结论。这场危机把对次级银行的监管问题推向更紧迫的地步，欧共体出台的银行指导意见草案对建立银行许可监管的法律制度也提出了要求。1973年年底，英格兰银行行长理查德森召集了一个关于"监管功能"的会议，从这时候英格兰银行贴现办公室开始推进监管体系改革。英格兰银行起初的计划是做一些较小的技术调整，无须采取进一步措施。那些想从非许可机构那里享受高存款利率的人要完全承担风险，英格兰银行对这些机构的清偿能力没有监管责任。相对正式监管，行长理查德森更倾向于非正式监管，他认为，"无须建立较为精细的法定监管体系，这种体系以压抑主动性和创造性为代价，仅解决一些看似不太可能的问题。作为一个金融中心，我们拥有的特别力量在于以非正式监管来调整我们的商业方式，我本人不赞成失去这种力量优势"①。但是，他也承认最终会需要一些正式监管。随后，英格兰银行开始和贸易与工业部进行协商。1974年5月，工党威尔逊政府上台。虽然政府对法案的态度尚不明确，但英格兰银行仍继续推进方案的修订。方案提到，鉴于危机的教训，英格兰银行将拓展监管的领域，包括对大型非银行存款吸收机构的监管。相对于1973年早期的讨论，最低存款额也成为对银行及存款机构进行监管的一个标准。方案还提出一项相对模糊的提示：如果一家机构拒绝服从英格兰银行的监管，或者不执行它的指令，英格兰银行会将其行为公之于众，由市场力量来发挥监管作用。通过收集、分析来自机构的财务报表，进一步加强监管。法定许可的问题受到人们高度重视，但英格兰银行担心，如果接受法定监管权，英格兰银行将失去非正式性和灵活性，在金融城的地位将发生一个决定性和不可逆的变化。英格兰银行将被看作一种法定行政权力，而不是英国银行业的资深成员和领导者。而且，英格兰银行和银行体系之间非正式但非常紧密的联系会被削弱，自律监管将会让位给政府的行政权力和职责。

1974年7月，政府牵头建立了一个联合工作小组，由财政部、英格兰银行和贸易部（1974年新政府成立后，贸易与工业部拆分为贸易部、工业部、价格与消费者保护部）的代表组成。小组的第一次会议认为，要理清银行和金融机构的结构，消除法定许可和非法定许可之间存在的混淆，更准确地界定银行的组成，建立一套对存款人和整体金融体系进行保

---

① Forrest Capie, *The Bank of England 1950s to 1979*, London：Cambridge University Press, 2010, p. 606.

护的有效监管体系。政府对现有的制度以及没有权力的责任感到不满，认为建立许可是一种更好的监管方式。而且，贸易部不认可存款人保护法，希望将其废除并用其他法律代替。财政部也认为存款人保护法没有什么效果，应以许可体系代替，英格兰银行应该成为唯一的监管机构。政府对在现行体制下英格兰银行能否继续控制好次级银行并无信心，另外也关注与其他欧共体国家的监管协调。但是，英格兰银行的代表认为，法案应该是《1963 年存款人保护法》的延续，不应成为一部银行法。12 月，法案大纲完成。大纲明确，如果没有获得许可，任何个人和机构不得吸收存款。必须满足特定的标准才会被授予许可，如果达不到这些标准，可能会被拒绝许可或者收回许可。[①] 其他条款还包括对"银行""银行业"名称的限制使用，英格兰银行是唯一的颁发许可机构。但是，英格兰银行担心这样的规定是否会削弱英格兰银行的独立性。因此，英格兰银行建议成立一个"存款机构许可委员会"，由财政大臣、英格兰银行行长及其他成员组成，处理许可、存款保险以及对"银行"名称的使用等事宜，并有义务接受议会的检查，其他的银行监管事务仍由英格兰银行负责，这样既不耽误工作，也能保持英格兰银行的独立性。但是，财政部和贸易部认为这个建议太过细致而未采用。法案随后呈报给财政大臣，计划在 1975 年到 1976 年的议会会期提交法案。1975 年 4 月初，行长向财政大臣表明了他的想法，对建议中的许可体系表示忧虑。他认为，为了解决外部银行的问题而对英国银行的核心部分施加这样的控制是不合理的，应该把许可体系施加在非银行存款机构上，这是可以通过一个新的和更严厉的存款人保护法来实现的。行长反对将所有的存款机构纳入一个综合性的法定许可和监管系统之内。相关指导和要求应仅适用于对次级银行的许可和监管，而不应适用于

---

① Forrest Capie, *The Bank of England 1950s to 1979*, London：Cambridge University Press, 2010, p. 618.

银行体系的核心部分。对两个不同的体系采用一套监管体系并不正确。行长认为，一种没有刚性约束的非正式监管系统反而会为银行体系提供安全保障。为了保持目前的体制，使银行和非银行存款机构之间的区别更清晰，行长提出四点建议：第一，法案应是一部新的存款人保护法；第二，法案应包括对非银行存款机构的许可、监管和保险；第三，根据《1963年存款人保护法》，从英格兰银行获得许可的银行，应从这些条款中得到豁免；第四，没有得到豁免的机构不能称为"银行"。对贸易部的坚持己见，行长认为这是贸易部力图从这项繁杂工作当中尽快脱身，把这项责任推给英格兰银行。① 法案草拟经过将近两年时间，1976 年出台第一稿，有三个问题仍比较突出：第一，关于对获许可银行和获许可存款吸收机构是否平等适用的条款；第二，对获许可银行和获许可存款吸收机构，资本金、管理层、银行服务的等级以及声誉方面的标准如何确定；第三，对财政部要求包含的一些权力和义务，比如准入和对资格条件的检查，以及对广告的管制等细节，英格兰银行并不满意。法案力图建立起一套对获许可存款吸收机构的法定监管体系，这套体系不包括那些仍处于英格兰银行传统监管方式下的银行，即通过道德劝说的自律监管方式。后来在财政部拟定的白皮书中，这些问题都打了折扣，财政部的意见和贸易部相似，意图淡化两种方式的区别，这样可以使议会更容易接受给予英格兰银行的广泛的法定权力。法案的草拟过程，也是作为政府代表的贸易部、财政部与仍然力图代表市场的英格兰银行之间的博弈和较量。为了进一步表明态度，1976 年 8 月，政府发布一份白皮书，清晰地表达出了在这个问题上的意见，白皮书的名称即为《存款吸收机构的登记与监管》，白皮书建议，由

---

① Forrest Capie, *The Bank of England 1950s to 1979*, London: Cambridge University Press, 2010, pp. 619 – 620.

英格兰银行负责除获许可银行外其他存款吸收机构的登记与监管。[①]

1977 年 3 月，财政部拟定好草案，草案仍赋予英格兰银行对银行和存款吸收机构准入和检查的权力，英格兰银行表示反对，认为这无益于改革。财政部的草案比英格兰银行早先计划简单的许可法案既长且复杂。主要内容包括救助权力、保密信息的公布、费用，最显著的就是审慎标准。在审慎标准的内容上，英格兰银行认为过于细致，应该抵制那种特别比率，英格兰银行认为这种比率会导致银行体系僵化，限制银行的发展空间。对修订后的法案行长仍然表示反对。他曾对清算银行的代表谈到，放弃这种在国外受到广泛赞誉并对伦敦作为金融中心地位产生巨大影响的银行监管体系是不对的。行长希望英格兰银行的监管应保留最大程度的灵活性。但行长的意见并不被财政部认可。1977 年年底，根据当时的选举情况，英格兰银行认为议会选举可能会发生一些变化，鉴于和财政部在一些主要内容上的分歧，英格兰银行并不急于推进法案，甚至考虑故意延迟，寄希望于新政府上台后制定一部更好的法案。12 月，工党再次将法案提上桌面，争论仍然继续。法案规定的双线结构中，英格兰银行对许可银行和存款吸收机构的"不对称"等问题表示担忧。同时也表示，和财政部在原则上没有重大分歧。行长对法案称为"1978 年银行法"表示异议，认为法案更合适的名称应为"存款人保护法"，这反映出行长对法案的基本定位仍然和财政部存在分歧。但财政部坚持称之为"银行法"[②]。不过，到最后阶段时，英格兰银行的态度出现重大变化，同意接受财政部的意见。这期间，《1976 年公司法》于 1977 年 4 月 18 日生效，法案的第 31

[①] Banking supervision, Part 2 Other responsibilities and actives, Annual Report 1977, Bank of England, 1977, p. 13, https://www.bankofengland.co.uk/-/media/boe/files/annual-report/1977/boe-1977.pdf.

[②] Forrest Capie, *The Bank of England 1950s to 1979*, London: Cambridge University Press, 2010, pp. 632 - 633.

款规定，贸易部要对以"银行"或相关名义在英国运营的外国公司实施严格控制。在新的银行法颁行前，仍然由贸易部对以银行名义在英国经营但在国外登记的外国公司实施监管。①

法案于1978年11月进行了一读和二读，12月进入了委员会讨论阶段。反对党提出很多意见，力图给现政府出些难题，不过更像是一种议会辩论的政治需要。反对党对双线管理体系和拒绝使用银行名称表示了怀疑，认为这会限制竞争。英格兰银行基本上没有受到攻击。过了新年，进展有所加快，保守党放弃对双线体制的反对，承认如果他们当选，也会采用相同的办法。1月底，委员会阶段结束，1979年2月14日，三读通过，呈送女王审批。3月28日，卡拉汉政府失去信任投票，决定在5月3日举行大选。银行法在4月4日获得女王签署后公布。法案名为《1979年银行法》，包括四大部分52项条款7个列表，要求所有存款吸收机构必须获得英格兰银行的许可。可以以银行获得许可，也可以作为存款吸收机构获得许可。在此之后，建立新的存款吸收机构必须获得英格兰银行颁发的许可。已经运行的机构，须在1980年3月31日之前申请新的银行或存款吸收机构许可。英格兰银行编订了一个手册，包括了法案的主要内容，并详列了申请所需的程序和信息指导建议。手册在9月1日发布，两周内发放了1400份给相关各方。最后期限到来前，英格兰银行共收到超过614份申请，其中很多机构英格兰银行从未听说过。1980年4月，公布了第一批机构，包括208家许可银行和39家许可存款吸收机构，还有365家处于研究中。到1981年2月，有279家机构为获授权银行，259家获许可存款吸收机构。英格兰银行驳回了11家申请，还有65家在英格兰银行最后

① Supervision, support operations and City liaison, Annual Report 1978, Bank of England, 1978, pp. 16 – 18, https://www.bankofengland.co.uk/-/media/boe/files/annual-report/1978/boe-1978.pdf.

决定前收回申请。①

二 法案的监管影响

这部法案的产生，欧共体指令也产生了重要影响，指令要求欧共体各国必须对所有信贷机构建立许可体系。次级银行危机加快和促成了这部法案，其影响更为直接和显著。无论是《1946 年英格兰银行法》，还是《1979 年银行业法》，体现了监管领域中政府力量的持续扩张。1946 年前，英格兰银行是金融城的领导者，这是一种自然形成并由市场认可的非正式领导地位，它的作用体现为市场力量对市场本身的管理和调控。英格兰银行更像是一位家长，家长以其权威和影响力来管理金融业的这些"孩子"。1946 年英格兰银行的国有化，实际使英格兰银行成为政府体系的一部分，但英格兰银行在监管方式上仍然具有较大的灵活性，虽然与政府有关部门紧密合作，但还没有法律直接明确其具体的监管权限和职责。1979 年，政府赋予英格兰银行监管银行的法定权力，意味着英格兰银行从形式和内容上都成为法定监管体系的组成部分，彻底失去了市场力量代表的身份。这个过程中，英格兰银行非常不情愿，它既不想失去市场化的身份，也确实认为正式监管不一定就能产生更好的效果。虽然进行了一些抵制，但无法改变整个事件的过程和结果。自此以后，英格兰银行的监管行为成为法定监管行为。

次级银行危机后，英格兰银行贴现办公室受到广泛批评。人们认为在危机爆发时，贴现办公室缺乏足够的力量对 300 多家银行实施监管。对这个问题，行长和贴现办公室主任出现分歧。行长认为，次级银行本来就没有纳入银行监管体系当中，但贴现办公室主任卡夫认为，不是英格兰银行

---

① Forrest Capie, *The Bank of England 1950s to 1979*, London: Cambridge University Press, 2010, p. 635.

没有对次级银行进行监管，而是由于次级银行发展太快，监管没有及时跟上。行长认为，以卡夫为代表的贴现办公室要承担主要责任，作为英格兰银行负责银行监管的牵头人，应该预见到危机的发生，并及时向时任行长提出具体建议，但他没有做到。1974 年 12 月，卡夫在 57 岁时提前退休，人们认为卡夫充当了此次危机责任的替罪羊。[1] 1974 年 7 月 18 日，贴现办公室被分为两部分：对银行体系的监管和货币市场日常交易。有史以来第一次由英格兰银行的高级管理人员负责银行体系的监管。新成立的银行和货币市场监管局归入总出纳部，拥有 7 个高级职位，加上支持人员，总计达到 30 人。60 年代中期，贴现办公室一共也就 10 个人左右，危机爆发时不过 15 个人。到《1979 年银行法》颁布前，人员已经增加到 77 人。这种变化意味着银行监管职能在英格兰银行内部成为一个单独的功能模块。

《1979 年银行法》颁布以后，英格兰银行进行了多年以来最大的一次组织结构调整，1980 年 3 月正式完成。这次重组将英格兰银行分为三个业务板块：金融结构和监管板块；政策和市场板块；运营和服务板块。[2] 在监管方面，英格兰银行希望创建新的管理领域，在一名董事的领导下承担起英格兰银行新的监管职能。银行监管职能从总出纳部分离出来，成为一个独立的局即银行监管局，归入金融结构和监管板块，由执行董事负责。这个板块的责任包括对银行和其他存款机构的监管以及对证券市场和期货市场的监管等。到 1984 年年底，银行监管局的职员增加到 100 人，主要是由几项工作引起的：一是取消银行业务许可的工作量增加了，二是

---

[1]　Forrest Capie, *The Bank of England 1950s to 1979*, London：Cambridge University Press, 2010, p. 579.

[2]　Internal administration, Bank of England Report and Accounts, Bank of England, 1980, p. 19, https：//www. bankofengland. co. uk/-/media/boe/files/annual-report/1980/boe-1980. pdf.

增加了新的审慎反馈工作，三是监控银行体系对国家债务问题的反应。在具体监管领域，英格兰银行的工作开始出现一些调整和改变。1975 年，英格兰银行公布了资本充足率和流动性标准的指导意见。审慎原则的重要内容之一就是资本充足率（包括附属借贷资本）要足够覆盖银行的"基础设施"加上对业务风险损失的准备金，避免存款人因为银行的贷款行为受到影响。在期限配置方法上，英格兰银行也提出了要求。为使监管成为现实，英格兰银行开始要求报送季度报告。另外，还希望银行能提供关于资本、储备、准备金以及大额存款和贷款的细节信息。

次级银行危机的教训也清楚地反映在英格兰银行 1980 年同银行业讨论的文件当中。第一份文件是关于流动性的，目标就是要保证批发银行能够提供充足的流动性资产，以满足随时提取存款的需求。这个目标显示英格兰银行从危机中吸取了教训。银行还建立了新的存款保护基金，基金来自各个银行，最高额度为 1 万英镑。这个基金可以保护小存款人，但它对发生在 1973—1975 年危机当中那种主要货币市场存款流出的情况无法应对。任何延伸的保护成本太高，银行体系也不愿意鼓励这样一种风险取向，即想要"头尾兼顾"，这是以救助者的损失为代价的。英格兰银行认为，如果发生新的类似 70 年代的危机，新的救生艇行动是需要的。次级危机的另一结果就是颁布了《1980 年公司法》。公司法对董事的交易行为施加了控制，因为可能存在利益冲突，因此要求在更多方面进行信息披露。

第六章 70年代的金融监管改革与国际监管合作

第一节 证券业监管改革

自1979年以后，英格兰银行享有法定的银行监管权，标志着英国金融监管逐渐走向正式化。英国对证券业的监管，从法律角度看，早于银行监管。自70年代以后，证券业监管开始了进一步的改革调整。这项任务主要由贸易与工业部（贸易部）和英格兰银行来完成。

随着证券业的持续发展，依照《防欺诈法》形成的证券监管体制受到人们越来越多的批评，比如豁免机构过多等。1974年6月，贸易部发起了一项针对证券市场监管充足性的调查。调查期间，调查人员不仅和国内相关行业机构有所交流，还对其他国家的监管体系进行了研究，并赴美国和加拿大考察学习，获得了这几个国家金融监管的第一手资料，对随后英国的证券监管设计产生一定影响。调查结束后，贸易部建议对《防欺诈法》进行修订，加强牌照管理，减少豁免机构的数量，并将豁免机构主要限定于银行和保险公司。由于政府发生更迭，工党重新上台执政，这一建议计划被暂时搁置起来。1976年下半年，贸易大臣戴尔任命了一个调查委员会（哈罗德委员会），由刚刚卸任首相职务的哈罗德·威尔逊担任主席，主要任务是调查金融机构的职责和功能，并研究对这些金融机构的监管体制安排。另外，1976 年 10 月，贸易部也开始采取一些措施力图提高对证券行业的监管效率，得到英格兰银行的支持。主要措施包括：和英格兰银行共同成立一个联合审查机构，由英格兰银行和贸易部的资深官员组成，对证券市场进行考察，考察内容包括法定和非法定的监管领域；推动法律完善工作，以便将一些不恰当行为纳入法律管理体系，例如内部交易等行为，并严格限制机构向其管理人员贷款的行为；在条件允许的情况下，实施对《防欺诈法》的修订工作，以应对新的监管形势。英格兰银行也力图推动对证券行业的监管，以使这个行业的自律监管更加有效。[1] 1978 年 3 月 30日，英格兰银行发起成立了一个证券行业委员会，委员会成员包括与证券业有关的各类组织和代表。委员会主席和副主席由英格兰银行任命。首任主席是帕特里克·内尔。委员会负责除证券交易所以外的证券市场非法定领域事务，具体职责是以维护公共利益为出发点，确保证券行业的合理行为和高标准得以执行。委员会通过两个分支来行使相关职能：一个是并购管理小组，继续其过去的职能，即负责《收购及合并准则》的执行；另一个是市场委员会，负责规划和修订证券市场行为准则，对国内及欧共体的相关立法提供建议，并对影响证券行业发展的因素保持紧密关注。英格兰银行派代表参加了委员会，委员会秘书也由英格兰银行委任。[2] 为提升对证券业的监管能力，贸易部于 1977 年 7 月 28 日向议会提交了一份修订《防欺诈法（投资）》的协商文件，力图通过法律手段进一步增强监管能

---

① Securities Market, 21 October 1976, vol 917 cc521 - 2W, HC Deb, http：//hansard. millbanksystems. com/written _ answers/1976/oct/21/securities-market # S5CV0917P0 _ 19761021 _ CWA_ 145.

② Supervision, support operations and City liaison, Annual Report 1978, Bank of England, 1978, pp. 16 - 18, https：//www. bankofengland. co. uk/-/media/boe/files/annual-report/1978/boe-1978. pdf.

力。① 随后，对《防欺诈法（投资）》的法律修订工作也于 1979 年年初完成。由于 1979 年工党大选落败，法律修订工作被暂时搁置下来。经过 4 年的调查，哈罗德委员会于 1981 年公布了调查报告。报告指出，当前英国还没有一个单独的机构拥有对金融体系的全部监管职责。报告建议成立一个独立的机构负责对金融体系所有领域的监管。这个机构不负责日常监管事务，日常监管事务仍然维持现状，也不需要立法倡议权，这项责任仍然由政府部门和议会行使。因此，70 年代中期后，英国对证券业的监管现状进行了持续的考察和研究，力图推进新的监管改革。

第二节　保险业监管改革

虽然《1967 年公司法》强化了贸易委员会对保险公司的监管力度，但保险公司倒闭的事件并没有因此而停止。1971 年 3 月 1 日，一家保险公司——汽车和通用保险公司向法院申请破产，包括下属的 5 家从事汽车保险业务的子公司。起初这家公司经营状况不错，在破产之前的 10 年当中，收入增长近 70 倍，但后来经营状况出现了问题。贸易与工业部于 1970 年 7 月发现公司存在问题，要求公司提供必要的信息和资料，但要求没有得到满足。11 月，贸易与工业部通知该公司，如果不能提供相应资料，将依照《1967 年公司法》第 109 款对该公司进行调查。于是，公司在次年 3 月 1 日宣布破产。公司的倒闭致使全国 10% 的汽车车主受到了影响，近 100 万投保人遭受了不同程度的损失。② 为应对监管需求，贸易

---

① Prevention of Fraud（Investments）Act 1958, 28 July 1977, vol 936 c383W, HC Deb, http://hansard. millbanksytems. com.

② Insurance Companies Bill［H. L.］, 08 February 1973, vol 338 cc1155 - 202, HL Deb, http://hansard. millbanksystems. com/lords/1973/feb/08/insurance-companies-bill-hl#column_ 1155.

与工业部内部随后进行了一次部门重组，主要是增加了监管人员的数量。另外，也开始研究是否仍通过一部单独的保险公司法进一步强化对保险公司的监管。1973 年 7 月 25 日，英国先颁布了《1973 年保险公司修订法》，对《1967 年公司法》的第二部分（涉及保险公司监管）进行了补充，但这部法律只是过渡，也没有用"保险公司法"的名称，目的是为即将颁行的《保险公司法》让路（此时，保险公司法案已经制作完成）。贸易与工业部受到了外界以及议会很大压力，在专项的保险公司法出台前需要一部过渡性法律应对可能产生的监管需要。1973 年年初，保险公司法案的制定工作完成，2 月 8 日进入下院二读阶段。这部法案的目的是对《1958 年保险公司法》以及《1967 年公司法》保险监管部分进行完善和修订。在法案的制定过程中，贸易与工业部同保险公司、保险公司协会、会计事务所、精算师事务所以及消费者组织都进行了沟通，以保障这部法律的广泛性和意见的一致性。保险协会接受了贸易与工业部的邀请，曾在法案制定上提供了很大支持，但后来感觉到制定监管法律和它本身的定位有冲突，于是没有继续与贸易与工业部的合作，贸易与工业部给予了理解。法案公布以后，受到了保险业协会和行业的普遍欢迎。该法给予贸易与工业部更为广泛的权力，目的是贸易与工业部在保险公司发生破产风险时能更加迅速和灵活地做出反应，采取恰当的措施消除风险。主要内容包括：第一，贸易与工业部获取信息的能力有所增强。按照《1967 年公司法》，主要是从年度报告当中获得，新法规定贸易与工业部可以获得更多的信息，贸易与工业大臣希望至少每季度获得一次信息报告。另外，将过去的提交的年度报告改为每半年一次的半年度报告。精算师对保险公司的检查周期最多不能超过 3 年。如果出于特别调查需要，贸易与工业部可以随时要求保险公司提供其他相关信息。第二，法案在许可管理方面做了调整，主要体现在两点：一是在法案中对控制人和管理人进行了定义；二是保险公司获得许可后的特别监管时期从 5 年扩展为无期限。贸易与工业部认为在新的监管体系下，对保险公司的监管是一种持续性监管。另外，法案还规定了保险公司必须达到的最低标准，这个标准较之过去更为严格，主要体现在三个方面：首先，确定了保险公司获得经营任何一种保险业务必须达到的最低资本标准为不少于 10 万英镑；其次，明确了从事一般保险业务（非寿险业务）的赔偿额度；最后，在计算保险公司的赔偿能力时，一些特定资产可以不计算在内，另外一些资产可以按一定折扣计算。① 法案经过修订后，于 1974 年 7 月 31 日正式颁行，即为《1974 年保险公司法》，分为 5 个部分，90 项条款。这部法律没有如同其他欧美国家的同类法律那样，在保险公司的费率、政策条件和投资领域方面进行严格规定，英国认为这些因素取决于市场。贸易部认为保险监管中最关键的是增强监管部门应对保险公司突发事件的反应能力，能够迅速有效地采取行动，保护广大投保人的利益。但是，即便如此，这部法案仍然是一部较为复杂的法律，涉及保险管理的方方面面，是对《1958 年保险公司法》和《1967 年公司法》第二部分的完善和延续。该法最突出的特点是，确定了最低标准，增强了贸易部（贸易与工业部）监管保险公司的权力，并给予它灵活处理一些问题的权力，比如在信息获取方面。虽然贸易与工业部（贸易部）反复强调了对投保人的保护。

1974 年 7 月 29 日国家寿险公司宣告破产，随后破产管理署对该事件进行了调查。这起事件，连同此前的几起保险公司倒闭，使人们感到疑惑，为什么这些年贸易与工业部保险监管人员增加了 10 倍以上，仍然会

---

① Insurance Companies Bill ［H. L. ］, 08 February 1973, vol 338 cc1155 - 202, HL Deb, http：//hansard. millbanksystems. com/lords/1973/feb/08/insurance-companies-bill-hl#column_ 1155.

出现保险公司倒闭的事件，致使投保人产生重大损失。[1] 人们逐渐认识到，如果要保护投保人的利益，仅仅依靠保险公司法是不够的，应该建立专项的投保人保护制度，对投保人在保险公司倒闭时可能产生的风险提供保护，因为一旦保险公司倒闭，受到最大影响和损失的往往是投保人。于是，针对投保人保护的法案开始制定。1975 年 11 月 12 日，《1975 年投保人保护法》颁行。这部法案成立了一个名为投保人保护委员会的机构，整部法案围绕着委员会的功能、责任、权力等条款展开。设立这个委员会的目的就是保护投保人。投保人委员会的工作受贸易部（贸易与工业部）的指导。法案对委员会的职责范围，在保险公司清算当中的责任，以及在保险公司清算中如何维护投保人的利益等问题做了较为详细的规定。但是，虽然法律对保险公司的监管以及投保人保护方面逐步健全，但保险公司破产的情况在随后的几年中仍然屡见不鲜。仅在保险公司法颁行的这两年，根据英国议会的统计，1974 年因各种原因最终进入清算程序的保险公司数分别是：1974 年 4 家，1975 年 3 家。[2] 这说明保险公司监管任重道远。1979 年，英国有 1.5 亿份保险协议在执行当中，全国超过五分之四的家庭办理了人寿保险，接近四分之三的家庭办理了火险或防盗险，超过一半以上的汽车办理了相应保险。截至 1979 年年底，英国共有 823 家保险公司，其中 404 家是劳合社的成员单位。保险公司的对外投资增加也很快，从 1975 年到 1979 年增加了 30 亿英镑。面对快速发展的保险业，如何进一步完善监管仍然是英国保险监管的重要课题。国际上对保险公司监管的工作也在持续推进。70 年代，欧洲共同体先后颁布了《第一号非人

---

[1] Policyholders Protection Bill〔H. L.〕, 06 May 1975, vol 360 cc202 - 89, HL Deb, http：// hansard. millbanksystems. com/lords/1975/may/06/policyholders-protection-bill-hl#column_ 202.

[2] Insurance Companies, 24 February 1976, vol 906 c123W, HC Deb, http：//hansard. millbanksystems. com/written_ answers/1976/feb/24/insurance-companies#S5CV0906P0_ 19760224_ CWA_ 80.

寿保险共同规则指令》和《第一号人寿保险共同规则指令》，提出协调欧洲共同体内各成员国的监管和保险公司法。1979 年 3 月颁行的《第一号人寿保险共同规则指令》，确定了人寿保险公司设立的基本原则，满足了人寿保险市场的特殊需要。规则中除了指令范围和设立的规定以外，还提出了保险业务分业经营的原则，即从事人寿保险业务的公司不能从事非人寿业务，以免对长期业务产生影响。英国当时没有在保险公司法中做出这样的限制，因此，依照该项法律，就必须进行内部的法律修订了。[1]

　　根据欧共体关于保险监管的指令要求，1981 年 2 月 2 日，贸易部将新的保险公司法案呈报下院二读。贸易部官员指出，这部法案出台的原因是欧共体两项指令的影响。法案对保险业务进行了分类，明确了获得许可所需的条件。法案的重点在于防止非寿险业务损失可能带给寿险业务的风险，因此法案明确，经营寿险的公司不能经营非寿险业务，经营非寿险业务的公司不能再经营寿险业务。但是，这只针对新成立的保险公司，已经同时经营这两项业务的公司不受此限制。该法案于 1982 年 10 月 28 日获得女王批准颁布执行，这就是《1982 年保险公司法》，该法执行到《2000年金融服务与市场法》生效为止。[2]

第三节　英国与国际金融监管

一　英国与欧洲金融监管

　　欧洲委员会关于协调银行业立法方面的兴趣可以追溯到 60 年代。1969 年就建立了一个工作小组，一直到 1972 年年初，小组一直在开会讨

---

① 郑云瑞：《欧盟统一人寿保险法》，《保险研究》2005 年第 4 期。

② Insurance Companies Bill, 02 February 1981, vol 998 cc103 – 20, HC Deb, http：//hansard. millbanksystems. com/commons/1981/feb/02/insurance-companies-bill#column_ 103.

论这个问题。研究的结果就是出台了一个题目看起来吓人的文件，翻译过来就是《关于开始推进并实施信贷机构独立运作指引的有关协调的法律和行政性条款的指导草案》，包含41个条款，覆盖了对所有信贷机构的许可，条款涉及资本金要求、管理竞争力、法律形式以及存款人保护等主题，也涵盖了审慎比率以及向监管机关报告等条款，例如向单一借款人的最大贷款额，以及成员国之间的信息交换等问题。欧共体要求各成员国对草案进行研究和回复。英国认识到，正在制定当中的英国银行许可体系和正在拟定的欧洲大陆的许可体系存在重大区别，要调和这种差别实在不容易。英格兰银行和财政部的代表参加了与欧共体的谈判。在欧共体成员国中，英国是在法定许可原则和细节监管两方面存在问题的唯一国家，这也是一般法和罗马法的法律体系的区别。根据这一点，英格兰银行可以有三项选择：第一，否决指令；第二，建设当前的体系；第三，建立许可体系。否决的可能性因为不实际很快就被放弃了。无论如何，英格兰银行认为，还是有理由部分满足指令要求的。如果英国继续处于这个体系之外，人们可能会认为英国将是不良信贷机构的天堂，这样英国的信贷机构也将无法获得欧洲其他国家的许可。英格兰银行也受到了国内压力，这迫使监管当局在未来也采取相应的措施。次级银行的增长前面已经提到，它们也要求贴现办公室研究它们的银行许可问题，而英格兰银行也建议这些银行拓展资产负债表。英国财政部和贸易与工业部讨论了欧洲指导意见的问题，认为否决欧洲指令不仅不可能，而且没有意义。欧共体银行指令方面的工作仍在继续。自1974年以来，方案有所进展，相较于以前的细节性建议，这个方案更偏重于一般性原则。最后，尽管方案中包括了广泛统一的目标，但英格兰银行也尽可能协调了自己的立场。1974年12月，欧共体委员会批准了这个草案。1975年5月，欧洲议会对这个草案进行了辩论，随后，这项指导以《信贷机构监管》（1977年欧共体第一号银行指令）的名称于 1977 年公布。英国承诺在 1979 年 12 月之前完成指导的要求，最终以《1979 年银行法》的颁布完成了这项任务。[①]

第一号银行指令是欧共体委员会第一次建立欧洲银行市场的努力。它力图消除障碍，在欧洲范围内提供银行业服务。第一号银行指令禁止各国对欧洲其他国家的信贷机构采取歧视政策。例如，东道国必须对建立在本国的信贷机构设定同样的要求，使之受到同母国一样的待遇。但是，指令并没有要求成员国所有的机构可以在其范围内运营。为了能够在国内运营，信贷机构必须满足特定的许可要求。尽管欧共体的目标是在欧洲范围内统一许可要求，但指令仅明确了成员国必须遵照执行的最低标准。即便所有成员国都有相同的许可要求，信贷机构也必须在其经营的所在国获得许可。成员国不会自动接受一个信贷机构在本国经营。成员国对在本国经营的外国信贷机构仍然具有管辖权。另外，信贷机构还必须满足东道国不同的破产和清算标准。因此，在第一号银行指令下，欧洲银行市场的一体化是不可能的，成员国间仍然存在一体化的障碍。另外，东道国还负有监管信贷机构的责任。一个在欧共体范围内其他国家建立的信贷机构，可能要接受 11 个国家的监管。在这种体系下，监管机关无法确定谁来监管哪些行为。

二　英国与巴塞尔委员会

70 年代上半期，国际银行业发生了几起重大的银行倒闭事件，包括位于特拉维夫的以色列大不列颠银行的倒闭，纽约的富兰克林国家银行的倒闭。最有名的是西德的邦克赫斯特银行的倒闭。这些事件使银行监管的国际合作问题提上了日程。这些银行倒闭事件使西方主要国家的中央银行

---

①　Forrest Capie, *The Bank of England 1950s to 1979*, London：Cambridge University Press, 2010, p. 600.

行长认识到，银行业的监管应该建立一种国际合作机制，不能只依靠行长们的个人关系来维系。如果没有一种有效的国际合作机制，出现传播性银行危机将无法避免。自 60 年代起，西方主要国家的中央银行行长在国际清算银行每月召开一次月度会议，主要讨论经济和货币方面的事务。1974年以前，会议从未讨论过银行监管方面的问题。但是，会议为未来国际银行间的信息交流和国际合作提供了良好机会。英格兰银行在建立网络联系中起到了主导作用。最先的联系是从英格兰银行和美联储以及美国存款保险公司开始的，这得益于几位领导之间良好的个人关系，尤其是英格兰银行行长理查德森和美联储的米切尔之间关系密切。英格兰银行和美联储成为未来国际银行监管合作的主要发起方。但是，国际清算银行早期的月度会议主要讨论的是经济和货币事务，还没有触及金融监管合作的问题。当时，英格兰银行季报的一篇评论指出，国内的银行监管没有跟上新的国际金融机构、金融市场和金融中心发展的步伐。监管机构的注意力主要还在国内事务方面，不同国家的银行监管机构间联系不多。1974 年在美国和西德发生的银行危机使中央银行认识到，必须认真对待银行国际化的问题了。[①]

　　1974 年 7 月的月度会议主要讨论了这期间发生的富兰克林国家银行和西德的邦克赫斯特银行的问题，以及欧洲货币市场对金融稳定带来的问题。这次会议上，与会行长原则同意对出现问题的银行提供救助，以防止国际银行体系出现信心危机，不过大家也一致认为不应对救助进行承诺。虽然这次会议达成了意向性建议，但也没有就原则问题的具体落实进行研究，8 月和 9 月的会议也缺乏对这些问题的具体设计。人们认为，这是由于各国对设立国际最后贷款人还缺乏政治上的意愿。1974 年 12 月，十国

---

① James C. Baker, *The Bank for International Settlements-Evolution and Evaluation*, Westport, Connecticut, London：Quorum Books, 2002, p. 45.

集团加上瑞士和卢森堡，组成了一个银行监管实践常设委员会，这个名称一直使用到 1989 年改为巴塞尔银行监管委员会（一般称为"巴塞尔委员会"）为止。设立常设委员会的建议是由英格兰银行行长理查德森提出的，得到了美国的支持。英格兰银行认为伦敦既然是国际金融中心，就应该对国际金融稳定承担相应责任。委员会的主要职责是银行监管，英格兰银行执行董事布拉德成为第一任主席，委员会以布拉德委员会命名。实际上，布拉德不久从英格兰银行负责银行监管的岗位调离，但为了防止不必要的麻烦，他担任主席一直到 1977 年。库克成为布拉德的继任者，担任主席到 1988 年，委员会于是也就成为库克委员会。虽然主席的角色在委员会内被认为严格中立，但仍为英格兰银行带来巨大影响力。委员会设有秘书处，使委员会能够及时对国际银行体系中出现的危机做出反应，提高了各国金融机构信息交流和监管合作的成效。委员会的成员由 12 个国家各派出的两名代表组成，这些代表来自中央银行和最高金融监管机构，一名是监管方面的专家，另一名是外汇交易业务的专家。委员会秘书由国际清算银行配备。信息和观点交流是巴塞尔委员会的重要功能。

巴塞尔委员会的主要目标是维护国际银行体系的健康和稳定，主要由以下三个部分构成：

第一，研究国际银行体系，以及体系在技术、创新和国家政策方面的发展，根据委员会的研究结果发布研究报告；

第二，维护国际银行体系的灵活性，追踪在发展过程当中出现的问题；

第三，在各成员国间开展协商，增加各国监管机构之间的合作与协调，消除国际银行监管活动中的分歧。

作为国际清算银行内的一个机构，巴塞尔委员会向其发起国央行的行长进行汇报，央行行长对委员会的建议进行讨论并做出最后决定。由于委员会还有一些国家的非央行监管机构参加，因此，委员会的影响力远远超过了各国中央银行这一范围。除了上述三项工作外，巴塞尔委员会还产生了其他影响：一是即便在缺少共同协议的情况下，委员会也促进了各国的国内改革。委员会不仅跟踪各国银行体系发展在国际上的影响，也关注国际体系的运行，在成员国之间促进了信息交流，促进了各国银行监管能力的提升。二是以后巴塞尔委员会建立了银行监管机构的国际联系机制，不仅适用于委员会成员国，非成员国也被吸收进入委员会，并接受了委员会对银行进行审慎监管的标准，这使巴塞尔委员会的影响逐渐扩展到全世界。1975 年 2 月，委员会在巴塞尔召开了开幕会议。在委员会建立过程中，行长们认为早期预警体系非常重要。委员会的前三次会议都讨论了这个内容，1975 年 6 月，布拉德牵头起草了一个初步报告。报告的主要内容是，在国际范围内，识别早期风险的责任由各国国内监管机构负责。委员会同时指出，这个领域中仍然存在很多问题需要解决。比如，需要增加对各个国家技术运用的了解，努力寻求消除监管机构之间信息障碍的办法。更重要的是，委员会认为，要确保国际银行体系中没有监管遗漏。

1975 年 9 月，委员会公布了一份关于银行国外分支机构的监管报告。报告包含了委员会认为的国家间合作的主要指导意见。主要目的是确保没有任何外国分支机构脱离监管。虽然母国监管机构不能脱离责任，但每一个国家都有责任保证在自己领土上的机构得到监管。另外，报告认为充分监管非常重要，希望监管可以覆盖所有监管区域，东道国和母国之间的合作可以实现这个目标，这也是布拉德委员会的主要目标之一。另外，对母国和东道国的监管责任也进行了考虑。从机构种类的角度而言，这还不是一个很清晰的问题。但整体而言，东道国更关注流动性，母国更关注清偿能力。为了提高监管能力和合作机制，委员会要求成员国在信息交换和监管机构的检查方面要努力减少障碍。报告于 1975 年 12 月得到了央行行长的批准，随后开始在央行和监管机构中下发，成为著名的"1975 年协议"，即《外国银行机构的监管原则》。英格兰银行 1981 年季报的评论指出：

"这个早期协议的重要性并没有强调很多。首先它代表的最重大意义是，它向合作迈出了第一步，即使当时它是由于很多问题的压力而迈出的简单一步，但仍然极其重要，它为今后的监管合作奠定了基础。"①

协议的主要原则是以下五项：

• 对外国银行的监管应该由东道国和母国共同负责；

• 不应该使任何外国银行脱离监管；

• 对外国银行流动性的监管应由东道国监管机构负主要责任；

• 对外国银行分支机构清偿能力的监管由母国监管机构负责，对外国银行子公司清偿能力的监管由东道国监管机构负责；

• 通过母国和东道国之间的信息交流，以及银行业务检察官的授权，实现双方行动的合作。

1975 年协议不仅被十国中央银行所接受，而且很快被十国集团以外的其他国家中央银行接受。协议虽然比较简单，但毕竟在一国银行跨国经营的监管问题上迈出重要一步。母国监管机构仍然负责银行的整体监管，但东道国监管机构对其在本国的机构承担监管责任。协议也对双方的信息交流与合作提出了指导。1975 年协议中所包含的监管原则和意见，虽然以后持续进行了完善，但它提出的关于流动性和清偿能力这两项监管重点，以及东道国和母国合作这一重要议题，则为未来国际金融监管的合作建立了基本框架。从今天的角度看，这个协议当然也存在不完善之处。比如，协议的内容过于模糊，东道国和母国监管机构之间的责任仍然难以区

---

① Forrest Capie，*The Bank of England 1950s to 1979*，London：Cambridge University Press，2010，p. 627.

分。在信息交流上也没有顾及各国的具体政策，比如，瑞士就不允许和外国同行交流重要信息。另外，世界上有许多地方是避税天堂，一些外国银行可以在当地注册逃脱监管。协议存在的另一个问题就是没有解决各国监管标准不同的问题。比如美国和欧洲许多国家在这方面分歧就很大，美国要求执行更严格的监管标准，而部分欧洲国家并不接受，严重影响了双方的监管合作。① 80 年代初，巴塞尔委员会对 1975 年协议进行了完善，形成了 1983 年巴塞尔协定。

---

① James C. Baker, *The Bank for International Settlements-Evolution and Evaluation*, Westport, Connecticut, London: Quorum Books, 2002, pp. 47 – 48.

第七章　约翰逊·马西银行事件与《1987年银行法》

第一节　银行风险问题的暴露

20 世纪 80 年代中期，英国发生一起银行倒闭事件。虽然只是一起孤立事件，但暴露出英国金融监管系统尤其是银行监管方面存在的种种问题。这起事件引发英国政府和英格兰银行的深入反思，由此对银行监管体系进行了新的调整改革。这家倒闭的银行就是约翰逊·马西银行。

约翰逊·马西银行建立于 1965 年，是约翰逊·马西集团的子公司，主要从事银行业务和黄金业务。早在《1979 年银行法》生效前，就受到英格兰银行的非正式监管，到 1980 年 4 月，依照银行法，约翰逊·马西银行成为获得许可的银行。它还是伦敦五大黄金定价商之一，主要业务是黄金和外汇交易。[①] 商业银行业务主要是开展贸易融资。1980 年，该银行及其子公司的总资产为 8.74 亿英镑，其中，黄金储备、客户交易资产以及金属账户总额为 6.78 亿英镑。商业贷款和透支额度仅为 3400 万英镑。1981 年，该银行开始扩展并将其贷款业务多元化。它的传统业务是贸易

---

① ［英］迈克·巴克尔、［英］约翰·汤普森：《英国金融体系——理论与实践》，陈敏强译，中国金融出版社 2005 年版，第 307 页。

金融，市场集中在巴基斯坦、中东以及尼日利亚等地，这些地区为其拓展信贷业务提供了大量的客户。从年度会计报表看出，从 1980 年 3 月到 1984 年 3 月，该银行及其子公司的资产总额增长了两倍以上，达到 21 亿英镑。以贷款业务和透支业务为主的商业信贷业务增长相对较快。信用证业务、担保和贴现业务增长也很快，从 1980 年的 1800 万英镑达到 1984 年的 6500 万英镑。不过，约翰逊·马西银行仍然专注于黄金交易。1980 年，它持有的黄金和客户账户黄金占其资产总额的四分之三。到 1984 年 3 月底，仍然占有三分之二。虽然贷款显著增加，但银行对拓展银行服务也没有太多计划。根据经过审计的年度会计报表，从 1980 年到 1983 年，约翰逊·马西集团归属于股东的收入超过了股东权益的 20%，收入在总资产的 1.1% 到 1.6% 波动。业绩与其他银行相比还算出色。从 1980 年到 1984 年，利润总额的四分之三来自黄金交易以及与之相关的英镑与外汇交易。1984 年 3 月，银行利润出现下滑，收入占比下降到股东权益的 9%，总资产的 0.4%。业务环境变化导致业绩变动本是一件很正常的事情，合理的账务处理也是理所当然。但是，约翰逊·马西银行董事会不仅没有做专门的坏账准备，反而将坏账一笔勾销。从 1981 年 5 月到 1984 年 3 月，只有 800 万英镑的坏账准备。后来，英格兰银行从该银行的季度报告得知，约翰逊·马西银行的坏账准备金从 1984 年 3 月的 800 万英镑增加至 1200 万英镑。1984 年年底英格兰银行收购约翰逊·马西银行以后，发现一般性准备金为 1600 万英镑，这一部分储备是用来应对早期黄金交易需求的，根本不够应对出现的风险敞口。

从 1982 年下半年到 1983 年上半年，银行的资本充足率有所下降，到 1984 年夏季晚期稳定下来，资本充足率标准和其他银行相比也差不多。1984 年 3 月，上一个会计年度结束后，显示银行利润还不错，英格兰银行根据自己掌握的情况也没有发现银行会出现重大问题。年度审计报告也认为银行为任何可疑的贷款做了坏账准备。1983 年，英格兰银行曾提醒约翰逊·马西银行关注流动资金的充足性问题，管理层在随后的几个月内增强了银行的流动性。以后，英格兰银行和约翰逊·马西银行的管理层就风险敞口的规模问题进行了交流，发现银行的风险控制很弱，英格兰银行对此表示了关注，约翰逊·马西银行进行了一些调整，风险敞口有所减少。从 1983 年 10 月到 1984 年 2 月，英格兰银行同约翰逊·马西银行的管理层进行了三次会谈。但是，银行并没有向英格兰银行反映真实情况，英格兰银行对其风险敞口没有获得真实信息，从而影响了对这家银行风险情况的掌握。

实际上，该银行有好几个大的风险敞口，每个敞口均超过银行资本的 10%。1983 年 7 月，有两家巴基斯坦人经营的企业集团的风险敞口分别达到 26% 和 17%，到 1983 年 9 月，分别增长到 51% 和 25%。到 1984 年 7 月，这两个敞口分别达到 76% 和 39%，而报给英格兰银行的数据则被改为 38% 和 34%。[①] 1984 年，随着两大风险敞口的出现，问题开始爆发。约翰逊·马西银行面临的选择是，继续贷给客户更多资金帮助它解困，还是拒绝贷款使其倒闭。很遗憾银行选择了前者。于是，风险问题非但没有解决，反而继续恶化。以后，在对约翰逊·马西银行的处理过程中，英格兰银行受到了批评，人们认为英格兰银行没有及时发现问题，英格兰银行则认为这是银行不准确的季度报告造成的。约翰逊·马西银行对商业贷款中出现的问题确实存在误报和晚报的情况，尤其是 1984 年 3 月的季度报告，英格兰银行多次催促，一直拖延到 6—7 月才收到。随后，英格兰银行要求和约翰逊·马西银行的管理层在 7 月召开一次会议，讨论风险敞口

---

① "The Bank of England and Johnson Matthey Bankers Limited", *Bank of England Report and accounts*, 1985, pp. 33 – 42, https://www.bankofengland.co.uk/-/media/boe/files/annual-report/1985/boe-1985.pdf.

问题。但由于约翰逊·马西银行的原因，会议延期到 8 月上旬才召开。会议召开之际，英格兰银行也收到了 6 月的季报。实际上，此时银行的两个大风险敞口分别已达到 76% 和 39%，报告上却显示大一点的风险敞口从 42% 下降到 38%，小一点的从 30% 增加到 34%。同时，季度报告还提到了另一个 17% 的风险敞口，这是第一次出现另外一个大风险敞口。英格兰银行发现其实这个 17% 的敞口同另两个敞口中的较大一个是有联系的，合计已经达到资本额的 55%，但仍然被轻描淡写。在这次会议中，英格兰银行表示了对这些贷款风险的严重关注。随后约翰逊·马西银行请亚瑟·扬审计事务所对银行的贷款业务进行深入检查。9 月 25 日，银行高层通报英格兰银行，针对贷款计提的坏账准备将在实质上减少该银行的净值。银行知道事态发展不妙，但此时谁也没料到情况严重到如此程度，这也显现出银行内部管理的混乱，高层竟然对如此之大的风险敞口情况没有整体了解。还有一种可能性，即银行确实认为再也隐瞒不下去了。根据英格兰银行的要求，审计事务所随后两天对银行贷款进行了范围更广的审计。英格兰银行此时也仍未料到事态的严重程度，但也开始与清算银行进行协商。英格兰银行认为，如果出现大数额的风险准备金计提，消息传出去后可能会引起存款人不安。假如出现存款人大规模提取存款，可能需要对银行提供流动性支持。亚瑟·扬审计事务所进一步调查发现，除了此前提到的几笔大额贷款的风险敞口外，还有其他贷款需要风险准备金，一旦进行计提，必将耗光约翰逊·马西集团的资本金。这意味着如果约翰逊·马西银行不增资，或者没有第三方来承担它的损失，银行将资不抵债。清算银行安排的一个小组也对贷款进行了调查，从星期四晚上开始，经过 9 月 27 日、28 日连续两天工作，发现贷款风险准备金数量可能更大，在有限的时间里根本无法计算出来。英格兰银行随即请普华事务所进行了独立调查，调查结果确认了上述判断。这表明约翰逊·马西银行已经山穷水尽，如果不迅速处理，可能会引发不可预知的后果。

面对这个意外事件，英格兰银行立即同清算银行和其他相关方就可能采取的措施进行了协商。首先想到的是银行的母公司约翰逊·马西集团。集团虽然承认应对此事承担责任，但也表明仅靠其自身力量不可能提供足够支持。于是，英格兰银行又考虑了一些其他可能的买家，包括一家清算银行、一家大海外银行，以及伦敦黄金市场的其他交易商。但是，没有一家能够在有限的时间内做出承诺，因为所需的风险准备金仍存在巨大的不确定性。还有其他一些方案，比如卖掉贷款，或者引入新的少数股东，也是因为同样的原因被放弃。9月30日（星期日）晚上，最后一个可能的买家退出。在对救助进行协商的早期阶段，各方对此事一直保密对待，但9月28日星期五，国内和国际市场上对此事的怀疑开始升温。9月29日星期六晚上，有报道说一家伦敦黄金交易商陷入困境。对所有人而言，包括英格兰银行、约翰逊·马西银行的代表、清算银行以及黄金市场的其他成员，有一点非常清楚，如果找不到达成一致的解决办法，周一上午约翰逊·马西银行就无法开展业务。如果要避免这种情况发生，在有限的时间内，唯一可能的办法就是英格兰银行自己提供支持。无奈之下，英格兰银行也只能如此了。

第二节　救助行动与监管影响

一　救助行动

英格兰银行做出救助决定后，约翰逊·马西集团（母公司）同意以1英镑的价格向英格兰银行出售约翰逊·马西银行。在卖给英格兰银行以前，集团向约翰逊·马西银行再注资5000万英镑。在这种困境当中，这已经是该集团在不严重损害自身信誉的情况下所能做出的最大努力了。在英格兰银行的积极协调和运作下，其他银行和黄金市场交易商承诺参加此次行动。英格兰银行向大家表示参与救助的行动应出于"自愿"，但所有机构都明白"自愿"的含义。英格兰银行提出1.5亿英镑的救助计划，以支付商业贷款损失，这笔金额由其他银行和黄金交易商业支付一半。其中，清算银行承担3500万英镑，黄金交易商同意承担3000万英镑，票据贴现公司承担1000万英镑。虽然清算银行答应了英格兰银行协同救助的请求，但非常勉强，并明确表示这是"最后一次"。古德哈特认为这意味着英格兰银行最后贷款人职责某种程度上有所弱化。英格兰银行也曾向美国银行在伦敦的分支机构求助，但被婉言拒绝。这些机构表示，如果要出资，需要国内股东银行同意。如果将资金用于和它们完全无关的行动，可能会在美国引发法律问题。当救助方案还处于讨论且没有公布任何声明时，远东地区的一些大银行已经拒绝同英国的一流银行（有一些还不是黄金市场的成员）进行业务往来，而此前它们之间有很长时间的业务联系。[1] 这都证明必须尽快采取决定性的行动了。在美国大陆伊利诺斯银行危机期间，大量货币账户从美国转移到英国、其他欧洲国家以及日本的银行。由于其在黄金交易市场的声誉，约翰逊·马西银行的倒闭在英国银行系统中也会引发同样的资金转移。当时很多从美国转移出的资金保留的仍然是美元，但英镑缺乏美元的优势地位，很清楚，资金不仅要转换成美元，还要转出英国。英格兰银行、商业银行以及其他黄金交易商都深信，如果不对约翰逊·马西银行进行救助，很可能会对整个银行体系带来一场无法承受的后果，这是英格兰银行一直以来极力避免的。英格兰银行还有一个更大的担心，约翰逊·马西银行是伦敦黄金交易市场的成员，还有其

---

① "The Bank of England and Johnson Matthey Bankers Limited", *Bank of England Report and accounts*, Bank of England, 1985, pp. 33 – 42, https：//www.bankofengland.co.uk/-/media/boe/files/annual-report/1985/boe-1985.pdf.

他银行和银行集团也是这个市场的成员，很多债务是以黄金储备的形式存在。习惯上，这些黄金会被随时取走。伦敦是全球最重要的黄金交易市场，全世界有很多机构都在这里存取黄金储备，市场成员也互相进行交易。五家主要交易商中的一个发生倒闭，将会产生不确定性后果。如果市场中的其他成员对约翰逊·马西银行存在风险敞口，将会立即处于被怀疑的境地，很可能会爆发针对它们的流动性挤兑。这种施加在它们身上的压力，很快会以一种信心危机的古典方式迅速传递给其他银行，包括英国和海外的银行。这些可能引发的严重后果，是英格兰银行最终决定救助这家银行的主要原因。

历经多次金融危机的洗礼，英格兰银行认为，在危机爆发后的短时间内，要相信市场是不可能的，因为问题并非源自约翰逊·马西银行的黄金业务。同样，黄金交易市场的其他成员和银行做出的流动性救助承诺在英格兰银行看来也是靠不住的。必须迅速果断出手，而且手段要有足够的力度。在救助期间，允许该银行倒闭的可能性和寻求控制倒闭引发的严重后果等方案，英格兰银行都考虑过，但后来都放弃了。一方面是出于对危机的理解，另一方面是因为以黄金提供流动性救助超出英格兰银行的能力。这不仅需要政府提供外汇平准账户的黄金，还需要政府担保借入其他黄金。在有限的时间内做出这样安排和承诺显然不可行。除了这些因素以外，还有两个辅助性问题与约翰逊·马西银行自身有关。约翰逊·马西银行金是五家每日黄金交易商的成员之一，它也是约翰逊马西集团的一部分，而集团具备金块铸造能力。这种铸造能力将海外交易商吸引到伦敦黄金市场。它拥有将标准的金块分解为较小金块的能力，而对小金块的需求现在正在增长；它还有把其他类型的金块铸造成标准金块的能力。铸造能力是约翰逊·马西集团在银行之外的一个主要业务部分。约翰逊·马西银行的倒闭一定会影响到集团，损害其在黄金市场的地位。另外，由于其黄金业务，约翰逊·马西银行存有很多外国政府和中央银行的黄金存款。如果这些官方储备出现问题，必然会严重影响伦敦世界金融中心的声誉和地位。

在这种情况下，英格兰银行立即收购了约翰逊·马西银行，重组董事会，聘请普华会计事务所对此事展开调查。这项调查覆盖了约翰逊·马西集团的所有业务。最终报告指出，问题就出在银行的商业贷款业务上。约翰逊·马西银行新董事会的一项重要任务是，同普华会计事务所会商后确定调查后发现的每一笔贷款所需要的风险准备金标准。到1985年3月31日，董事会确定，约翰逊·马西银行需要风险准备金大约为2.45亿英镑，其中前任管理层仅留下2000万英镑。① 1984年9月30日，在因发生贷款损失而要求额外的坏账准备金之前，普华事务所就约翰逊·马西银行的资本金、储备和坏账准备金提交了报告，这部分金额为1.3亿英镑，连同约翰逊·马西集团注入的5000万英镑，全部用来满足风险准备金，因此，在2.45亿英镑风险准备金中，约翰逊·马西集团提供了1.8亿英镑。为满足与约翰逊·马西银行商业贷款风险准备金匹配的资金量，还要把认购的救助成本计算在一起。英格兰银行提供一笔上限为1.5亿英镑的救助金。这一额度中，其他银行和伦敦黄金市场成员承担一半，为7500万英镑。经过长期和复杂的谈判，救助协议在1985年3月29日签订，协议要求3月31日提供全部救助金额，另外，以季度为周期，随时可以做上下调整，以1986年3月31日为限。到4月30日，约翰逊·马西银行的董事们发现风险准备金还需要增加300万英镑。这次调整和随后的其他调整，向上或是向下的，都将反映在这些

---

① "The Bank of England and Johnson Matthey Bankers Limited", *Bank of England Report and accounts*, 1985, pp. 33 – 42, https://www.bankofengland.co.uk/-/media/boe/files/annual-report/1985/boe-1985.pdf.

救助者的负债中。最终，英格兰银行和其他银行有可能提供的金额是6500 万英镑。[①] 1984 年 11 月 22 日，英格兰银行还在约翰逊·马西银行存入 1 亿英镑，这一行动对维护存款人信心十分重要，但后来也受到了财政部的批评。

英格兰银行的想法是尽早处理约翰逊·马西银行。很多机构对收购约翰逊·马西银行表现出浓厚兴趣。英格兰银行聘请巴林兄弟银行作为此次处理的财务顾问。约翰逊·马西银行最后被重组为麦纳瑞斯（Minories）财务公司。为了追诉审计机构工作不力和不及时上报审计信息的责任，英格兰银行以该公司名义对审计事务所亚瑟·扬提起诉讼，但这一诉讼产生了争议。银行的审计机构在未征得客户同意的情况下是不能向监管机构提供信息的，如果发现问题，审计人员当时可以采取的唯一行动就是辞职或对账目提出保留意见。当然，面对约翰逊·马西银行的风险敞口，亚瑟·扬事务所并没有采取这样的行动。英格兰银行的这次行动显示出力图推进审计机构协助监管职责的决心，这一主张在随后的 1987 年法中体现出来。1988 年 10 月，麦纳瑞斯公司胜诉。亚瑟·扬事务所被迫向麦纳瑞斯财务公司进行了 2500 万英镑的巨额赔偿。到 1988 年年底，麦纳瑞斯财务公司累积的贷款风险准备金，再加上这 2500 万英镑，总计持有的储备达到4530 万英镑。随后，公司宣布向英格兰银行分红 3750 万英镑，以便英格兰银行向那些此前参与联合救助伦敦黄金市场的成员机构和其他银行偿还救助期间的资金，这部分金额达到 2070 万英镑。剩余的 1680 万英镑则归英格兰银行所有，以弥补英格兰银行在救助行动多达 3080 万英镑的救助支出。还有 400 万英镑的差额，由麦纳瑞斯财务公司于 1988 年 12 月 31

---

① "The Bank of England and Johnson Matthey Bankers Limited", *Bank of England Report and accounts*, 1985, pp. 33 – 42, https：//www.bankofengland.co.uk/-/media/boe/files/annual-report/1985/boe-1985.pdf.

日从留存储备的 780 万英镑中进行支付。至此，约翰逊·马西银行事件才算最后终结。①

二　危机带来的思考与监管影响

此次事件后，英格兰银行对银行监管进行了深入反思。英格兰银行认为，这一事件体现出监管存在的两个问题：第一，对大部分银行的贷款质量，英格兰银行缺乏细致分析。对监管者而言，虽然评估贷款质量和控制程序的效果存在许多困难，但在日常工作当中，英格兰银行过于依赖外部审计机构来处理这些问题。由于这些审计人员必须获得客户的满意，即便发现真实状况不令人满意，他们仍须对银行内部控制体系以及管理的各个方面给出令客户满意的评价。这使英格兰银行难以掌握真实情况。第二，英格兰银行过于依赖被监管银行季度报告的准确性。以约翰逊·马西银行为例，银行的管理层和母公司也未认识到问题的严重性。不准确的季度报告误导了英格兰银行和母公司。另外，报告提交的时间太晚，这是约翰逊·马西银行内部管理体系的缺陷导致的。当然，英格兰银行并不认为该银行故意误导英格兰银行，而是缺乏对报送要求的理解，银行内部的各个部门之间也缺乏有效合作。对约翰逊·马西银行的责任，英格兰银行认为，银行的商业信贷业务体系不完善，信贷判断失误，监督和控制严重不足。很多重要信息严重不足，从 1983 年 12 月到 1984 年 6 月，信息甚至无法获得。② 如果英格兰银行可以及时获得 3 月的准确数据，8 月的那次会议就可以更早召开，也就可以更早解决那些问题贷款带来的风险问题。

---

① "Report of the Court of Directors", *Bank of England Report and accounts*, 1989, pp. 9 – 16, https://www.bankofengland.co.uk/-/media/boe/files/annual-report/1989/boe-1989.pdf.

② "The Bank of England and Johnson Matthey Bankers Limited", *Bank of England Report and accounts*, 1985, pp. 33 – 42, https://www.bankofengland.co.uk/-/media/boe/files/annual-report/1985/boe-1985.pdf.

　　此次救助行动展现了英格兰银行的行动能力和效率，整体上是非常成功的。但并不是所有的行为都得到政府的赞赏。1984年11月22日，英格兰银行自主决定向该银行存入1亿英镑存款，事后财政大臣才得知此事。财政部认为这是英格兰银行冒险使用"公共资金"。这一事件后，财政部规定，未经财政大臣或财政部同意，英格兰银行不能采取任何重大的最后贷款人措施，而财政大臣和财政部的意见需要得到议会的批准。实际上，对此次银行倒闭事件的监管反思和深层次改革已经拉开帷幕。1984年12月17日，财政大臣劳森宣布，鉴于约翰逊·马西银行带来的深刻教训，政府将会从目前银行监管的程序方法和法律框架两方面进行研究，审查目前的监管体系和制度，以便考虑是否对《1979年银行法》进行修订。随后，成立了以英格兰银行行长彭伯顿为主席的审查委员会（彭伯顿委员会）组织实施这项调查，委员会的其他成员由英格兰银行和财政部的专家担任。财政大臣要求委员会重点关注以下几个问题：第一，审计机构与监管机构之间的关系；第二，集中性风险的处理和对流动性资产的评估；第三，统计信息的通报和收集；第四，英格兰银行银行监管局职员的充足性和配置，以及职员的经验和培训问题；第五，是否需要对《1979年银行法》进行修订。[①] 委员会经过半年调查，于1985年6月20日向议会提交了调查报告。报告一共提出34项特别提议，涉及英格兰银行、被监管机构、审计机构以及政府等多个方面的内容。主要建议包括：把对银行和存款机构的双线监管合并为单线监管；建立监管机构和银行审计机构的定期谈话机制；对可能产生风险的银行资产进行更为严格的控制；加大对银行业管理层控制体系的监控力度；提升银行向监管机构报送监管数据的效率；增强英格兰银

[①] "Banking Act 1979, Annual report by the Bank of England", *Bank of England Report and accounts*, 1985, pp. 47 – 58, https：//www.bankofengland.co.uk/-/media/boe/files/annual-report/1985/boe-1985.pdf.

行银行监管局的监管力量，从商业银行中选取有经验的工作人员充实到英格兰银行。① 委员会认为应该取消双线监管模式，对所有信贷机构采用同一监管标准，获得许可的机构都可以使用"银行"这一称号。报告建议提升许可标准，包括最低净资产标准。另外，报告关注了银行审计机构的问题。报告认为，今后应建立一套监管机构和银行审计机构的例行对话机制。当时，只有银行审计机构是唯一能够对银行的控制体系和财务审慎度实施监控的机构。但是，审计机构对客户的信息负有保密义务，不能向监管机构泄露。同时，根据银行法，在没有得到被监管方同意的情况下，监管机构也不能与第三方交流监管信息。这些规定严重阻碍了监管机构和银行审计机构的信息交流，从而降低了对金融机构的监管效率，这是导致约翰逊·马西银行危机爆发的重要原因。委员会建议取消这两个机构之间的信息壁垒，促进监管效能的提升。委员会还提出，在银行内部设立审计委员会和1名财务董事，提高内部审计能力。这两项建议得到财政部的支持。② 彭伯顿报告发布后，英格兰银行还发布了三份协商文件。③ 第一份文件提到委员会对银行法的主要调整意见，建议进一步增强英格兰银行的监管力量；第二份文件提出对银行暴露的信贷风险敞口增强监管控制的建议；第三份文件提出建立监管机构和银行审计机构定期交流机制。英格兰银行的协商文件在银行和会计协会进行了讨论，并从很多机构和个人那里得到建议，达

---

① "Banking Act 1979, Annual report by the Bank of England", *Bank of England Report and accounts*, 1985, pp. 47 – 58, https://www.bankofengland.co.uk/-/media/boe/files/annual-report/1985/boe-1985.pdf.

② Banking Supervision (Review Committee's Report), 20 June 1985, vol 81 cc452 – 63, HC Deb, http://hansard.millbanksystems.com/commons/1985/jun/20/banking-supervision-review-committees #column_452.

③ "Banking Act 1979, Annual report by the Bank of England", *Bank of England Report and accounts*, 1986, pp. 41 – 56, https://www.bankofengland.co.uk/-/media/boe/files/annual-report/1986/boe-1986.pdf.

到了反馈的目的。1985 年 12 月 17 日，财政部向议会提交了关于银行监管改革的白皮书，这是此次危机对立法产生的影响，也是危机带来的最大影响，英国的银行监管开始了进一步的变革调整。

第三节　《1987年银行法》

一　法案的拟定

这次银行监管改革，英格兰银行希望在《1979 年银行法》的框架内进行，不对监管体制进行太大调整。与英格兰银行的态度不同，政府希望引入一部新法案，对监管体制进行一次大的改革。财政部认为，理论上对旧法进行一些修订虽然可行，但双线监管模式涵盖的内容体现在整个《1979 年银行法》中，修订成本过高。财政部也不打算完全推翻 1979 年法的全部内容，调整的重点主要集中在三个方面：监管机构的地位，许可安排，信息沟通。英格兰银行最终也同意了这个意见，但在其年度报告中指出，引入新的法案完全出于政府的想法。[①]

早在约翰逊·马西银行危机刚爆发时，英格兰银行就意识到将来完善内部结构的必要性。1984 年 10 月，行长彭伯顿宣布将对英格兰银行进行结构调整，重点是金融监管职能，提出了建立银行监管委员会的建议。1985 年 12 月公布的白皮书正式提出这一建议。1986 年 5 月，银行监管委员会正式成立。行长彭伯顿任主席，副行长和 1 名执行董事是固定成员。另外还有 6 名独立委员，独立委员由财政大臣和行长联合任命，在英格兰银行不承担执行责任。银行监管委员会为英

---

① "Banking Act 1979 Annual report by the Bank of England", *Bank of England Report and accounts*, 1986, pp. 41 – 56. https：//www.bankofengland.co.uk/-/media/boe/files/annual-report/1986/boe-1986.pdf.

格兰银行在以下几方面提供建议：第一，依照银行法，在机构监管的一般性原则和政策方面；第二，在监管实践的发展和演变方面；第三，在银行监管的法律方面，包括特定案例方面；第四，在银行监管局的结构、人员和培训方面。委员会的主要功能是提供建议，具体执行仍由银行监管局实施。委员会每月召开一次会议，主要研究银行监管局提交的月度报告，以使委员会及时了解银行监管局开展的各项工作。委员会有自己的年度报告，包含在英格兰银行年度报告之内，和英格兰银行年度报告一起向议会提报。如果英格兰银行不采纳独立委员的建议，来自英格兰银行的委员必须向财政大臣通报。关于银行监管委员会是否独立于英格兰银行的问题，财政部一开始也进行了研究。早在白皮书提报给议会审议的时候，工党议员就曾提出过建立一个独立的银行监管机构的建议。这个建议在议会审议阶段也有议员继续提出。不过财政部的意见是，考虑到英格兰银行长期以来在银行监管方面形成的经验和专业优势，还是在英格兰银行设立银行监管委员会更为合适。为体现一定的独立性，在银行监管委员会引入提供独立性建议的机制，设定了特殊的判断决策机制。财政部认为，委员会对英格兰银行监管行动进行的审查会增强英格兰银行的行动能力，尤其在需要英格兰银行做出一些艰难决定的时候。① 英格兰银行在内部工作结构上也进行了调整，划分为两大业务板块，一个是政策和资源板块，另一个是银行监管板块。在政策和资源板块有 4 个业务单元，主要包括人员培训、数据统计和外汇交易、银行法的执行、一般性政策等。银行监管板块也包括了 4 个业务单元，每个单元负责不同区域的银行监管。比如，英国国内零售银行和商人银行业务单元，负责英国的清算银行

---

① "Annual report by the Board of Banking Supervision", *Bank of England Report and accounts*, 1987, pp. 79 – 81, https://www.bankofengland.co.uk/-/media/boe/files/annual-report/1987/boe-1987.pdf.

和商人银行，北美和西欧业务单元主要负责这一区域的海外银行，还有世界其他区域银行业务单元和英国其他银行业务单元。

财政部草拟的银行监管改革白皮书以彭伯顿报告为基础，接受了彭伯顿报告的两项最主要建议。一是扩展了监管机构的监管权力，将严格的监管标准延伸到银行，此前这些标准只适用于存款吸收机构，对银行是豁免的，这项举措意味着双线监管模式的终结。另外，注册资本只要达到500万英镑以上，从事储蓄业务的机构都可以被称为"银行"。二是建立监管机构和审计机构之间的例行双向交流机制。白皮书建议审计机构或会计机构每年向英格兰银行报送年度报告，报告要分析被监管机构的内部控制情况和会计记录。英格兰银行可以要求审计机构专门向其报送针对机构的专项监管报告。审计机构每年至少参加一次银行和监管机构的会议，讨论报告的内容。审计范围包括海外银行在英国的分支机构。白皮书还建议，如果英格兰银行对会计机构的工作不满意，有权要求被监管机构更换会计事务所。白皮书还要求被监管机构具备良好的内部控制体系，建立完整的会计记录和档案。此前，英格兰银行已就如何满足这些条件发布了最低执行标准。白皮书取消了监管机构与审计机构之间的信息保密限制，强调了银行内部审计委员会的重要作用，委员会作为董事会的二级委员会，由1名非执行董事担任主席，职责是保证管理层在会计账目、会计记录、控制体系和合规性等方面达到监管要求。英格兰银行对设立检查员的意见进行了研究，最终认为强化英格兰银行的法定权力以及资源可能更有效。同时，在银行机构控制体系以及向英格兰银行报送监管信息方面，英格兰银行认为会计事务所的意见非常重要。白皮书还指出，监管机构和审计机构之间的合作可以实质性地强化监管过程。考虑到目前金融市场和金融工具的变化，在监管机构中增加有经验的监管人员非常需要，以便能够做出较为准确的判断，提高监管能力。①

二　法案的争论

白皮书向议会公布后，财政部根据白皮书制作了银行法案的初稿，其中对白皮书的若干内容作了一些修订，比如关于银行名称的标准等问题，这在议会辩论中产生了争议。1986 年 12 月 28 日，财政部将银行法案提交议会进行二读。财政部由经济大臣斯图尔特代表财政部对法案内容作了简单介绍，重点阐述了引入法案的目的。他说："如同 1979 年法一样，目前这部法案主要关注存款人利益以及与之有关的其他问题。法案不涉及银行和其客户之间的交易问题和消费者保护问题，以及银行和金融服务当中的技术变化问题。"② 他指出，英国大约有 290 家许可银行和超过 300 家存款吸收机构，世界上绝大多数的银行在伦敦都有代表处。各种金融产品的交易量决定了伦敦在欧洲金融中心的领导地位。全球金融市场已经发生很大变化，英国应该有一部合适的法律来实施对金融机构的监管。他随后阐述了引入法案的几个目的，说道："在议会上个会期，通过了《金融服务法》《住房抵押贷款协会法》，建立了投资管理体系和住房抵押贷款协会管理体系，这部法案相应的目的之一，就是建立起与之协调的银行监管体系。……法案的另一个目的是，根据 1979 年法实施以来获得的经验，提高对存款业务许可和监管的制度安排。最根本的目的是对政策做出一些调整，以便既能应对银行业的发展，也能对旧法的缺陷进行修正。"③ 他

---

① "Banking Act 1979 Annual report by the Bank of England", *Bank of England Report and accounts*, 1986, pp. 41 – 56, https：//www. bankofengland. co. uk/-/media/boe/files/annual-report/1986/boe-1986. pdf.

② Banking bill, 28 November 1986, vol 106 cc542 – 90, HC Deb, http：//hansard. millbanksystems. com/commons/1986/nov/28/banking-bill#column_ 542.

③ Ditto.

强调道："综合这些方面，法案尤其从 1984 年的约翰逊·马西银行事件中汲取了教训。"① 随后，下院对法案的内容进行辩论。无论是保守党议员还是工党议员，都对这部法案的必要性表示了支持，认为应该根据此次危机的教训对旧法进行修订。当然也存在一些问题的争论，比较突出的有以下几点。

第一是监管机构是否有必要从中央银行分离出来的问题。早在 6 月 20日对彭伯顿报告的审议中，就有议员提出关于英格兰银行是否还继续执行银行监管职能的问题，当时财政大臣劳森对此做了简单回答，认为审查委员会对这个问题进行了认真研究，最终意见还是将这个职能保留在英格兰银行内。这次，工党议员尼尔森提出这个问题，他认为，监管机构从中央银行分离出去的程度越高，监管机构就越能对议会负责，这样议会可以随时向监管机构了解情况。目前由于英格兰银行承担了责任，议会无法向监管机构直接提出问题。最后，他指出监管机构从央行分离，也是国际上许多国家通行的做法。虽然他赞成银行监管委员会的设立，但对委员会是否能够充分发挥作用表示怀疑，认为这个委员会可能只是起到"装点门面"（cosmetic exercise）的作用。从后来银行监管委员会的实际作用来看，尼尔森的观点不能说没有道理。虽然银行监管委员会有外部成员，但仍然是英格兰银行的内部机构。另外，委员会只是一个建议机构，发挥的作用也就非常有限。

第二是关于外资银行的进入和收购本国银行的问题。伦敦此时已经拥有 300 家左右的外资银行，人们担心英格兰银行对这些外资银行缺乏监管能力。当时，日本银行大规模进入英国，一些人士对此表示警惕。二读中，尼尔森提出一个保守建议，他说："……我希望法案能够提出一项相

---

① Banking bill, 28 November 1986, vol 106 cc542 – 90, HC Deb, http: //hansard. millbanksystems. com/commons/1986/nov/28/banking-bill#column_ 542.

机抉择的权力，以防止外资银行进入和兼并英国银行。当然，这种兼并已经在垄断与收购委员会中有所涉及，但是，在新的金融环境下，法案应该关注外资银行进入英国金融市场、收购英国历史悠久的大银行这一现实。至少，我们在法案中应该有这样的条款，给予财政大臣一项判断权力，即是否这种兼并符合英国公众的利益。目前在法案的第 21 条我还不能肯定能够产生这样的作用。"在受到保守党议员巴特费利的反对后，他继续说道："我提到的相机抉择和符合公众利益这两点很重要。我重申，英国的主要银行和重要公司不能被一些不知名的外国公司突然收购，因为结果很可能完全不符合公众利益。我认为，这不意味着外国银行的重要投资会因此而削减，或者英国银行在外国的收购也会受到相应的限制。"保守党议员凯什随即抨击了尼尔森的意见，认为金融市场应该是自由的，不能把日本银行排除在外。①

第三是关于严格监管的问题。约翰逊·马西银行事件以后，金融城有一种观点认为，英国的金融监管过于宽松，应该实施更为严格的金融监管。工党议员威奇也表达了这种观点，他认为，英国的金融监管一直落后于金融发展的实际。70 年代上半期的次级银行危机发生后，英国出台《1979 年银行法》，此次危机发生后，英国再次制定新法，他批评道："我们再一次没有努力去塑造未来，而仍然只是对过去发生的事情做出一个被动的反应。"他指出："法案不够严格。应该建立起一套更为强有力的法律监管框架。"他认为，在约翰逊·马西银行事件后，英国需要更多的监管而不是更少的监管。他提醒经济大臣："对 1979 年之前英国非正式监管的主要批评是，成为一家银行太容易。于是 1979 年法对此做出回应，法律使一个机构成为银行变得更为不容易。我要问经济大臣一个问题，现在

① Banking bill, 28 November 1986, vol 106 cc542 - 90, HC Deb, http://hansard.millbanksystems.com/commons/1986/nov/28/banking-bill#column_ 542.

出现严重的银行倒闭，伴随着令人失望的救助行动，在这形势变得更为严峻而不是更为轻松，需要更多监管而不是更少监管的时候，为什么要改变监管标准呢？"威奇的发言代表了很多人士的意见，银行倒闭了，金融监管应该从严，但是，从最近几年的监管政策来看，金融监管处于一个逐步宽松的状态，这令一部分人感到不解。这既有国际因素的影响，也有国内因素的影响。国际上，以美国为首的许多西方国家的金融监管逐步放松，一些大机构开始混业经营。在国内，撒切尔夫人推行新自由主义的经济政策，对经济的管控进一步放宽。威奇发言后，保守党议员格里菲斯发言，他首先批评此前有人提到应该阻止日本银行进入英国，也为英国政府目前的金融监管政策作了辩护，他说道："作为一名非银行人士，我理解政府的这项战略。首先，要为我国金融机构的发展创造一个自由、宽松的外部环境，这我非常支持。其次，要为那些较小的新机构，那些更加专业化和多元化经营的公司开启金融城的大门，使金融城更具竞争性和开放性，使我国的消费者可以获得更全面的服务，更多样化的选择。这一点完全正确。"随后，格里菲斯话锋一转，提到银行标准的问题。他认为，500万英镑的注册资本标准过高，这会损害到那些从事存款业务的小机构的利益。他认为这可能会引发几个问题，他说道："政府决定，只有资本金达到500万英镑才能使用银行这一名称，这可能会对很多小机构带来灾难性影响，尤其是赛维森军队银行和曼彻斯特交易信托公司。在这些机构我没有个人利益，让大家了解这两家机构是有必要的。他们对法案有一些看法，主要是这几点：一是，法案的内容和他们缺乏交流及协商；二是，从事存款业务需要100万英镑的净资产，而用银行名称需要500万英镑的资本，这些要求不协调；三是，通过设定这样的限制，金融机构又被划分为两类。那些拥有500万资本的机构可以被称为银行，而那些少于这个标准的机构不能称为银行。这将对这些小机构的公共声誉和业务产生影响。人们将不再将其认为是银行。"格里菲斯建议将这个标准降低为 250 万英镑。①

还有些其他争论。比如在存款人保护问题上，尼尔森指出，旧法规定补偿金额的比例为 75%，上限为 10000 英镑，而法案对此仍然保持了相同的比例没有进行调整。此时，证券投资委员会的最高补偿标准为 30000 英镑到 50000 英镑，伦敦证券交易所的补偿标准最高为 250000 英镑。他认为银行业补偿标准太低。另外，工党议员潘海利根认为，在法案中，审计机构既要从被审计机构收费，还要将其信息转达给第三方，这种机制不合理，应该建立一套平行的双层审计体系，可以向被审计的银行进行信息通报，同时可以向第三方进行信息通报。

辩论从上午 9 点半一直进行到 13 点，在议员们辩论时，斯图尔特没有打断这一过程。根据主要的争论议题，他最后做了回答。虽然他对法案进入委员会细节讨论表示欢迎，但对法案的基本内容仍然坚持原来的立场。他说道："我们的监管方式，要建立在已经获得的发展基础上，同时，也要对出现的问题进行修正。……至于被问到我们是对过去做出反应还是对未来进行设计的问题，我的回答是，肯定要对过去做出回应，但事实上，我们也要认真研究未来可能出现的发展状况。一个人，不可能完全预测到未来会发生什么，或者这种发展需要一种什么样的监管。我们会努力使这部法案更加具有灵活性，以便能让我们认识到市场的变化。"②

随后，法案进入委员会修订阶段，在这一阶段，在银行名称使用的标准，以及对存款人最终的补偿金额等方面都做了一些调整，三读后提交上院。

---

① Banking bill, 28 November 1986, vol 106 cc542 – 90, HC Deb, http：//hansard. millbanksystems. com/commons/1986/nov/28/banking-bill#column_ 542.

② Ditto.

三 《1987 年银行法》的颁行

法案在上院很快获得议会通过，于 1987 年 5 月 15 日颁行，即《1987 年银行法》。虽然是一部新法，但结构和体系与 1979 年法相似，实际上是对 1979 年法的修订。法案的出台，除了这一时期英国进行的系统性金融监管改革的推动外，直接源于对约翰逊·马西银行的监管反思。法案统一了对银行监管的标准，确定了审计机构与监管机构之间的业务联系和信息沟通。这些改革也直接影响到国际金融监管。国际金融监管机构尤其是巴塞尔委员会，也对审计机构与监管机构的联系进行了深入研究，并影响到世界各国，这是英国金融监管带来的世界性影响。

法案取消了过去对银行和存款吸收机构采取的双线监管模式，取而代之的是统一的许可管理体系。所有机构都必须满足相同的法定审慎监管要求。例如，被监管机构的董事、控制人和经理层必须是这些岗位的合适人选；必须有两个以上的人员对业务运营实施有效管理；对在英国注册的机构，非执行董事的数量应该和英格兰银行根据其条件所认可的数量一致；要审慎经营业务，包括拥有足够标准的资本充足率，流动性水平以及应对坏账和可疑账务的风险准备金，准确的会计账户和档案资料，还有内部控制机制；以诚信精神和专业技能从事业务经营；如果获得经营许可，该机构的净资产不能低于 100 万英镑。1979 年法明确了最低法定标准，在新法案中，根据对机构特定条件的评估，英格兰银行仍然保留了依照相机原则设定审慎标准的权力。所有的机构都被划定为统一的许可机构。法案规定，如果实收资本或未分配利润达到 500 万英镑以上，存款吸收机构就可以使用"银行"这一名称。海外银行在伦敦的分支机构，只要总部在所在国从事的是银行业务，也允许这些分支机构使用"银行"名称。如果英格兰银行认为申请机构提出的名称会产生误导或认为其不合理，英格兰银行有权予以拒绝。如果机构提出改变名称，英格兰银行可以基于同样的原因给予拒绝。500万英镑的标准问题引发争论，有人提出这会对那些经营良好但资本规模不够的公司带来严重影响。

法案在董事和管理层方面也较1979年法做出了调整。法案规定，如果机构出现董事、控制人和管理层的人员调整，必须向英格兰银行通报。对于"控制人"和"管理层"的定义，法案比1979年法的界定范围更宽。另外，对于那些主要业务不在英国的机构，英格兰银行可以对标准做出调整。如果在英国注册的机构出现新的大股东，也要向英格兰银行通报。对大股东的界定是拥有该机构5%到15%份额的投票权股份，包括这家机构的控股公司。如果一个人要成为在英国注册机构的控股股东，必须事前向英格兰银行进行申报，对于现有股东计划增持股份超过50%或超过75%的收购行为，也要事先向英格兰银行申报。英格兰银行有权依照审慎标准给予驳回。如果申报被英格兰银行驳回，机构就不能继续增持或收购，否则是违法行为，英格兰银行有权采取惩罚措施，如冻结投票权、出售相关股权。在英国注册的机构，如果控股股东无法满足（或不再满足）必需条件，英格兰银行有权取消其控股股东资格。英格兰银行首先会发出不符合条件的通知，通知到期后，英格兰银行才会采取行动，比如冻结投票权。在处理注册机构股东事宜方面，财政部也拥有相当权力。当机构向英格兰银行提出新增股东的申请，而且股东一旦加入将成为该机构的控股股东，如果英格兰银行对此申报做出驳回处理的通知（这项通知的义务依照《1986年金融服务法第183条》），财政部有权就此情况向英格兰银行发布指导意见。

约翰逊·马西银行危机使英格兰银行进一步认识到，对机构而言，风险敞口是引发倒闭的一个重要原因。此后英格兰银行加强了在这个问题上的研究，进一步推进了风险控制标准的制定和执行。在银行监管方面，英格兰银行反复强调要控制和监控好各机构的大风险敞口。1986 年 7 月，英格兰银行发布了一份协商性文件《大风险敞口》，力图将机构向英格兰银行报送风险敞口的任务确定为一项法定义务。英格兰银行指出，在正常情况下，一个单一机构的风险敞口不能超过其资本总额的 10%，特殊情况下不能超过 25%。① 此次银行法案中明确，如果主要业务在英国的许可机构出现超过 10% 的风险敞口，必须向英格兰银行报告；如果业务形成的风险敞口可能会超过资本总额的 25%，则必须事前向英格兰银行报告。

在信息报送问题上，法案列出两种违法行为，一项针对个人，另一项针对机构。任何人如果向监管机构故意或轻率报送报告，从而引发信息误导，将被视为违法。如果机构明知要报送信息，并有足够的理由知道报送的信息与英格兰银行的监管存在关联，却仍然没有向英格兰银行报送，也将被视为违法。当然，英格兰银行对于因监管要求收到的信息负有保密义务，但可以和其他监管机构、政府部门交流此类信息。这是对 1979 年法做出的修订，旧法不允许英格兰银行向其他监管机构泄露机构的监管信息，除非该机构同意。

在审计机构方面，法案要求，如果机构的审计事务所发生变化，必须通报英格兰银行；如果审计事务所辞任，或者不寻求连任，或者决定改变对被审计机构的判断，也须向英格兰银行通报。法案对 1979 年法在审计事务所信息披露方面的限制作了修订。新法指出，通过审计或检查所获得的信息如果与英格兰银行的监管工作相关，审计事务所（或会计事务所）可以向英格兰银行披露与该机构有关的信息。此前，白皮书已经提出在银行的董事会内部建立二级委员会——审计委员会的问题。1987 年 1 月，

① "Banking Act 1979 Annual report by the Bank of England", *Bank of England Report and accounts*, 1987, pp. 37 – 60, https：//www. bankofengland. co. uk/-/media/boe/files/annual-report/1987/boe-1987. pdf.

英格兰银行发布了一份协商性文件《银行审计委员会的作用》，再次建议在银行内部建立审计委员会。文件认为，非执行董事在审计委员会中能够发挥很大作用。虽然一些小银行认为其非执行董事的数量不够任命审计委员会，英格兰银行仍然大力推动，认为大型银行和银行集团应该建立审计委员会，所有的获许可银行都应任命至少 1 名非执行董事牵头审计委员会的工作。

在取消许可方面，法案规定，如果英格兰银行发起取消一家机构许可的工作程序，该机构要接受英格兰银行的指导。如果英格兰银行发现一家机构已经具备取消许可的条件，尚无须立即取消许可，且机构正在解决引发取消许可的问题，英格兰银行具有采取相关行动控制其业务行为的权力。相比 1979 年法，英格兰银行在取消许可方面的选择权有所扩大。按照 1979 年法，机构可以获得一种条件性许可，现在则提供了一种控制性许可，这种许可既可以有时间期限（最长 3 年），也可以无时间期限。比如，如果一家银行正在实施对客户存款的有序偿付，就可以确定为有期限的控制性许可。这种情况下，英格兰银行可以取消其许可，也可以采取限制性措施。英格兰银行在这个问题上的操作空间较之过去更大。

法案还增加了存款保护计划的额度和实施范围。旧法中，实施范围不包括海外机构，现在包括全部的许可机构。新法确定偿付比例为 75%，最高偿付额度增加到 20000 英镑。在海外银行英国代表机构的设立上，过去无须向英格兰银行申报，只要向英格兰银行报备就可以。现在强化了管理，代表机构建立之前要向英格兰银行申报。英格兰银行如果发现其提出的名称存在误导的可能，有权驳回其名称，而且可以要求获得相关信息和文件进行检查监督。另外，财政部在外国代表机构获得许可和实施监管方面也享有相应权力。如此前所述，这体现了英国政府对外国金融力量进入伦敦可能产生影响的警惕。虽然伦敦仍然保持着世界金融中心的地位，但英国政府对有可能改变英国金融体系或者影响其地位的任何变化都保持着高度关注。

　　《1987年银行法》对英格兰银行的银行监管权力做了进一步的延伸、扩大和具体化。政府希望深刻吸取约翰逊·马西银行的监管教训，强化对银行的监管。但是，随着跨国银行的建立以及金融产品的创新，英国遇到的监管挑战将越来越难以应对，金融监管也将随之持续变革调整。

第八章 "大爆炸"与国际金融监管合作

第一节 "大爆炸"及《1986年金融服务法》

一 "大爆炸"

20世纪80年代,是英国社会经济发生巨大变革的时代。1979年撒切尔夫人政府上台后,高举新自由主义大旗,开始对国内经济和社会政策进行大刀阔斧的改革,关注提高整体经济的竞争力。在外汇金融领域,撒切尔政府取消汇率管制,并向限制贸易行为法庭起诉了伦敦证券交易所的规则大全。这两项决定为未来证券业的大变革提供了条件。取消外汇管制后,政府发现国内证券业并未出现快速增长,原因在于股票交易所的手续费过高。在国外,尤其是纽约证券交易所,交易成本很低,规模较大的英国股票交易更倾向于在美国进行,这使伦敦受到巨大损失,对伦敦的国际金融中心地位也造成了冲击。随后,对证券交易费用和伦敦证券交易所的改革开始推进。1983年,在政府的统一安排下,英格兰银行和贸易与工业部开始对伦敦证券交易所的效率提升问题进行讨论。7月,政府以英格兰银行作为中间人,以公平贸易办公室对伦敦证券交易所的撤诉为基础,要求伦敦证券交易所进行改革。在政府的压力下,交易所最后让步,并与政府签署协议,协议内容包括:取消最低佣金,允许会员具有双重资格,放宽对外部所有权规则的限制。协议中的三个部分存在紧密联系，取消最低佣金影响到经纪人的收入，促使他们转而寻找其他收入来源，选择之一就是从事做市商业务。1985 年 10 月 30 日，交易所开始在会员、会员费用，与交易所的联系以及新监管框架下的会员问题上推行一系列新政策。从 1986 年 3 月 1 日起，证券交易所规定外部机构可以收购会员公司 100%的股权。这场证券业的变革后来被称为"大爆炸"。

"大爆炸"所产生的最重要影响是降低了佣金水平。规模从 1000 英镑到 100 万英镑的股票交易，佣金下降 50%，佣金率仅有 0.2%。交易规模越大，佣金下降的规模也就越大，机构从事的交易佣金下降规模最大。到了 90 年代，机构进行交易活动大部分不再收取佣金。理查德·罗伯茨指出："对股票交易所所有权限制的取消使证券业进行了改革，证券业与商人银行一样，是伦敦金融城的一个传统堡垒。一直到 1986 年 10 月的 3 年中，当新的交易和制度安排完全可以操作时，除两家以外的所有英国的证券公司都被新的所有人收购。225 家股票交易所公司中总计 77 家被出售，这导致之前的合作伙伴中有 500 多人成了百万富翁；16 家被英国商人银行购买；27 家被英国商业银行收购；14 家被美国银行购买；20 家被其他外国投资者，主要是欧洲银行购买。"①"大爆炸"前，商人银行的主要业务集中在专业银行业务、公司金融和资产管理等领域。由于证券交易所放开了对会员公司所有权的限制，这为伦敦金融城的商人银行提供了业务多元化的良好机会。"大爆炸"还为美国投资银行打开了英国证券业务和咨询业务的大门，开始在伦敦建立机构，积极争取英国的业务。当然，华尔街的兴趣不仅是英国市场，更多的兴趣是欧洲经济一体化所带来的巨大机会。

---

① ［英］理查德·罗伯茨：《伦敦金融城——伦敦全球金融中心指南》，钱泳译，东北财经大学出版社 2008 年版，第 32 页。

二　《1986 年金融服务法》

70 年代以来，随着证券业规模的持续扩大，诈骗案件的增长十分惊人。根据金融城政策报告，70 年代的 10 年间，英国证券欺诈案件增长 5 倍。到 1980 年，调查的欺诈案件有 150 起，涉及金额 3000 万英镑；到 1981 年年底，至少有 90 起重大欺诈案件，涉及金额 5400 万英镑；1982 年年底，则有 96 起，涉及金额 1 亿英镑；1983 年年底，案件不少于 103 件，涉及金额 1.15 亿英镑。[①] 比较著名的案件比如诺顿·华宝公司，由于挪用客户资金进行投资，给超过 500 名投资人带来巨大损失，金额高达 470 万英镑。另外还有一家地方股票经纪公司——哈利达·辛普森公司，低价买入股票高价卖给投资人，自己赚取差价。日益增长的诈骗事件和丑闻使人们认识到，现有的监管体系在保护投资人方面存在严重不足。保守党政府也认为，如果要繁荣证券市场，就必须增强人们对市场的信心，这需要提高证券监管体系的监管效能。1981 年 7 月，贸易部成立了一个由高尔教授担任主席的委员会，开始进行投资者保护方面的调查。[②] 调查的主要内容包括：证券市场投资者所需要的法律保护，包括单位信托和投资信托产品的投资者；对投资经理、投资顾问、证券经销商进行法律控制的必要性；制定新的法律制度的必要性。高尔的第一份报告作为讨论文件于 1982 年 1 月公布，报告充分研究了现存监管体系的缺陷和问题，提出建立新的监管体制的建议。高尔认为，证券业监管最好能在一种法律框架内实施，自律组织负责日常监管，政府只承担辅助监管责任。他希望建立一个

---

① Investor Protection (Gower Report), 16 July 1984, vol 64 cc49 - 114, HC Deb, http: //hansard. millbanksystems. com/commons/1984/jul/16/investor-protection-gower-report#column_ 49.

② Prevention of Fraud (Investments) Act 1958, 23 July 1981, vol 9 c194W, HC Deb, http: // hansard. millbanksytems. com.

"证券委员会",具有一定的执法权,监管范围能够涵盖证券领域的各个方面。[①] 报告经讨论后,又经过近两年调查与修订,1984 年 1 月,高尔报告正式公布,报告名称显示了其目的——《对投资人保护的调查报告》。报告对证券和投资行业的监管提出了一个系统化的监管体制改革建议。报告认为应该在法律框架内建立自律监管机构,分别负责证券业不同领域的监管。对自律监管机构的监管工作由贸易与工业部(1983 年,贸易部与工业部重新合并为贸易与工业部)负责。报告认为,这些自律监管机构拥有向法院申请传票的权力,以便要求证人作证,或收集与监管有关的相关证据。报告的核心意见是引入一部新的法律代替目前已不能适应形势的《1958 年防欺诈法》。报告对自律监管体制进行了辩护,认为过去发生了很多诈骗和丑闻,问题不在于自律监管,而在于没有真正落实好这种监管体制。对于由谁来管理自律监管机构的问题,高尔列出了 4 个选择机构,分别是公平贸易办公室、英格兰银行、贸易与工业部以及证券委员会,高尔先排除了公平贸易办公室和英格兰银行,但在剩余的两个选项中,高尔最终选择了贸易与工业部,没有选择证券委员会,这使很多人感到意外。报告还建议对"投资"和"投资业务"做更广泛的定义,定义中应该包括商品合约、金融期货和期权以及人寿保险单,并希望增强对中小投资人的保护。报告于 1984 年 7 月在下院进行审议。贸易与工业大臣诺曼·特比特希望在 1985—1986 年会期提交白皮书,计划于 1986 年 12 月前完成法律颁布。贸易与工业部的意见是由本部门负责对自律监管机构进行监管,这在议会引起了激烈争论。很多人认为应该成立一个单独的证券委员会来行使这项职责。也有人认为还是应该通过法律监管来实现,成立类似

---

① Prevention of Fraud (Investments) Act 1958, 25 October 1982, vol 29 cc267 – 8W, HC Deb, http://hansard. millbanksystems. com/written _ answers/1982/oct/25/prevention-of-fraud-investments-act-1958#column_ 267w.

美国的证券委员会成本太高，而且监管过于复杂。但是，成立证券委员会管理自律监管机构的看法占据了上风。高尔报告的主要内容构成了半年后公布的白皮书的基础。

1984 年 5 月，英格兰银行任命了一个咨询小组，成员由 10 位金融城的资深专家组成，主席是马丁·杰科姆，目的是为那些涵盖所有证券业务的集团提供咨询。贸易与工业部对此感到高兴，因为这些新课题也是政府正在关注的，英格兰银行做出这样的行动，无疑对政府的金融监管是一个巨大支持。此时高尔报告已经公布，关于投资者保护的立法工作也一直在推进，贸易与工业部希望英格兰银行的这个小组能在一些关键问题上提供帮助，比如，自律监管如何处理灰色区域，如何处理机构之间可能存在的职责重叠，如何处理不同职责和潜在利益冲突的问题？此时，贸易与工业部迫切希望解决的问题是，成立自律性证券监管机构是否必要？如果必要，应该采取什么形式？高尔报告公布以后，成立一个独立的证券委员会（白皮书称之为"证券与投资委员会"）的意见占据了上风，这个委员会将负责对那些证券行业各个领域自律监管机构的管理。马丁·杰科姆小组认为，这个体系应该以从业人员为主体，重点解决监管机构的结构问题。随后，议会也成立了一个小组，以马歇尔·菲尔德（人寿保险协会主席）为主席，委员会的主要职责是为人寿保险和单位信托的监管规划提出建议。

这两个小组都提出了未来的监管建议，加上此前的高尔报告，共同构成了《金融服务》白皮书的主要内容。1985 年 1 月 29 日，贸易与工业部将白皮书正式公布。白皮书阐述了政府在此次改革中的主要目标，具体包括：第一，金融服务业可以向工业、商业、私人投资者以及政府提供最有效和最经济的服务；第二，促进和鼓励创新；第三，增强证券发行人和投资人的信心；第四，确保投资人保护体系的灵活性。白皮书重点确定了机构监管的框架。①白皮书建议，议会将监管权力授予贸易与工业部，贸易与工业部可以将此权力委托给能够正确行使监管权的机构，并保留从这个机构收回监管权而赋予其他机构的权力。计划成立证券与投资委员会、投资市场委员会两个委员会，承担由贸易与工业部授予的对自律机构的监管。鉴于英格兰银行在英国金融体系中的巨大影响和权威，白皮书提出，对证券与投资委员会主席的任命，贸易与工业部必须获得英格兰银行的同意。白皮书对信息披露也做出了规定，可以看作在法律框架强化市场监管力量的一种体现，以使投资人得到更有效的保护。外界普遍对白皮书提出的建议框架给予了高度肯定，包括在野党工党。3月5日，贸易与工业部宣布肯尼斯·贝瑞尔为首任证券与投资委员会主席，马丁·杰科姆兼任副主席。②

正式的金融法案尚在起草过程，行动已经开始。1985年7月，贸易与工业部和英格兰银行开始组建证券与投资委员会，委员会由11名成员组成，包括主席和副主席，由英格兰银行行长和贸易与工业大臣联合任命。前期的筹备费用由英格兰银行提供。12月19日，贸易与工业部将证券与投资委员会和投资市场委员会合并，名称仍是证券与投资委员会。③圣诞节前，证券与投资委员会发布名为《投资业务监管——新体系》的报告，报告对投资监管体系的设计进行了阐述。经过反复的意见征询和修订，于1985年12月正式形成金融法案，即《金融服务法案》，提交议会审议。此前，最高法院公布了一份报告，对欺诈行为的调查和起诉提出很

---

① Financial Services, 24 April 1985, vol 77 cc885-964, HC Deb, http：//hansard. millbanksystems. com/commons/1985/apr/24/financial-services#column_ 885.

② "Other developments", *Bank of England Report and accounts*, 1985, pp. 10-11, https：//www. bankofengland. co. uk/-/media/boe/files/annual-report/1985/boe-1985. pdf.

③ "Other developments", *Bank of England Report and accounts*, 1986, pp. 11-14, https：//www. bankofengland. co. uk/-/media/boe/files/annual-report/1986/boe-1986. pdf.

多重要修订建议。另外，贸易与工业部也决定增强处理欺诈工作的人员力
量，计划新增 195 人，专门负责对欺诈事件和不当行为的调查。新任贸易
与工业大臣利昂·布里坦指出，如果要维护伦敦金融城的中心地位，毫无
疑问必须确保金融城的这些机构保持诚信，否则金融城的客户都会转移到
其他地方从事业务。因此，政府决定"采取系统而严格的措施应对欺诈行
为，同时，建立起一套有效而灵活的监管体系保障金融城的有效运作"①。
法案的主要目标是，建立一套为投资者提供有效保护的监管体系，同时提
高英国金融服务业的经营效率和竞争能力。法案规定，任何在英国从事投
资业务的个人和机构必须获得许可，但在特定条件下可以获得许可豁免。
贸易与工业部负责许可管理并行使监管权力。对没有获得许可从事投资业
务的主体，贸易与工业部有权向法院提出申请，要求下发禁止其从事投资
业务的禁令，或者要求法院下发快速指令，要求该主体向投资人补偿可能
因此产生的任何损失。法案还在英国历史上第一次对投资和投资业务进行
了全面定义。在监管主体上，法案规定，贸易与工业部可以将主要的监管
权力委托给一家或几家代理机构行使，这些代理监管机构主要由金融服务
业人员组成（包括金融产品的提供者和使用者）。代理监管机构的主席和
成员由英格兰银行行长和贸易与工业部联合任命。法案为这些机构制定了
标准，如果贸易与工业部认为代理机构不能满足这些标准，有权全部或部
分收回监管权。法案还规定，如果监管规定发生变化，贸易与工业大臣必
须与公平贸易办公室主任进行协商。在保障监管机构履行公共责任方面，
法案提出两项要求：第一项，设立金融服务法庭，机构和个人可以就监管
委托机构做出的决定提起诉讼。这个法庭的庭长由律师担任，由最高大法
官直接任命，其他两名成员由贸易与工业部任命，其中一名必须具有金融

---

① Financial Services Bill, 14 January 1986, vol 89 cc938 – 1024, HC Deb, http://
hansard. millbanksystems. com/commons/1986/jan/14/financial-services-bill#column_ 938.

业实践经验。法庭调查并报告涉及的案件情况。第二项，代理监管机构必须每年向议会提交年度报告，议会进行辩论审议。在代理机构的具体执行方面，法案规定，一旦贸易与工业部将监管权正式委托，代理监管机构将具有授予投资业务许可的权力。如果代理机构发现获许可机构违反相关规定，有权收回或中止许可。为保护投资人利益，代理机构还拥有以下权力：有权调查任何许可业务；有权对任何从事各种投资业务的人实施业务限制；有权要求将获许可机构的资产限定在英国范围内；有权任命一个委托人对获许可业务的资产实施控制；有权对违反规定的机构和个人给予公共谴责；有权对违反规定或持续违反规定的行为发布禁止业务的命令；有权要求获许可机构对那些因为违反规定而导致投资人产生的损失提供赔偿。从这里可以看到，法案对监管机构（代理机构）给予很大权限，更重要的是，监管权力还得到刑法和刑事制裁的支持，包括罚款和监禁。例如，如果通过虚假或误导性的陈述引诱投资人进行投资，或故意对价格或投资价值采取虚假或误导性的行动，一律被视为刑事犯罪。在自律监管组织方面，法案规定，自律监管组织至少要达到和代理监管机构在保护投资人方面的同样标准，包括制度规定和程序。如果该组织不能继续满足代理监管机构认可的标准，代理监管机构将有权向法院提出申请，要求自律监管组织采取必要措施确保符合标准。另外，代理监管机构还可以对自律监管组织监管的业务采取限制性行动。如果要获得投资许可，从事投资业务的机构或个人可以选择加入自律组织，成为其会员之一，这样就无须再向代理监管机构申请许可，或者也可以直接向代理监管机构申请投资业务许可。在代理监管机构与自律监管组织的关系上，贸易与工业部希望实现一种平衡，不应使代理监管机构权力过大，因此，当自律监管组织不能满足标准时，代理监管机构无权直接干预，只能通过第三方机构（法院）来实施。

1986 年 1 月 14 日，下院对法案进行二读。① 议会的主要争论是关于是否将劳合社的监管纳入法案的问题。贸易与工业部似乎对目前劳合社的具体监管情况并不十分了解，没有将劳合社的监管纳入法案当中。此前的 1 月 11 日（星期五），贸易与工业大臣里昂·布里坦宣布建立一个调查组，主席是牛津大学校长帕特里克·尼尔，专门对依照《1982 年劳合社法》的劳合社监管体制进行调查。贸易与工业部虽然承认劳合社的监管存在缺陷，但希望通过调查得出具体结论，以决定是否采取必要措施来调整目前的监管体制。布里坦本来希望这项调查在 1986 年夏天结束，但是，报告最终到 1987 年年初才公布，因此，这部法案最终没有将劳合社的监管纳入其中。二读中，大多数意见仍然支持法案提出的基本框架，即法定监管框架下的自律监管模式。但是，也有议员认为应该给予证券与投资委员会更直接和更强大的权力，类似美国证券交易委员会模式。1986 年 7 月 11 日上院二读，随后进入委员会阶段进行修订，10 月 27 日通过三读后很快获得女王批准，这就是《1986 年金融服务法》，于 1988 年正式实施。金融服务法颁行后，英国金融监管体系呈现巨大变化。英格兰银行负责对银行的监管，贸易与工业部负责对保险公司和信托公司的监管，证券与投资委员会通过自律监管组织负责对证券公司和投资公司的监管，证券交易所、劳合社和其他交易所仍然保持自律管理模式。证券与投资委员会所属的自律监管组织负责制定会员规则，规则必须和证券与投资委员会的整体规则保持一致。主要自律监管组织包括：证券与期货管理局（即 SFA，合并了此前的证券协会和期货经纪与交易商协会），投资管理监管组织（IMRO）以及个人投资管理局（PIA）。依照金融服务法，贴现公司由英格兰银行负责监管，为落实这一监管职责，英格兰银行成立了一个新

---

① Financial Services Bill, 14 January 1986, vol 89 cc938 – 1024, HC Deb, http：//hansard. millbanksystems. com/commons/1986/jan/14/financial-services-bill#column_ 938.

局——批发市场监管局，将这部分监管职责从货币市场局转移到批发市场监管局。批发市场监管局也对从事批发市场交易业务的其他一些金融机构实施监管。由于业务增加，英格兰银行银行监管局的人员也从 1986 年的 120 人增加到 1987 年的 160 人。[1] 如果一个机构名列英格兰银行批发市场交易机构的名单，它将有资格获得英格兰银行颁发的银行业务经营许可。

《1986 年金融服务法》是英国第一部真正的综合性证券监管法规。自此以后，英国形成了混业经营、分业监管、外部监管与自律监管相结合的监管格局。

第二节　英国与国际金融监管

一　英国与欧洲金融监管

20 世纪七八十年代以来，银行业的快速扩张和发展，给银行监管带来了日益严峻的挑战，尤其在跨国银行监管领域。1983 年，欧共体发布《1983 年银行统一监管指令》，要求对信贷机构进行统一监管，包括对那些母公司是信贷机构或金融机构的信贷企业。如果母公司符合监管要求，监管部门要求必须合并母公司和子公司的财务数据，以真实了解信贷机构的财务状况，判断机构的稳定性和稳固性。但是，1983 年指令仅仅适用于那些母公司也是信贷机构的情形，依赖于成员国之间互相交换必需信息的意愿。母公司所在国的监管机构负责统一监管，并保持和子公司东道国监管机构的紧密联系。由于实施了统一监管，1983 年指令保证了信贷机构无法在子公司之间转移资产或转换行动以逃避合规标准，监管机构可以不再把监管重点放在信贷机构的财务条件上，而可以更好地对机构进行整

---

[1] "International administration", *Bank of England Report and accounts*, 1987, pp. 14 – 16, https: //www. bankofengland. co. uk/-/media/boe/files/annual-report/1987/boe-1987. pdf.

体性评估，以判断其稳定性和稳固性。

英国对银行集团的统一监管一直高度重视，关注重点是不同监管部门的协调。英格兰银行认为，如果监管部门之间没有交流障碍或不合理的负担，就可以实现对大型金融集团的有效监管。80 年代初期，财政部、英格兰银行与贸易与工业部联合组建了一个工作小组，研究对大型金融集团的监管。小组建议对大型金融集团的监管应设置监管牵头人。每个监管部门继续履行其监管责任，监管牵头机构主要负责协调不同监管部门之间的信息交流并达成一致，以便顾及每一个监管部门的利益。工作小组认为，如果要实现监管部门之间的有效合作，就必须消除目前存在的信息交流障碍。政府希望监管牵头人的概念能够纳入金融服务法中，以便促进各个监管部门的信息交流，在银行法、公司法、保险公司法和住房抵押贷款协会法中也得到体现。1985 年 5 月，英格兰银行公布一份协商文件，对银行集团的监管提出意见，并与银行业以及相关各方进行交流，随后在 1986 年 5 月公布了《根据 1979 年银行法对许可机构的统一监管》。[①] 这个文件得到财政部的批准，作为履行欧共体统一监管指令的一项任务。文件体现的政策与此前监管部门所倡导的内容是一致的。金融服务法颁布后，财政部、英格兰银行、贸易与工业部以及证券与投资委员会就开始研究那些需要设立监管牵头人的集团，以便为每个集团确定合理的监管牵头人。

统一监管涉及对银行集团整体实力的综合评价，以及隶属于集团的其他银行的运行所产生的影响，这需要经常获得综合财务报告。对如何确定集团内的哪些业务应被纳入统一监管的数据报送范围的问题，英格兰银行认为，判断的依据主要是这项业务的特点及其在集团中的地位，具体来说

---

① "Banking Act 1979 Annual report by the Bank of England", *Bank of England Report and accounts*, 1986, pp. 41 – 56, https：//www.bankofengland.co.uk/-/media/boe/files/annual-report/1986/boe-1986.pdf.

有以下标准：集团内部的管理结构；公司相对于银行集团的规模；银行集团提供资金的程度；公司行为对银行集团可能产生的潜在影响或不利后果。英格兰银行指出，虽然集团内有一些公司没有包括在信息报送范围内，但如果它们对母公司银行或集团内其他银行的健康运行产生重要影响，也会要求它们报送信息。对于统一监管信息的报送，通常英格兰银行要求信贷机构或金融机构的大股东报送合并财务报表。如果英格兰银行认为一家银行的风险对其股东会产生很大影响，也会考虑对其实施统一监管。相反，如果英格兰银行认为有足够的信息显示其股东的风险有限，这种统一监管也会按适当比例进行调整。实际上，英格兰银行和一些银行及集团的管理层一直保持着联系，讨论统一监管过程当中的具体问题。根据《1983年银行统一监管指令》，针对拥有至少一家银行的金融集团，英格兰银行会进行监管检查。英格兰银行认为，银行是企业集团中的一部分，因此对银行的监管就不能不关注集团内的其他公司，这些公司的实力和弱点会对银行的稳固性产生影响，而市场也会认为银行集团内的这些公司与银行母公司存在联系。当集团内的一家公司尤其是从事银行业务或金融业务的公司出现困难，必然会连带到母公司，母公司有可能会动用自己的全部力量出手相救，这也是为了保护它自己的市场地位。即便这家公司不是银行母公司的直接子公司，但只要存在联系或是姊妹公司，都有可能带来严重后果。为了把握集团内的任何风险，必须在统一的基础上实施监管。英格兰银行在评估银行母公司的健康状况时，也会对其控股的公司进行检查。

对海外银行在英国分支机构的管理上，英格兰银行要求这些分支机构要向英格兰银行报送统计数据。英格兰银行认为，即使监管的主要责任在母国，新的统计数据仍然能提供对大的风险敞口更为全面的分析。这些信息为英格兰银行同这些分支机构管理层进行定期沟通提供了基础，尤其在流动性、外汇交易风险敞口、资产质量、管理层信息以及控制体系5个方面。虽然监管的程度同英格兰银行对这些机构的评价相关，但这些沟通的频率有所增加。英格兰银行还会抓住这些海外机构高层来英国访问的机会，同他们就机构的运营情况进行交流。银行监管局走访了很多国家，同海外银行讨论了它们在英国的业务，以及母公司对这些业务的控制效果。同时，他们也与海外监管当局讨论这些银行在英国的业务以及英国银行在这些国家的业务。

与此同时，欧共体的金融监管也在持续进行。1985年，欧共体颁布《关于建立内部市场白皮书》，明确在金融监管等领域，采用"相互承认"和"最低限度协调"两项原则来推进欧洲金融市场一体化，这成为欧盟金融监管规则纲要的基础。所谓"相互承认"，是指无须任何其他手续，一国监管规则在其他国家均被认可。所谓"最低限度协调"，是指只对成员国金融监管规则的基本要素进行协调。这些原则在尊重各国主权的基础上，有利于降低金融市场一体化的政策成本，并充分发挥市场机制的作用，以促成最优监管标准的建立。1989年，欧共体颁布《第二号银行指令》，距离第一号指令颁布已有12年。第一号指令要求各国消除对他国信贷机构的歧视政策，为建立一体化的银行市场扫清道路。第二号指令在此基础上前进了一大步。指令涉及了金融服务业的多个领域，目的是在银行市场推行单一银行许可原则和母国控制原则。按照单一银行许可原则，各成员国银行监管机构给本国金融机构颁发的营业执照在其他国家也有效。当成员国的银行到其他成员国设立分支机构或提供服务时，持有本国银行监管机构颁发的营业执照即可，无须在东道国另行申请，其业务也由母国金融监管机构管理。这两项原则对促进欧洲国家金融机构跨国经营，消除贸易壁垒，降低各国监管成本产生重大意义。

二　英国与巴塞尔协议

自 20 世纪 80 年代以来，随着跨国银行集团的发展，国际金融监管也在变革调整。巴塞尔委员会颁布的 1975 年协议虽然对母国和东道国的监管责任进行了划分，但比较模糊，责任划分不清晰，而且各国的监管标准不统一，监管合作很难真正实现。有人指出，1975 协议与其说建立起一种监管机制，不如说达成的是一个君子协定，[①] 落实与否，还要看各国银行监管机构的合作意图。1982 年意大利的安勃西亚诺银行的倒闭促使巴塞尔委员会开始对 1975 年协议进行修订，最终出台了 1983 年巴塞尔协议，其实是对 1975 年协议的进一步明确化和具体化。协议明确了母国银行监管机构的监管责任，包括对银行的审慎经营行为以及国外分支机构的业务稳固性的监控。协议也指出，它无法替代各国中央银行的最后贷款人责任。在对国外子公司的监管上，协议将对清偿能力的监管从母国监管机构调整为由母国和东道国共同负责。对于银行国外分支机构和子公司的流动性监管，仍然由东道国负责。协议公布后，巴塞尔委员会仍然感到对离岸金融中心的监管还远远不够。1986 年 10 月，巴塞尔委员会和离岸银行业监管者集团合作，在第四次国际银行监管大会发布了一份协商文件，在得到各国金融监管机构反馈后，于 1990 年发布了 1983 年协议的补充文件。这份文件是对 1983 年协议中确定的银行监管原则的延伸和补充，鼓励各国监管机构进行更多规律性和结构性的合作，提升跨国银行业务监管的质量和完整性。这份文件被认为是巴塞尔委员会形成自己工作特质的重

---

① Kapstein, Ethan B., "Resolving the regulator's dilemma: international coordination of banking regulations", *International Organization*, 43 (2), Spring 1989.

要一步。① 从以后的发展历程看，巴塞尔委员会的工作才刚刚开始。

英格兰银行作为世界最早的中央银行之一，在各国中央银行中享有很高声望。80年代英国的金融监管改革对国际金融监管也产生了很大影响。这一时期，美国受到拉丁美洲债务危机的影响，主动提出了国际银行监管的合作，很快和英国走到一起，两国合作对国际银行监管产生重大影响。80年代初，拉丁美洲债务危机爆发，作为主要的资本输出国，美国银行业受到沉重打击，大约有34家银行因此倒闭。由于受到直接影响，美国也是最早应对债务危机、调整本国银行政策的国家。此次危机中，公众对银行体系的信心一落千丈，这不仅给监管部门，也给美国的立法机构带来巨大压力。此时，为应对危机，解决资金困局，国际货币基金组织也需要进一步增资，这一计划在美国遇到阻力，因为美国是国际货币基金组织的最大出资国。为避免类似危机再次发生，1983年，美国颁布《国际信贷监管法》，主要内容是：提高对一国风险的评估和检查；进一步了解主权债务风险敞口；建立一项新的"分配性转移风险储备"，用于应对可能发生的损失；在银行监管部门间和国际货币基金组织中增强国际合作；对资本充足率进行更为细致的检查，着眼于银行资本与多元化资产的比较；提出资本充足率的要求。但是，如果美国采取单边的强化银行监管措施，将不利于美国银行的国际竞争。80年代早期，非银行金融机构的发展对银行业构成威胁，所谓的银行"脱媒"，不仅导致银行存款萎缩，而且使银行在与非银行竞争机构的竞争中处于劣势，因为这些机构没有资本充足率要求。双重因素的影响，使美国银行业处于极其不利的境地，因此银行业对《国际信贷监管法》的抗议声不绝于耳。此时，国际货币基金组织和巴塞尔委员会也都认识到，为预防类似

---

① Duncan Wood, *Governing Global Banking*: *The Basel Committee and Politics of Financial Globalization*, London: Ashgate Publishing Limited, 2005, pp. 55 – 57.

危机再次发生，必须采取措施增强国际金融体系，美国在资本充足率方面采取的措施直接促进了国际金融监管的合作。美国联邦储备委员会主席保尔·沃尔克在这一过程中起到关键作用。早在《国际信贷监管法》讨论期间，他就提出应该在资本充足率这一问题上加强国际合作，否则必将使美国银行在国际竞争中处于劣势。

从 80 年代早期开始，国际银行界关于资本充足率的争论就一直在持续，焦点是如何确定资本充足率。美国制定了一套"静止的"资本衡量体系，对所有表内资产的风险敞口制定了一个资本标准，但这套体系没有关注表外风险敞口。而英格兰银行在 1980 年引入一套风险权重资本衡量体系，包括表内资产和表外资产。1982 年 6 月，巴塞尔委员会发布一份讨论文件，要求银行监管部门检查银行的资本标准，反对任何稀释银行资本的行为。文件的主要观点是："站在审慎角度，反对任何侵蚀银行资本的行为，无论目前银行资本充足率的高低如何，在目前还缺乏资本充足率一般标准的情况下，不允许降低主要银行的资本充足率。"[1] 稍后发布的《关于银行监管国际进展的报告》也要求各国协调对资本充足率的定义。1984 年，各成员国在提高银行资本充足率方面达成共识，但距最终建立一套合适的资本衡量体系仍有差距。美国的资本充足率标准确定为 5.5%（即每 100 美元资产需要 5.5 美元资本金），这个标准没有考虑到资产质量。随后，保尔·沃尔克提出一个新的建议标准，据说方案参考了英格兰银行的标准。不久以后，这个标准就发挥了作用。1987 年，巴西政府停止债务支付，并声称如果债权人不和他们就债务总额进行谈判，将停止债务偿还。相比于 1982 年的危机，美国银行拥有更多的资本，具备了应对巴西威胁的能力，于是拒绝和巴西进行谈判，并声称将采取措施停止国际

---

① Duncan Wood, *Governing Global Banking: The Basel Committee and Politics of Financial Globalization*, London: Ashgate Publishing Limited, 2005, p. 74.

社会对巴西的贷款。几个月后，巴西重新开始债务支付。这次事件使国际社会认识到，拥有足够的资本金，才能在危机谈判中掌握话语权。资本充足率已经成为国际金融体系中的一个核心稳定因素。虽然高资本充足率显现出巨大作用，但美国银行业对本国单边提高资本充足率仍强烈反对，因为其他国家的资本充足率仍然较低，影响美国银行业在国际银行业中的竞争地位。美国银行业力促美联储尽快和巴塞尔委员会展开谈判，促使委员会成员国也采取同样的行动。

但是，巴塞尔委员会的绝大多数成员对此并不热情，尤其日本认为本国资本充足率已经够高，可以确保本国银行体系的安全和稳固。联邦德国也表示本国的银行体系和其他国家不同，不宜采用相同的资本标准。虽然初期美国的建议受到冷遇，但这只是开始。由于美国的资本充足率衡量体系大部分内容来自英国，这使沃尔克首先想到和英格兰银行的合作。伦敦和纽约是世界两大金融中心，两大金融中心采取同样的资本充足率标准，必然会给其他国家带来影响。经过接洽，英格兰银行行长莱夫·彭伯顿欣然接受沃尔克关于达成双边协议的提议。1986年7月，英格兰银行开始和美国就这个问题进行协商。英格兰银行之所以愿意和美联储就资本充足率开始双边谈判，是出于和欧共体就此问题进行谈判的平衡。还有一个重要原因是，伦敦是世界金融中心，因此英格兰银行对任何可能对世界金融体系产生影响的变化都保持着高度警惕，任何危机所产生的影响都会迅速在伦敦金融城感受到。80年代日本银行对外扩张很快，而且境外资产主要分布在英国和美国。日本银行在英国的扩张已经引起英国金融界的担心，甚至有人提出要阻止日本银行进入英国。英格兰银行非常乐意看到在双边协议的影响下，日本银行也能够遵循这个较高的标准。当然，英美两国银行业长期以来的合作传统也使开展双边谈判更为顺利。1987年1月8日，两国达成双边协定，称为《美国联邦银行业监管部门与英格兰银行就一级资本和资本充足率评价达成的一致意见》（以下简称协议），协议为银行资本的评价设定同一标准，并分为两大类。一类是"基础一级资本"，构成部分为普通股、资本盈余、留存盈余、在子公司中的少数股权、普通储备和隐藏储备。这一类完全是为满足资本充足率而设置的。另一类是"有限一级资本"，数量为基础资本总额的一半，包括永久性优先股、有条件次级债务以及永久性债务。《金融时报》称这一协议为"金融监管领域的里程碑"。协议不是法律，只是一份协商性文件，执行完全依靠两国监管机构。[①]

两国达成双边协议后，开始寻求在更广范围内实行这个标准。英格兰银行和美联储分头行动，英格兰银行主要和欧共体成员协商，美联储主要和日本谈判。虽然巴塞尔委员会其他成员国对英美双边协议不满，但日本很快表示愿意加入。一方面，近几年日本银行的海外扩张非常迅速，暴露了大量的风险敞口，这一点日本金融监管部门心知肚明；另一方面，日本也希望通过加入协议降低国内对其资本充足率过高的指责。英美两国对日本的态度非常高兴。对英国而言，这是降低国内银行竞争压力的需要，对美国来说，这也是对雄心勃勃的日本银行进行牵制的一个重要手段。1987年9月，三国达成协议，进一步促进了多边协议的实现。虽然巴塞尔委员会内部有成员国对加入协议有一些强迫的味道而感到不适，但到这一年底，成员国最终达成多边协议。12月，协议被发给各国银行，并由它们进行修改和提出建议后提交本国的监管部门。这些建议得到各国政府的高度重视，最后体现在国际清算银行的最终文件中。1988年7月，巴塞尔协议正式公布，名为《关于统一国际银行资本计算和资本标准的协议》。根据协议，G10国家的国际活跃银行的最低资本充足率须在1992年前达

[①] Duncan Wood，*Governing Global Banking：The Basel Committee and Politics of Financial Globalization*，London：Ashgate Publishing Limited，2005，pp. 73 – 78.

到 8%，其中一级资本不低于 4%，其余的属于二级资本。一级资本包括股东权益，二级资本中有一部分可由各国自主决定。最终，有 100 多个国家签署了该协议。英格兰银行对巴塞尔协议的达成发挥了举足轻重的作用。

第九章　国际商业信贷银行事件与监管影响

第一节　国际商业信贷银行的起源与扩张

20 世纪 90 年代初，世界银行业发生一起骇人听闻的事件，这就是国际商业信贷银行的倒闭。事件爆发后，这家银行被《时代》杂志称为"世界上最具丑闻的银行"，也有人称之为"金融史上最大的丑闻"。这起银行倒闭事件产生的效应空前巨大，几乎波及全世界，并对金融监管和国际金融监管合作产生重大影响。

国际商业信贷银行的创始人名叫阿迦·哈桑·阿比迪，出生于印度北部地区，也就是后来的巴基斯坦。父亲在一名印度王公家做工，这使阿比迪从小就接触到宫廷的华贵生活。他是一个爱思考并且有想法的年轻人，在贵族家庭工作的经历使他感觉到，如果要获得财富，就要使自己成为那些富人离不开的人。印巴分治后，英国统治势力撤出，殖民体系瓦解，新的社会管理制度由继任的本国统治者制定。由于文化传统的巨大差异，这些法律制度和过去的殖民时代差别很大，不同阶层为维护本阶层利益，既互相斗争也互相妥协，不乏在这个过程当中呈现的反反复复和随性而为。这些变化隐含的意义使阿比迪对如何在这样的社会中生存产生独特的认识，并深刻体现在他诡谲的一生。早年的阿比迪在印度一家银行工作，他工作热情，能力出众，很快得到人们认可。印巴分治后，这家银行迁到巴基斯坦。在银行工作十年后，拥有丰富经验的阿比迪联络了一些投资人在巴基斯坦开设了一家自己的银行，名为联合银行。银行成立之初，阿比迪就誓言要把它建成巴基斯坦最大的银行。果不其然，仅十年后，联合银行就已成为巴基斯坦第二大银行。正当银行快速发展时，1972年巴基斯坦人民党上台执政，大力推行国有化政策。阿比迪希望规避政府监管，结果银行被国有化，自己也被监禁。监禁期间，阿比迪开始构思建立一家更大规模的跨国银行，业务广泛，包括银行、保险、房地产、零售业等，为第三世界国家提供全面服务，而且不再受到国内政治势力的控制。当时，巴基斯坦还没有发展自己的金融机构，仍然依靠欧洲银行，很难获得发展所需的足够支持，商人阶层也希望本国有一家实力雄厚的银行能为他们提供帮助。解除软禁后，阿比迪顺应形势，采取一系列措施推进新银行的建立。在注册地选择上，他认为必须做到信息保密，才能逃避政府监管，卢森堡和开曼群岛成为他的首选。银行的主要经营场所则确定在伦敦，而且在金融城。他认为，伦敦是一个著名的旅游度假地和购物天堂，这是那些石油巨富们最喜欢光顾的地方，把经营场所设在这里，银行就可以为那些和阿比迪关系密切的富翁提供周到服务。伦敦还是国际金融中心，开展全方位金融业务有着得天独厚的优势。当然，这样也一定会出现问题。由于注册地不在伦敦，从一开始，英国金融监管当局就对国际商业信贷银行存在疑虑和排斥，从某种意义上说，该银行从未真正融入伦敦金融城，但这也符合阿比迪的计划。由于认为国际商业信贷银行注册在其他国家，英格兰银行不愿意承担对它的监管责任，这使它躲过了英格兰银行的严格监管。而且，英国国内的银行保密法规也使其他国家的监管机构难以获得这家银行的相关信息。

国际商业信贷银行（以下简称"BCCI"）一开始注册在卢森堡，两年后，也就是 1974 年，阿比迪创立了一个控股公司——国际商业信贷银行控股公司（BCCI holding company），控股公司下属的银行分为两个部分：一个总部在卢森堡（BCCI S. A.），主要从事 BCCI 的欧洲和中东地区业务；另一个总部在开曼群岛（BCCI overseas），主要为第三世界国家提供服务。但银行的结构远远没有这么简单，它还有一系列其他子公司围绕，共同构成 BCCI 庞大复杂的网络，这些子公司的设立与阿比迪实施金融控制的方式有关，包括科威特国际金融公司（KIFCO）、一家瑞士银行（BCP）、阿曼国民银行。表面上，BCCI 只持有这三家公司小部分的股权，但实际上，这三家公司都由 BCCI 完全控制。除此以外，BCCI 还有一家全资持有的子公司——信贷金融有限公司及其他一系列子公司，都注册在开曼群岛，被称为"ICIC"，是 BCCI "银行中的银行"。这些公司中，BCCI 只持有少量股权，这是为了符合在所在国不能持有大部分股权的规定，但 BCCI 通过代理人掌握着对这些公司的实际控制权，这些公司和 BCCI 的全资子公司是一样的。1978 年，《金融时报》对银行进行了特写，并采访了阿比迪，在解释银行的快速发展受到金融机构怀疑的原因时，他说："西方的银行关注可见性，而我们强调不可见性……"① 就这样，一家新银行在阿比迪的精心策划下建立起来。

BCCI 成立以后，发展速度惊人，资产规模扩张很快，在国外设立多个分支机构，数量持续增长。不像其他企业以追求利润为目标，BCCI 的发展战略就是追求资产规模的增长，并以此为成功的关键。从 BCCI 的经营模式可以发现，这是由 BCCI 匮乏的资本和高昂的成本所决定的。为了实现增长战略，BCCI 的注意力集中在那些手握大量资金的人和机构上，

---

① ［英］乔治·G. 布莱恩：《伦敦证券市场史》，周琼琼、李成军、吕彦儒译，上海财经大学出版社 2010 年版，第 185 页。

比如，中央银行的官员、国家领导人、握有巨量资金的个人以及黑市商人等。BCCI 会为他们提供远较其他银行更好的服务，包括提供回扣和享受特权，这些服务是其他银行不愿提供的。70 年代，BCCI 巩固了中东地区的业务以后，又把目光投向非洲。此时非洲大部分国家处于独裁统治时期，很多西方银行不敢染指这些国家，但这对阿比迪来说却是机会。通过和这些国家的统治阶层交往，并以金钱开路，阿比迪在非洲也打开了市场。由于没有西方发达国家银行的竞争，BCCI 很快成为非洲最大的外国银行。阿比迪还将业务向美洲和亚洲拓展。BCCI 在加拿大设立办事处，还在美国、委内瑞拉、哥伦比亚、巴拿马、牙买加等国建立了分支机构。到 80 年代中期，BCCI 在 73 个国家建立了银行或分支机构，总资产达到220 亿美元。为与重要人物建立联络，公司成立了礼宾部，专门提供周到服务，费用开支惊人。为了保密和加强控制，阿比迪对内部的信息传播进行了隔离安排。在 BCCI，一个业务领域的负责人基本不知道另外一个业务领域的情况。阿比迪反对高级管理人员对不了解的情况发问，要求拿到指令直接去做。如果阿比迪不说，甚至董事会对银行的全部情况也很少了解，更不用说外部人士包括审计机构。阿比迪聘请的审计机构是恩斯特·惠尼和普华。两家事务所各有分工，恩斯特·惠尼只负责对卢森堡的控股公司和 BCCI 在卢森堡部分的审计，普华只负责开曼群岛的海外公司的审计。1986 年，恩斯特·惠尼退出，普华开始负责对银行的全面审计。即便如此，普华也难以掌握银行的整体情况，很多 BCCI 分支机构的信息对其不公开。阿比迪有意创建了极其复杂的银行网络结构，目的就是要逃避监管或政府控制。

　　表面上，BCCI 的背后拥有雄厚的股东资金支持，但实际上，这些股东都是代理人，他们只不过把自己的名字提供给 BCCI 而已，还在 BCCI以存款的名义投放了资金，可以获得没有风险的收益，这与其他具有风险属性的投资完全不同。BCCI 没有实收资本，因此一开始，BCCI 就没有用客户存款从事正常的贷款业务或者其他投资，而是用来应付日常开销。为了给外界造成银行资金实力雄厚的表象，BCCI 的股东名单中都是一些响亮的名字，这也可以产生吸引客户存款的作用。通过一系列账目伪造，BCCI 有了资本；通过对存款的处理，利润也被创造出来。由于必须利用新的存款来支付原来的存款和利息，因此，BCCI 只能不停疯狂揽储以避免资金链断裂，这就是阿比迪只关注资产增长的真正意图。BCCI 利用一些国家的富豪作为名义代理人，这些人在 BCCI 有存款，来带给外界一种印象，他们的资产在 BCCI 和在其他银行，和其他存款人一样都有风险。但实际上，他们的资产获得了不受任何损失的保证。另外，BCCI 还通过给一些国家的监管机构官员贿赂和回扣，阻止其对银行实施严格检查。BCCI 实施了一系列诈骗活动，为洗钱和其他犯罪行为创造了条件。

阿比迪的目标就是资产的持续增长，这是 BCCI 的运作模式决定的，没有资产增长，公司的资金链就会立即断裂。为实现所谓快速增长，阿比迪无所不为，这也是 BCCI 倒闭的根本原因。虽然 BCCI 存在巨大问题，但竟然持续经营近 20 年，尤其在英国和美国广泛开展业务，这反映出国际金融监管的巨大缺陷和问题。

第二节　对国际商业信贷银行的监管失败

由于注册地和主要经营场所不在一国范围，BCCI 的复杂结构给各国的监管部门带来很大麻烦。任何一国的监管部门都不想承担主要责任，不愿成为所谓的"监管牵头人"。这一方面反映了跨国金融集团监管的复杂性，另一方面也反映出各国金融监管协调存在重大问题和缺漏。监管理念、政策法规等存在巨大差异，使得 BCCI 的问题愈演愈烈，直至最后不可收拾。各国虽然对 BCCI 进行了监管，也多次协调沟通，但结果是对 BCCI 的监管完全失败。这不仅对英国，也对国际金融监管产生极大震动，对未来跨国金融集团监管产生重要影响。

BCCI 控股公司和其中一家银行注册在卢森堡，这两个机构都不从事银行业务，主要业务和管理机构都在伦敦。因此，虽然是 BCCI 的母国，卢森堡监管部门根本无法对该银行实施统一监管。BCCI 的另一个母国是开曼群岛，这里不存在对银行的监管。英国也没有对 BCCI 实施有力监管，英格兰银行认为这是一家外国银行，应该由其母国承担主要监管责任。BCCI 将审计责任安排在两个不同的审计机构上，这样便没有任何机构可以掌握银行的全面情况，实施充分监管。从一开始，英国和美国就力图将 BCCI 拒之门外，这并不是因为文化差异，而是两国监管部门都认为银行结构不透明，怀疑这样结构的设计就是为了逃避监管，这说明两国监管部门一开始的认识和判断是正确的，只是没有全力实施监管。从 BCCI 进入英国以后，英格兰银行就没有给予其全面的银行业务许可，《1979 年银行法》颁行后，英格兰银行只给予其存款吸收机构许可。BCCI 在美国也遇到障碍，美国禁止其收购美国国内的银行，只允许它建立分支机构，而且这个机构不能吸收美国人的存款。两国对这家银行都有警惕，并不代表两国采取足够的应对措施处理已经出现的问题和潜在的犯罪行为，这种模糊的监管态度为 BCCI 的欺诈行为和犯罪行为提供了条件。

到 1990 年为止，英格兰银行对 BCCI 的问题一直采取小步走的调查方式。英格兰银行不想关闭这家银行，而是力图寻找其他途径使其可以继续存活下去，以免造成会使英国难堪的金融灾难，但后来事态的发展脱离了英格兰银行的控制。其实英格兰银行自 70 年代后期开始，已经了解到 BCCI 的一些诈骗行为，为防止其倒闭，英格兰银行宁愿信其无，不愿信其有，而且对获得的一些信息采取保密方式，即便美国同行向其要求提供信息，英格兰银行也给予拒绝，担心真实信息一旦外泄，银行倒闭就不可避免，这对英国的金融地位和金融城的形象不利，也影响英格兰银行长期以来金融监管的好名声。这一做法引起美联储的强烈不满。据说 1988 年到 1989 年，英格兰银行已经掌握了一些 BCCI 给恐怖主义组织提供资金支持和洗钱服务的证据。1990 年春，普华通报英格兰银行，BCCI 存在大量的贷款损失，而且还有显著的欺诈证据。但英格兰银行没有关闭该银行。1990 年 10 月，英格兰银行再次收到普华的报告，报告对 BCCI 业务的真实性和管理层的诚信提出质疑，但是，英格兰银行没有采取有效行动，而且，行长还对下院说，BCCI 不存在任何欺诈行为，现在无须采取行动。行长的这一判断在 BCCI 被关闭后受到下院猛烈批评，并要求其辞职。英格兰银行甚至同意了 BCCI 重组方案，方案中，BCCI 重组为总部分别设在伦敦、阿布扎比、香港的三家银行。后来，还建议 BCCI 将总部从伦敦迁往阿布扎比，包括银行的资料档案。1990 年，银行将其经营地迁至阿布扎比，进一步远离了监管机构。①

　　当然，英格兰银行对 BCCI 也不是完全没有采取行动。1978 年，英格兰银行就获悉了 BCCI 的一些问题，这是其随后在给予许可的问题上采取谨慎措施的原因。英格兰银行行长（当时为理查德森）曾对下院财政委员抱怨 BCCI 是英格兰银行遇到的最难对付的银行。1973 年，BCCI 在英国仅有 4 家分支机构，到 1977 年，猛增到 45 家。很多问题到 1976 年就已经非常清楚了，鉴于此，英格兰银行拒绝给予其经营全面银行业务的许可。1978 年，英格兰银行对 BCCI 采取进一步的行动，禁止其在英国的分支机构进一步扩张，要求在英国的运作要更透明。1980 年，英格兰银行根据《1979 年银行法》，拒绝给予 BCCI 银行许可，只颁发了存款吸收机

---

　　① ［英］迈克·巴克尔、［英］约翰·汤普森：《英国金融体系——理论与实践》，陈敏强译，中国金融出版社 2005 年版，第 308 页。

构许可，这意味着 BCCI 仍然不能经营全面的银行业务，而且不能自称为银行。但是，英格兰银行也没有做进一步的调查，或者要求其他机构采取相关行动。相反，它一直避免在 BCCI 的事务上涉足过深。正如英格兰银行自己所说，这是一家外国银行，它只负责辅助性的监管责任。卢森堡对自己没有足够能力有效监管 BCCI 而感到十分不安，考虑到该行虽然在卢森堡注册，但总部实际在伦敦，希望英格兰银行要求 BCCI 把注册地迁移到伦敦，英格兰银行对卢森堡的建议置之不理。英格兰银行主管银行监管的执行董事奎恩后来对议会解释，英格兰银行不愿成为监管牵头人。

受到一些传闻和指控的压力，1985 年 12 月 4 日，英格兰银行走访了 BCCI 在伦敦的财务总部，这是英格兰银行第一次对这家银行进行现场检查。检查人员和银行的董事和管理层进行了交流，一周后，检查人员得出惊人的结论。其中一位成员在内部文件中这样写道："1. 在 BCCI 经过一周的检查，我绝对可以肯定，银行的真正的总部就在利登豪尔大街 100 号 6 层。阿比迪、纳吉夫等人在那里一天工作 12 小时，掌管着 150 亿美元的资产……2. 英格兰银行是 BCCI 的主要监管机构，而不是卢森堡货币管理署（卢森堡的银行监管部门——作者注）……"[1] 这份文件说明，英格兰银行当时已经发现自己成为 BCCI 的实际监管人。同期，英格兰银行也发现 BCCI 的巨大财务亏损，亏损金额足以抵销该银行的全部资本，因此，对 BCCI 将财务运营部门从伦敦转移到阿布扎比，英格兰银行没有表示反对。在 1985 年向英格兰银行提出的建议被拒绝以后，卢森堡货币管理署发现很难会有其他人承担起对 BCCI 的全面监管任务，况且该银行的重要资料和档案都存放在伦敦和阿布扎比，因此开始倾向于建立一个针对

---

[1] John Kerry and Hank Brown, *The BCCI Affair*: *A Report to the Committee on Foreign Relations U-nited States Senate*, 102d Congress 2d Session Senate Print 102–140, 1992, http://www.fas.org/irp/congress/1992_ rpt/bcci/01exec.htm.

BCCI 的监管机构联合小组。卢森堡认为，1983 年签署的巴塞尔协议提供了这样一项条款，为了使所有的银行都能得到监管，可以建立一个"监管机构联合小组"来实施这项任务。卢森堡认为这种方式比现在的监管方式稍好，因为目前形势下，卢森堡无法从英国获得 BCCI 的详细资料。卢森堡带着明显怨气指出，这种安排就是为了使卢森堡可以对一个超过 98% 的业务都不在其管辖范围内的银行实施监管，因为没有其他监管当局准备为此承担母国监管责任。①

无论是英国还是卢森堡，实际都认识到这个机制不是解决问题的理想办法：每个国家只关注其内部事务，都拒绝承担对 BCCI 的整体监管责任。组建监管联合小组的行动相当迟缓，直到 1987 年才建立，而第一次会议竟然到 1988 年 4 月才在卢森堡召开。会议上，各国监管部门、普华的 3 位合伙人和 BCCI 的 4 名管理人员进行了沟通，讨论了 BCCI 的风险敞口问题。会议上，各国监管部门都小心翼翼，担心一不留神承担起自己负担不起的监管责任，因此会议的成果也就可想而知。1989 年春，联合小组又召开会议，听取普华对 BCCI 贷款问题的意见。普华告知监管部门，BCCI 的一些大额借款人根本不支付利息，更不用说支付到期本金了。证据显示资金已经被 BCCI 消耗一空。对此，英格兰银行和卢森堡都没有提出处理意见。1989 年年底，联合小组要求 BCCI 根据普华提出的问题进行改革。1990 年春，普华向英格兰银行通报说，他们确信，BCCI 的管理人员提供给他们的是虚假信息，银行存在欺诈行为。从这时起，对 BCCI 问题的重视和解决才开始加速。英国对 BCCI 的情况虽然有所了解，但一直未曾采取强有力的行动。财政部认为，这些情况都是传闻，缺乏有力证

---

① John Kerry and Hank Brown, *The BCCI Affair：A Report to the Committee on Foreign Relations U-nited States Senate*, 102d Congress 2d Session Senate Print 102－140, 1992, http：//www. fas. org/irp/congress/1992_ rpt/bcci/01exec. htm.

据，这种情况下不能采取直接行动。财政部和英格兰银行对此问题的看法一致，也许是受到英格兰银行的影响。时至 1990 年 1 月 18 日，财政大臣梅杰在议会下院接受质询时，议员拉斯波恩询问他是否和美国的同行讨论过 BCCI 的运营情况。梅杰回答，两国海关官员一直保持着密切联系。虽然有人提醒他报纸上已经提到这家银行涉嫌为毒枭洗钱，但他仍然认为，依照《1987 年银行法》，BCCI 在英国的运作由英格兰银行负责，但是，国际涉及对这个集团的全面监管，应该由监管联合小组来负责。随后马利克议员询问这种情况是否会在英国发生，梅杰这样回答道："我同意这是一起严重事件的观点，但我希望并相信这只是一起孤立的事件，英格兰银行有足够的工作人员可以应对出现的问题……"① 看起来财政大臣对 BCCI 的真实情况了解得并不比英格兰银行多，而且，财政部也支持英格兰银行在这个问题上态度。英格兰银行一直尽力避免采取关闭银行的方式，尽可能救助。这不仅仅是对 BCCI，也是两百年以来英格兰银行救助银行危机的基本模式。虽然 BCCI 银行涉嫌诈骗和洗钱，但考虑到关闭可能产生的巨大负面影响，尤其是对伦敦作为国际金融中心声誉的影响，英格兰银行宁愿采取一些温和措施促成转变，也不愿意采用关闭的直接方式。因此，对该银行实施重组一直是英格兰银行希望的选择。这一点在以后受到强烈抨击，显现出各国在监管理念和监管利益上的差异与矛盾。

1990 年，根据各方要求，普华制订了一份重组方案。10 月，草案提交给监管机构联合小组。这个方案的基础是能够尽可能保证股东、存款人、内部员工各方的利益。英格兰银行对这个方案表示欢迎，并愿意提供充分合作，促进方案实施。还有另一个选择就是清算，但这是一个灾难性

① Bank of Credit and Commerce International, 18 January 1990, vol 165 cc402 – 3, HC Deb, http://hansard. millbanksystems. com/commons/1990/jan/18/bank-of-credit-and-commerce-international # column_ 402.

的决定。各方就这个方案进行了长时间协商。1991 年 7 月初，英格兰银行的代表、卢森堡货币监理署以及银行股东召开最后一次会议，计划将新的方案提报给主要股东们。新的方案中，确定了新的首席执行官，并给新银行起好了名字，称为"欧洲商业银行"。出乎意料的是，英格兰银行在 7 月 5 日突然宣布关闭 BCCI，这个决定彻底取消了重组计划，而且这个决定没有向银行股东通报。

第三节　关闭国际商业信贷银行与监管反思

一　关闭国际商业信贷银行

虽然 BCCI 问题严重，关闭是迟早的事情，但事件的发展总有一些偶然因素的影响。1991 年年初，一位女主管加入 BCCI 在英国的总部。工作伊始，她发现了一些可疑的问题，还注意到从当年开始很多交易没有入账。她感到情况十分严重，于是向英格兰银行进行了报告。也许持续的传闻让英格兰银行认为确实需要进行一次彻底的调查，也可能是英格兰银行不能不对员工的举报做出姿态，或者英格兰银行就是需要这样一个机会。总之，这一次英格兰银行立刻行动，请普华对该银行进行彻底调查。1991 年 6 月 25 日，普华向英格兰银行提交了最终报告。

这份报告长达 800 多页，称为"沙尘暴报告"（The Sandstorm Report），沙尘暴就是指 BCCI。报告指出 BCCI 存在大范围的欺诈和操纵，反映该银行具有大规模的和复杂的欺诈行为，而且毫无疑问已经存在多年。报告发现 BCCI 有差不多 6 亿美元存款没有记录在账，还发现很多 BCCI 关联实体的巨大损耗，包括注册在开曼群岛的"银行的银行"等机构。报告认为，BCCI 不是经营效率低或者管理水平低下的问题，而是存在大规模的欺诈行为。但是，报告语气"极其温和"，令人感觉 BCCI 就是国际银行界的一个弱者。报告认为，由于缺乏最后贷款人，加上国际银行界对它的敌视，BCCI 不得不采取其他方式来弥补这个缺陷。报告说，阿比迪每年都宣称银行盈利，事实并非如此。因为 BCCI 每年要为那些股东支付保证性的投资回报，只有调整和篡改会计账目，账面才能显示盈利和支付红利。银行亏损主要是其糟糕的放贷行为造成的，银行也没有风险准备金。报告指出，BCCI 对这些损失采取的处理方式就是一系列对贷款和存款账户的复杂篡改。在这份报告中，普华还发现 BCCI 篡改账面的行为可以追溯到 1976 年，目的就是使银行显示盈利。1977 年到 1985 年，BCCI 出现巨额亏损，同时，大量的利润又被伪造出来，金额达到 6 亿—7 亿美元，如果加上融资成本，金额接近 10 亿美元。6 月 25 日英格兰银行收到报告后，意识到问题的严重性，26 日将报告整理成摘要提交给财政部。仅隔 1 天后，6 月 28 日，首相、财政大臣和英格兰银行行长在唐宁街 10 号闭门会谈，讨论具体的解决方式，行长提出关闭 BCCI 的建议。但是，会议的内容并没有对外透露。一周后，也就是 7 月 5 日星期五的下午 3 点，英格兰银行宣布关闭 BCCI。法院随后任命了清算人，BCCI 英国分支机构的存款都被冻结。关闭行动如此突然，引起全世界的震惊，包括 BCCI 的职员和全世界的存款人，BCCI 的职员大约有 12000 人，[1] 在英国和全世界大约有 15 万名存款人，[2] 如何处理这些问题立即成为各国监管部门的大事。7 月 8 日上午，英格兰银行和几家主要清算银行同 BCCI 的清算人见了面，商量具体的清算事宜，主要涉及对受到 BCCI 关闭影响企业的

---

[1] Bank of Credit and Commerce International, 22 July 1991, vol 195 cc903 – 24, HC Deb, http://hansard. millbanksystems. com/commons/1991/jul/22/bank-of-credit-and-commerce-international # column_ 903.

[2] ［英］理查德·罗伯茨：《伦敦金融城——伦敦全球金融中心指南》，钱泳译，东北财经大学出版社 2008 年版，第 198 页。

救助。①

7 月 8 日下午，财政部经济大臣麦普思代表财政大臣拉蒙特向议会就关闭行动做了正式报告，他说道："英格兰银行和世界其他一些国家的监管部门，于星期五对 BCCI 集团的资产采取了控制措施。BCCI 集团是一家在卢森堡注册的公司，在英国有很多分支机构，大部分在伦敦地区。星期五，卢森堡货币监理署和其他相关国家的监管部进行协商后，依照卢森堡相关法律对该公司资产采取控制措施，那些与此有关的国家也对该集团的其他子公司和业务采取了相应的行动。"② 下院很多议员对 BCCI 的问题已经产生如此之久，而英格兰银行迟至现在才对该银行实施关闭提出疑问。艾伯特议员询问道："大臣说关于 BCCI 的传闻已经很长时间了，难道就不知道这家银行在美国因为大规模洗钱的问题被成功起诉了吗？……"对此，麦普思仍如他开头所言，认为虽然有传闻，但是一直缺乏足够的证据，而未采取行动，另外美国的罪行只是发生在 BCCI 在美国的分支机构，没有涉及英国，他回应道："……依照美国的法律，即使公司不在本国，公司也要为他们雇员的行为负连带责任。依照这个标准，公司要受到罪行起诉。我的理解，这件事情与英国的这些人没有关系，因此，如果要采取行动会面临证据不足的问题。我已指出，这些指控是去年初发生的，不是很长时间以前。"很显然，议会对欧洲各国监管部门在这个问题上的合作也感到不满，虽然各国都有监管部门，但对于这样一个跨国银行仍然没有形成强有力的和完善的合作机制，这是导致 BCCI 的问题蔓延及不断加深的外在因素。议员霍登质询道："允许银行开设零售业务分支机构，

---

① Bank of Credit and Commerce International, 08 July 1991, vol 194 cc660 – 74, HC Deb, http://hansard. millbanksystems. com/commons/1991/jul/08/bank-of-credit-and-commerce-international # column_ 6 .

② Ditto.

这样做明智吗？大臣对欧洲各国中央银行在这件事情上的合作程度是否感到满意？会对此事展开调查吗？"麦普思则以欧洲第二号银行指令为挡箭牌，他说："我对欧洲中央银行的合作程度感到满意，因为这样的合作，这件事情才得到处理。当一些欧洲国家的监管部门，其中一些是中央银行，还有一些其他机构了解到这个问题以后，大家行动非常迅速，仅用一周时间就达到目前呈现的结果。我们可以讨论这家银行是否可以允许开设这么多的分支机构，但它是在卢森堡注册并开始业务经营的，如我所知，英格兰银行没有权力阻止它开设分支机构（依照欧洲第二号银行指令——作者注）。依照以后的法律（指 1979 年法——作者注），对银行的行为进行一定程度的限制，因为监管部门感到这个集团极其复杂，开设分支机构的速度太快。"此时议会对这起事件的了解还相对不足，因此会议上对财政部没有提出太多问题，但是，对国际金融监管合作不足的问题，对存款人的保护，对英格兰银行迟缓的反应，很多议员仍然表达出不满。会议上，泰勒议员等提出要对监管失败进行一次独立调查，这是随后宾汉姆调查组迅速成立的重要原因。①

二 宾汉姆报告与监管反思

（一）宾汉姆调查组的成立

关闭 BCCI 仅是工作的开始，对这次事件的检讨，对相关责任的调查，以及后续对金融监管体制的改革，是 BCCI 事件的真正意义所在。议会、政府、英格兰银行在关闭 BCCI 后一直紧张运作。对于成立调查委员会，开始英格兰银行有不同意见，行长在 7 月 18 日下午还表示，这种调查不

---

① Bank of Credit and Commerce International, 08 July 1991, vol 194 cc660 - 74, HC Deb, http://hansard. millbanksystems. com/commons/1991/jul/08/bank-of-credit-and-commerce-international # column_ 6.

利于维护存款人和清算人的利益。但是，也许行长对情况有了新的掌握，也许是受到了财政部的压力，19 日，行长的态度突然发生 180 度的转变，同意进行调查，这令很多人感到蹊跷。需要指出的是，保守党和工党在 7 月 18 日举行会议，讨论了对 BCCI 的处理，协调了立场。7 月 21 日，首相梅杰会见工党领袖，就 BCCI 的问题交换意见，随后宣布任命宾汉姆为调查组组长，对倒闭事件进行全面调查。[①] 22 日，下院召开会议，就 BC-CI 的问题和宾汉姆调查组的建立进行辩论，财政部仍然由经济大臣麦普思参加。这次会议的中心议题是确定宾汉姆调查组的职责定位和要求。一些议员担心调查组是否有充分的权限和能力获得足够的信息，从而得出相对公允的结果。还有些议员认为英格兰银行在此次事件的处理中不作为，和 7 月 5 日的意见大致相同。早在 7 月 5 日的辩论当中，议会就提出英格兰银行需要承担的责任，了解到外界对英格兰银行的巨大压力，为了清晰表明政府的立场，财政大臣拉蒙特在 7 月 19 日对外宣称道："毫无疑问，为了最大程度地保护存款人的利益，英格兰银行采取了正确和及时的行动。"但是，这一声明只是代表了政府的态度，在议会，英格兰银行面临的压力仍然很大。[②]

　　会议伊始，瓦斯议员做了长篇发言，不仅对行动的迟缓表示不满，对事件真相也充满疑问。7 月 8 日的辩论他发言很少，但两周以后，他已经了解了一些情况，提问十分尖锐和关键，基本覆盖了大家关注的主要问题。他首先评价这起倒闭事件："没有一个人能够预料到周五关闭 BCCI 能够引起如此的混乱、无序、焦虑和痛苦。"对这起丑闻，他生动地评价

---

① Bank of Credit and Commerce International, 22 July 1991, vol 195 cc903 - 24, HC Deb, http: //hansard. millbanksystems. com/commons/1991/jul/22/bank-of-credit-and-commerce-international # column_ 903.

② Ditto.

这起事件如同一个阿拉伯之夜的故事，主角有银行、酋长、行长，一起陷入一场政治危机，另外还有一名声称对什么都不知道的首相。他说道："那些违法的人应该被绳之以法，但现在没有拘捕、扣押，也没有起诉。我们想知道到底什么时候开始行动。"他质问："我们要采取什么行动对那些员工提供帮助，使他们能够保住工作？要做什么样的安排才能使一些职员能够恢复他们的声誉？财政大臣在周五宣布建立调查委员会，但是，大臣能给我们解释为什么行长在周四晚上 8 点还不同意建立调查委员会，认为对存款人和清算人不利，但到周五中午就突然同意了呢？是如何说服他的？"他指出调查组应该享有充分的调查权力，包括调查所有 BCCI 账户和交易行为。他要求调查组可以从各个政府部门获取信息，并有权决定赔偿的相关事宜。瓦斯随后提出的 5 个问题代表了工党议员对调查组提出的希望，其实也是一种警告，希望政府不要阻挠调查组对真相的调查。他说："调查组的职责是，对英格兰银行决定关闭 BCCI，以及英格兰银行是否考虑到了所有可能的选择以控制局面等方面，所涉及的各种问题进行彻底的调查，大臣同意吗？调查组将对 BCCI 的关闭在英国和全世界产生的经济和社会后果进行研究分析吗？能提出进行必要改革的建议吗，包括英格兰银行的改革和其他机构的改革？最后，调查组是否可以先给议会临时报告，便于议会通过对真相的了解进行辩论和立法？"瓦斯指出，无论英格兰银行行长多么谦虚和坦率，他都必须为此次事件承担全部责任。对此前财政部关于首相到 6 月 28 日得到英格兰银行的通报后才了解了全部情况这个问题，瓦斯表示怀疑，认为首相在逃避责任，他讽刺道："首相可不能躲在老妇人（指英格兰银行）的裙摆之下。"瓦斯对英格兰银行行动上低效也提出批评。他指出，英格兰银行 6 月 25 日获得普华的报告，26 日报告给财政部，28 日和首相及财政大臣开会商议，但直到 7 月 5 日才做出关闭 BCCI 的决定。这 7 天空白期到底发生了什么，为什么没有尽快采取行动，最大程度保护存款人利益？保守党议员蒂姆·史密斯对此解释道，英格兰银行必须事前和各国监管部门进行联系，以便各国可以采取一致行动来处理这个问题，但这并未得到工党议员的认同。

会议持续将近两个小时，议员们就英格兰银行的责任问题和宾汉姆调查组的定位问题争论不已，最后，麦普思认为，宾汉姆调查组的职责是"根据银行法调查对 BCCI 的监管情况；研究英国金融监管部门采取的行动是否准确和及时；提出建议"①。对有人提出调查组不过是英格兰银行挡箭牌的质疑，麦普思认为，宾汉姆不会允许自己这样做，他会对英国的银行监管提出建议意见。最后，他对宾汉姆调查组的独立性再次承诺："首相已经清晰地表达了这一点，政府各部门、政府官员以及各种文件，英格兰银行的官员和文件，都不能对宾汉姆委员会进行限制。首相还进一步指出，政府不会对调查组的行动施加任何限制。如果调查需要扩大范围，我们将会了解是否有这样的必要，如果议会给予全力支持，我们当然不想出现这样的情况。"议会最终确定了宾汉姆调查组的职责，调查行动随之开始。

（二）宾汉姆报告与监管反思

调查组工作伊始，为了避嫌，英格兰银行行长首先表明了立场，要求宾汉姆对银行监管局在 BCCI 的监管行为进行彻底严格的调查。行长力图证明英格兰银行在这次事件中是尽力的，也是清白的。调查进行得非常顺利，宾汉姆从政府和英格兰银行获得了所需的全部资料，政府和英格兰银行没有任何隐瞒。很多资料都是保密资料，调查也是私下进行，以免对犯罪诉讼产生影响，也有利于证人能够顺利提供证词。下院财政委员会也建

---

① Bank of Credit and Commerce International，22 July 1991，vol 195 cc903 – 24，HC Deb，http：//hansard. millbanksystems. com/commons/1991/jul/22/bank-of-credit-and-commerce-international # column_ 903.

立了一个调查组，同时进行了一次独立调查，但其档案查询权力是有限的，很多宾汉姆调查组可以调阅的资料他们无法调阅，最终该调查小组完全认可宾汉姆调查组的意见和结论。

宾汉姆调查组经过一年的工作，完成最终报告，提交给财政部。1992年10月22日，财政部将这份报告提报下院，下院就此报告展开辩论。[①]根据宾汉姆委调查组的定位，宾汉姆报告没有对 BCCI 的行为进行全面描述，也没有试图去评判海外监管部门、银行的董事，或者审计部门。报告只是对英国每一个涉及 BCCI 事件的部门及其职责履行情况进行了一次清楚而彻底的调查。

宾汉姆报告的主要内容贯穿从英格兰银行自 1972 年以来执行监管责任，到 BCCI 在英国开设第一家分支机构，最后到 1991 年被关闭的整个过程。报告的主要结论有以下几点。

第一，1991 年 6 月，英格兰银行收到审计机构的审计报告，揭露了银行史上最大的欺诈行为，这份报告促使英格兰银行关闭 BCCI。这场欺诈以及随之产生的巨大损失，责任完全应该由那些设计和实施这场骗局的人来承担，现在这些人在世界范围内被通缉。

第二，在英国法定的银行监管体系建立以前，BCCI 不透明的公司结构已经建立起来。报告认为，现在的银行很少会有 BCCI 那样的公司结构，并持续如此长的时间。报告严厉批评了英格兰银行这些年以来做出的这些判断，英格兰银行对 BCCI 采取的监管行动过于迟缓，依赖卢森堡监管部门作为牵头监管机构的时间太久。

第三，监管部门、审计机构以及股东之间本应联系得更好，但实际情

---

① Bank of Credit and Commerce International, 22 October 1992, vol 212 cc574 – 89, HC Deb, http：//hansard. millbanksystems. com/commons/1991/jul/22/bank-of-credit-and-commerce-international # column_ 903.

况不尽如人意。虽然审计机构和主要股东已经了解到 BCCI 的大规模欺诈行为，但英格兰银行直到 1991 年 6 月收到普华的报告以后才掌握了这个情况，报告认为本来不应如此。

第四，普华作为审计机构应该更清楚、更全面地将所掌握欺诈问题通报英格兰银行，主要股东也应该全面和及时地将所了解的事实告知英格兰银行。同时，英格兰银行对收到信息所蕴含的意义应该更加灵敏，采取更主动的行动。

报告回顾了 1991 年 7 月关闭 BCCI 的行动，认为英格兰银行没有给主要股东事前通报的做法是合适的。报告指出，英格兰银行的行动以保护存款人的利益为基础，其他选择也并不可行。英格兰银行在这次事件中没有阴谋和隐瞒。宾汉姆报告提出的关键问题是，未来如何使监管体系更有效。报告没有对英国和国际的监管框架提出激进的改革建议，也没有指出欧洲即将实施的新的监管制度有实质性的不足。报告认为英格兰银行传统的监管方式在一般情况下运作良好，因此，没有对其监管责任提出调整建议。但是，报告对强化目前的体制提出很多建议。报告的建议主要是以下几点。

首先，必须保证被监管机构结构的透明。报告认为，这次事件最重要的教训是，如果银行集团的复杂结构致使监管部门无法了解其业务的运作，银行集团的行为将是非法的。为使英国实现这个目标，财政部将引入一项法律，给予英格兰银行一项明确的权力：如果因为银行复杂的结构或其经营的业务中心对监管部门过分保守秘密，对监管构成障碍，英格兰银行有权拒绝给予其银行许可，或者取消其银行许可。在欧洲，财政大臣将和各国同行进行协商，将这种权力赋予各国的银行监管部门，并在更大范围采取相同标准。

其次，在国际上，监管部门应该保持良好的沟通与合作。现在很少有银行仅限一国开展业务。当监管银行集团时，国家间的联络和工作协调，以及采用相同的监管标准等问题非常重要。和欧共体统一监管指令一样，最近的巴塞尔协议也向前迈进了重要一步。

再次，BCCI 事件说明，审计机构对英格兰银行清楚并自由说明问题非常重要。审计机构的责任在于其专业性。报告认为，下院财政委员会也这样认为，应将这项责任法律化。对报告的这一建议，财政大臣表示同意，并决定在金融服务和住房抵押贷款这两个行业也采取同样的方法。贸易委员会主席提出这个方法也可以应用于保险公司。财政大臣表示，接下来，要同审计机构和其他相关部门进行协商，促进这项法律责任的尽快出台。

最后，报告认为，因 BCCI 事件而强化对所有银行的监管是不正确的，最重要的是让监管部门对那些存在嫌疑的银行保持关注，并采取准确而合适的监管行动。财政大臣和行长对这次事件的批评非常重视。行长宣布对组织结构进行调整，并加强监管部门的力量，建立特别调查单位和法律小组。另外，下院财政委员会也建议英格兰银行加强现场检查，增强银行监管委员会的功能，请外部专家协助工作，加强对监管人员的培训。

正如 1991 年宾汉姆小组成立时财政大臣所说，宾汉姆小组的职责不是分析 BCCI 事件本身，而是调查监管部门的责任并提出建议。报告对英格兰银行在此次事件中的表现提出强烈批评，对英格兰银行多次使用"难以置信""难以理解"这样的字眼，反映了宾汉姆小组对英格兰银行监管不力的不满。但报告最终还是认为英格兰银行没有责任，只是本应做得更好。这一点令人感到疑惑，政治上的考虑虽未可知，但报告内容和最后结论之间的差异仍然令人惊讶。对英格兰银行的监管责任，报告主要是从以下几个角度进行调查和分析的。

第一，关于 1979 年英格兰银行授予 BCCI 经营许可的问题。宾汉姆报告对 1979 年银行法实施以来英格兰银行对 BCCI 的监管提出批评。报告认为英格兰银行没有处理好"主要经营场所"这一条款的问题。英格兰银行应该认识到该银行的主要经营场所是伦敦,而其却认为在卢森堡。由于英格兰银行认为它是一家卢森堡公司,因此对该银行的监管主要依靠卢森堡货币监理署的判断,比如依照银行法是否满足适当性要求和审慎标准。报告认为,英格兰银行没有从卢森堡获得这样的信息,比如股东信息,但即使英格兰银行没有依靠卢森堡的信息,也应该要求 BCCI 满足银行法的另一条标准,即"机构应该以审慎方式经营业务,包括一般性和特殊性方面的业务"。报告说,英格兰银行应该获得关于 BCCI 如何经营的信息,很显然没有获得。

第二,关于主要监管机构的问题。根据宾汉姆报告,英格兰银行认识到 BCCI 主要经营所在地是伦敦并不算晚。银行监管局副局长在 1982 年 6 月对此事曾有过非常详细的记录。1983 年 7 月的另一份记录还提到卢森堡监管机构承认在统一监管方面对 BCCI 无能为力。这份记录指出,应该吊销 BCCI 的许可,英格兰银行应进行更好的监管。英格兰银行曾提出将 BCCI 的控股公司迁到伦敦,但被 BCCI 拖了两年未给予任何答复,英格兰银行也没有采取进一步的行动。报告对此非常惊讶,认为英格兰银行竟然如此容易被阻止。

第三,关于英格兰银行的调查责任。宾汉姆报告指出,早在 1988 年,英格兰银行就收到两份关于 BCCI 极为重要的报告,这些报告非常严肃和具体。第一份是伦敦城反欺诈办公室提供给英格兰银行的,报告提醒英格兰银行 BCCI 正在脱离规范的银行业务,但英格兰银行没有安排和他们会面以获得进一步信息。第二份报告来自海湾的英国渣打会计事务所,宣称发现了 BCCI 大规模欺诈和操纵的证据,英格兰银行对此没有继续跟踪。1988 年年底,有证据显示 BCCI 在佛罗里达的塔帕卷入毒品贸易和洗钱活动，英格兰银行也没有采取任何行动。宾汉姆报告指出，任何监管部门都应调查这样的指控是否真实，而英格兰银行却对此置之不理。1990 年早些时候，BCCI 承认对其在美国洗钱活动的指控以后，英格兰银行对美国的客户和起诉机构没有进行交流以了解情况。宾汉姆报告中还有一个例子证明英格兰银行缺乏关注意识：1991 年，一名 BCCI 在伦敦总部的首席财务官对 BCCI 提出指控，英格兰银行得知后也没有作进一步了解，因为英格兰银行不想让自己担当起一个调查者的职责。宾汉姆报告指出，英格兰银行对这项指控是真是假都不做调查，实在令人费解。对此评价是，英格兰银行作为一家监管机构缺乏关注意识。但是，在财政委员会作证期间，行长反复强调，BCCI 的不诚实行为和英格兰银行可以采取行动的证据之间存在差别。财政委员会认同差别的存在，也认为英格兰银行确实没有履行调查责任。

第四，关于对《1987 年银行法》的解释。1990 年早期，BCCI 因洗钱在美国被指控后，英格兰银行评估和审查委员会受理了银行监管局的一份报告，开始正式审查 BCCI 的许可资格。委员会接受了报告的大部分建议，认为依照 1987 年法第 3 款，资格条件是达标的，取消许可的证据不足，许可不应被取消。做出这个决定还有一点很重要，就是英格兰银行的监管哲学：如果权力可以行使，它就不应当行使。宾汉姆报告对这种解释进行了严厉批评，认为 1987 年法较 1979 年法已经扩大了英格兰银行的权力，英格兰银行没有充分利用 1987 年法赋予它的权力。

第五，关于 1990 年普华的报告。早在 1990 年，BCCI 的审计事务所普华就向英格兰银行提供了关于 BCCI 的重要信息。当年 2 月，事务所向英格兰银行一位高级官员表达了对 BCCI 诚信问题的严重质疑，但没有给这个官员留下什么重要印象。4 月，英格兰银行收到普华的一份报告，声称 BCCI 控制的一家公司存在"虚假和欺诈"交易，报告认为，英格兰银行的官员本应对此高度重视和警惕，但一切都没有发生。10 月 3 日，审计事务所再次向英格兰银行提交了一份报告，报告对 BCCI 业务的真实性和该公司管理层的诚信提出质疑。但是，直到该公司被关闭，英格兰银行的高层官员竟然没有看到过这份报告。宾汉姆评论道："真是难以理解，为什么报告中关于适当性管理的内容竟然没有在英格兰银行阅读这份报告的人那里产生什么影响？"对于 1990 年 4 月普华的报告，英格兰银行行长承认这是一次"沟通失败"，并且"这份报告应该被提报上来，这样就好了"。但是，他继续说：

　　我看过这份报告，但我认为报告和英格兰银行当时所采取的行动没有什么区别。报告是会计报告，大部分是数字，主要报告了坏账问题……报告揭示了银行的财务状况，我们的战略也是要尽全力掌握这家银行的财务状况，并促使阿布扎比的股东能够采取支持措施，重组这家银行，使它对存款人而言更稳固，并继续发展。①

　　后来下院财政委员会对行长的解释评价道："……谈到数字感觉似乎贬低了这份报告的重要内容。在英格兰银行的心目中，存款人的资金安全是最重要的，这一点是正确的。但在执行这项原则的时候，我们认为，对规范性的考虑要高于银行重组的问题，一旦了解到 BCCI 的业务运作方式，就应该怀疑重组的可行性。"

　　最后，宾汉姆报告的结论认为：

　　"公众的注意力很自然会聚焦于 BCCI 最后 15 个月的活跃期，这确实是一个重要的时期。但是，从普华会计事务所和调查组发现的结果可以看

---

① Treasury and Civil Service Committee, *Second Report of Session 1992 – 1993*, *Banking Supervision and BCCI：The implications of the Bingham report*, London：HMSO, 1993.

出，这个公司的问题根深蒂固。责任当然在那些提出和实施欺诈的人。至于欺诈是否应该被审计机构更早发现，这的确是一个问题，但我并没有要求调查这个问题。历史很清楚，欺诈性的管理层使其管理结构更有利于欺诈和掩饰欺诈。更早时期，在更关键的时刻，如果以延续牌照为条件，采取更有力的措施改变其结构，并把它作为对集团实施结构调整的一项措施，这是可以被阻止的。卢森堡已经不能反映任何实际情况的时候，仍然被英格兰银行当作主要的监管机构。英格兰银行也未对 BCCI 的真实情况作细致了解。到后期，英格兰银行对审计机构的依赖又显得有些过分：在英国监管体系中，审计机构发挥着重要作用，但监管责任在英格兰银行，这些职责不能被代替。是英格兰银行而不是审计机构是监管部门。从我们的观点来看，英格兰银行对 BCCI 的监管手段是有缺陷的……"①

在随后下院财政委员会的质询当中，英格兰银行行长表示不接受宾汉姆报告的结论。他认为当时英格兰银行缺乏必要的手段促使银行接受这种改变，而且未必有这样做的必要性，即便采取行动，也需要认真评估。行长的态度令财政委员会感到十分吃惊。宾汉姆还发现，英格兰银行对统一监管有抵触心理，在约翰逊·马西银行事件以后，对承担更多的监管责任表现得非常勉强。虽然英格兰银行对 BCCI 的关注在持续增加，尤其是发现 1985 年该银行在中央财政债券的投资亏损以后，一些英格兰银行的官员开始怀疑该银行在英国继续经营下去的可能性。但是，1986 年 6 月，以奎恩为首的英格兰银行评估和审查委员会仍然决定给予其经营许可，原因是"还没有出现很快对存款人产生的风险"。另外，评估和审查委员会认为对该银行的关闭会引发政治和外交问题。宾汉姆认为这种监管行为不合格，而且委员会所言也不能令人信服。在这个问题上，财政委员会同意

---

① Treasury and Civil Service Committee, *Second Report of Session 1992 - 1993*, *Banking Supervision and BCCI*: *The implications of the Bingham report*, London：HMSO, 1993.

宾汉姆报告的意见，指出如果英格兰能够承担起统一监管的责任，就会对BCCI发放许可持慎重态度，或者采取措施解决问题。下院财政委员会把这个批评转达给行长，行长并不认同。他说："依照1979年法做出这样的决定完全是可以理解和有理由的。"他指出依照1979年法，英格兰银行没有权力根据其结构拒绝给予其牌照。虽然对这一点宾汉姆没有否认，但也指出，单独依照审慎要求就可以拒绝给予牌照。当财政委员会提出这一点时，行长感到十分不满，回应道："如果这是他对法律的判断，我不想就此和他吹毛求疵。"随后，行长对宾汉姆提出的问题反驳道："回答一个从没有提出过的问题是很难的。"行长认为在当时环境下这是一个政治问题，拒绝给予其银行牌照很难。虽然宾汉姆承认确实存在困难，但在当时的情况下，英格兰银行应该要求该银行改变其结构以提高透明度。行长表示对这个情况他没有办法，他说道："BCCI如何应对这个要求，已经是一个公开的问题了，如果他们不在这种压力下改变结构，我不知道在这种情况下我们该如何做。"宾汉姆认为，如果BCCI拒绝满足审慎性要求，并拒绝改变结构，英格兰银行就不能给予其经营许可，如果这是英格兰银行的法定责任，它就必须承担可能面对的政治结果。下院财政委员会支持宾汉姆报告的意见，认为英格兰银行在早期处理BCCI问题的阶段不仅是判断失误，对法定责任的理解和执行也有问题。如果英格兰银行能了解清楚情况，随后的司法混淆和推卸责任就有可能避免。如主要经营场所所在地，如果宾汉姆报告的结论是正确的，那就应该是伦敦，从一开始英格兰银行就是主要的监管机构。另外，如果英格兰银行过问了BCCI管理层的审慎问题，那么牌照就不会下发。如果英格兰银行极力要求其降低内部结构的不透明度，并至少坚持的话，BCCI的结构就有可能改变。

财政委员会最后指出："……我们认为很难相信，英国银行监管的利益，英格兰银行的国际声誉，以及英国作为国际银行业中心的整体利益，得到了英格兰银行最好的支持。我们认为，当务之急，英格兰银行要接受对 BCCI 监管失败的责任，这已被宾汉姆报告证明。更进一步，我们也关注到没有对个人采取纪律性行动的问题，这将影响到未来英格兰银行监管的有效性，并使这些应该承担责任的人以为，这些责任并未对他们产生不利后果。"① 这说明财政委员会认为，英格兰银行需要承担对 BCCI 监管失败的责任。但是，这个结论英格兰银行并不接受，在银行 1992 年的年报前言中，行长仍然认为，关闭银行前，英格兰银行采取以救助为导向的监管行为是为了更好地保护存款人的利益，这才是问题的焦点，他说："对 BCCI 的监管，无论是关于英格兰银行还是其他监管机构，有很多批评意见。尤其是有些人认为，一旦英格兰银行发现许可标准被突破，就应该立即关闭这家银行。但是，问题的焦点是保护存款人的利益。关闭银行不是一件轻松的事情；存款人可能会面临失去存款，机构可能会受到很大的资产损失，因此，选择采取救助行动（而非关闭行动）以更多照顾到存款人的利益就显得十分重要。当时，英格兰银行主要依靠所获得的信息形成判断，无法得到现在已知的情况。直到我们在 1991 年 6 月收到报告时，依照银行法第 41 款对采取行动前，我相信在当时的情况下对 BCCI 采取的监管行动是合理正确的，采取救助行动是一种更合理的选择，较之关闭银行更有助于保护存款人的利益。一旦我们获得报告，关闭银行才成为必然选择，英格兰银行迅速而准确地采取这一行动。"②

三　英格兰银行的内部改革

BCCI 关闭以后，英国政府提出对银行法进行改革，英格兰银行根据

---

① Treasury and Civil Service Committee, *Second Report of Session 1992 - 1993*, *Banking Supervision and BCCI*: *The implications of the Bingham report*, London: HMSO, 1993.

② "Foreword", *Bank of England Report and accounts*, 1992, pp. 5 - 8, https://www.bankofengland.co.uk/-/media/boe/files/annual-report/1992/boe-1992.pdf.

宾汉姆报告提出应对建议。这些建议主要包括：为审计部门设定一项法律责任，如果英格兰银行出于监管考虑要求提供一家银行的相关信息，则审计部门必须予以提供；对银行集团内的所有子公司确定统一的会计结算日；所有在英国经营的银行必须提供年度会计报告，注册地不在英国的除外；英格兰银行有权对国际银行集团进行检查，包括银行集团的非银行子公司。英国会计机构对这些建议表示欢迎，并在协商过程中发挥了重要作用，积极履行了新的监管义务。正如在议会财政大臣所言，英格兰银行立即开始完善监管机制，建立了一个新的特别调查单位，专门对上报的欺诈行为进行调查，以保证英格兰银行或其他监控部门能及时采取必要的应对措施。另外，英格兰银行也推进了监管部门之间的合作和交流，以及外部审计机构和监管部门之间的协调。

80年代以来，随着金融自由化的进一步加深，引发风险的因素越来越多，如何进一步加强风险管理再次引起监管机构的高度重视。过去专注于对机构风险的防范，对市场风险的关注不够，但是，市场风险同样可以引起巨大的金融震动，并对金融体系和实体经济都产生重大影响，并促使中央银行最终介入对危机的处理，以维护金融体系的稳定性。尤其是1987年的"黑色星期一"，以及美国德雷克·赛尔伯纳姆证券公司的倒闭，使英格兰银行进一步认识到强化对市场和机构监管的必要性。依照1987年法，英格兰银行只负责银行机构，但长期以来英格兰银行作为英国金融体系的核心，对金融危机的处理无不出于维护金融体系的整体稳定性这一目标。90年代中期的伦敦，拥有超过500家外资银行，伦敦的证券交易量占全球三分之二以上的份额，超过一半的欧洲债券在伦敦发行，伦敦是名副其实的国际金融中心，英格兰银行是金融中心的中心。英格兰银行也认为自己理应承担起这一职责。1993年年底，英格兰银行就开始研究组织结构的调整问题，以便和新的职责相匹配。英格兰银行确立了三个核心目标：一是维护货币的稳定性，二是维护金融体系的稳定性，三是提高英国金融服务业的效率。结合这三大核心目标，英格兰银行开始进行内部业务结构的调整，调整的目的也有三个：建立起和英格兰银行核心目标直接关联的管理架构；将英格兰银行负责运营和分析工作的人员更加紧密地联系在一起；确保英格兰银行将具有相应技能的人员分配在合适的岗位上。到 1994 年 7 月，重组正式完成。这次重组，将英格兰银行的业务划分为两翼，分别负责货币稳定和金融稳定，包括了三大核心目标的所有方面，包括国内和国际业务的所有内容。货币稳定方面，通过提出货币政策建议，发布《通货膨胀报告》，将工作内容从国内、国际经济与货币研究拓展到市场政策的实施和服务于政策实施的银行业务方面。还负责收集和公布货币与金融统计数据，这些数据服务于货币政策目标和银行监管。金融稳定方面，在与国外监管机构保持密切合作的基础上，新的职能将英格兰银行的法定监管职责和非法定监管职责，与对国内和国际金融市场和金融体系的监控有效结合起来。这项职能还包括提高英国金融行业的效率和竞争能力，促进伦敦和英国其他金融城市的基础设施建设，维护英国金融行业的国际性竞争地位。1994 年以前，英格兰银行负责银行监管的部门——银行监管局，由 5 个部组成，分别是：北美和欧洲地区部，海外其他地区部，政策与贸易市场部，英国小银行部，英国零售与商人银行部。BCCI 事件以后，增加了特别调查单元这个机构。1994 年，英格兰银行的内部管理结构进行重新划分，银行监管局负责的领域成为英格兰银行的监管与监控板块，板块下仍然是 5 个部，但是结构发生了很大变化，分别是：工业国家（发达国家）部，发展中国家部，英国大银行部，英国中小银行与企业部，银行监管政策部（95 年增加到 6 个，增加了批发市场监管部）。这些调整都是为了适应监管的新形势。①

对于这次事件带来的国际金融监管协调，财政大臣拉蒙特 1992 年 10 月在议会表示，财政部要进一步强化国际信息的交流，并请欧洲同行们再次审视银行指令方面的保密条款，以使这些条款不会对各国监管部门之间和其他部门之间的信息交流构成障碍。国际协调确实是一个问题。在大型金融集团，银行数量持续增加。当然，诈骗行为不只存在于银行，各国的监管部门在遏制、调查和诉讼这些诈骗行为方面要最大限度地加强合作。因此，英国要建立一种新的机制促进各国监管部门之间的交流和合作。②

BCCI 案件的影响持续很久。虽然宾汉姆调查组认为英格兰银行不应该承担责任，但 BCCI 清算方德勤会计师事务所不认同这个结论，他们认为，英格兰银行对 BCCI 的监管是"故意或轻率地"，因而没有实现对 BCCI 的适当监管。因此，清算组向英格兰银行索赔 8.5 亿英镑。法院 1997 年判决指控不成立，1998 年法院否决了德勤的上诉，但此事并未结束。2001 年，英国议会上院规定，有关"公共部门过失"的诉讼，必须进行庭审。于是，英格兰银行 300 年来首次成为被告。2004 年 1 月，对英格兰银行的诉讼案在高级法院开庭。清算方德勤聘请的首席律师，仅开庭陈述就长达 79 天，成为英国法律史上的最长纪录。他的主要观点是，英格兰银行的银行监管部门明知国际商业信贷银行道德败坏，却不愿对这家肆无忌惮的庞大机构进行调查，也不愿将其取缔。案件持续到 2005 年 11 月，德勤律师团队宣布他们的客户要中断诉讼。于

---

① "Foreword", *Bank of England Report and accounts*, 1994, pp. 5 – 8, https：//www. bankofengland. co. uk/-/media/boe/files/annual-report/1994/boe-1994. pdf.

② Bank of Credit and Commerce International, 22 October 1992, vol 212 cc574 – 89, HC Deb, http：//hansard. millbanksystems. com/commons/1991/jul/22/bank-of-credit-and-commerce-international ＃column_ 903.

是，2006 年 4 月，这个案件才算最终了结，距离该银行倒闭已经 15 年。法院宣判英格兰银行及其职员无罪。整个案件的诉讼费用近 7400 万英镑。①

---

① ［英］丹·科纳汉：《英格兰银行（1997—2014）》，王立鹏译，中国友谊出版公司 2015 年版，第 86—89 页。

第十章 巴林兄弟银行倒闭事件与监管影响

第一节 巴林兄弟银行事件的爆发

一 里森的隐瞒、欺诈和伪造

1995年2月24日，伦敦金融城发生一件大事，具有200多年悠久历史的巴林兄弟银行即将倒闭。这是一家在19世纪被誉为"欧洲六大力量"之一的银行（其他五大力量为英国、法国、普鲁士、俄罗斯、奥地利），也是英国女王的御用银行，没有人能够想象它会倒闭。当1810年弗朗西斯科·巴林去世时，巴林银行已经成为欧洲最著名的商人银行，弗朗西斯科本人被称为"欧洲绝无仅有的第一流银行家，最具知识和天才的人，最具声望和财富的人"。拜伦曾在《唐璜》中这样描述巴林：

是谁让这个世界显得既苍老，又年轻，一会儿痛苦，一会儿快乐？

是谁让那些政客变得如此着急？

是谁给予波拿巴双倍的勇气？

　　他们是犹太教的罗斯柴尔德和他们的搭档——基督教的巴林。①

　　对巴林兄弟银行（以下简称"巴林"或"巴林银行"）的倒闭，理查德·罗伯茨评价道："这是一个多世纪以来伦敦金融城最耸人听闻的企业倒闭事件。"② 自 1890 年危机后，巴林保持了可靠、诚实而有点自大的传统，在业务领域，不再倾向于风险偏好，而是更加谨慎和保守。由于保守主义的策略，巴林从第一流银行的地位逐渐下滑，到第一次世界大战以后，不再居于金融城的领先位置。这种保守主义选择某种意义上也为巴林带来好运。20 年代，英国很多大银行涌入德国，目的是从德国的经济复苏当中寻找机会，但是，随后的大萧条使这些银行损失惨重，巴林躲过了这一劫。不过，保守的经营方式导致投资收益率偏低，引起客户甚至内部家族成员的不满。70 年代，英国爆发次级银行危机，大量次级银行涌入房地产市场，在这次危机当中损失惨重，由于没有冒险进入房地产行业，保守的经营战略使巴林再一次幸免于难。就是这样一家历史悠久的商人银行，在没有任何人预料到的情况下突然倒闭。交易员里森本人的诈骗行为固然是一个诱因，但深层次的原因是银行内部管理失控以及英格兰银行对巴林的监管失败，倒闭是偶然中的必然。

　　80 年代中期，英国发生金融"大爆炸"，伦敦证券交易所逐渐取消了对外国会员的限制，国外公司获得进入英国金融市场的通道，纷纷在英国建立分支机构，与英国银行开展竞争。英国银行在面临国外大银行竞争的同时也获得更多机会。过去，伦敦商人银行主要从事贸易融资、公司融资以及资产管理等业务，现在也可以按照华尔街银行的模式从事证券交易。

---

　　① Stephen Fay, *The Collapse of Barings*, London：Arrow Business Books, 1996, p. 8.

　　② ［英］理查德·罗伯茨：《伦敦金融城——伦敦全球金融中心指南》，钱泳译，东北财经大学出版社 2008 年版，第 200 页。

虽然风险很大，有时收益也很可观。巴林初期的反应比较保守，明确拒绝收购或进行扩张，力图继续保持他们在咨询业务和资产管理方面的优势。随着其他商人银行的迅速转型，巴林终究没有耐住寂寞。1984 年，巴林建立了巴林证券公司，公司成立初期运行顺利，利润快速增长。1993 年，由于股东和管理层的矛盾以及出于业务考虑，巴林证券公司并入巴林银行，实际成为银行的一个证券部门。1989 年，尼克·里森加入巴林证券。

巴林银行倒闭由其新加坡的业务引发。新加坡的业务始于 1989 年，巴林证券（新加坡）有限公司起初从事股票交易，到 1992 年，期货期权业务增长很快，2 月，巴林证券申请成为新加坡国际金融交易所的清算会员，5 月购买了交易所的 3 个席位，建立了一个新公司来经营这项业务，称为"巴林期货（新加坡）有限公司"。里森不仅是清算员，还身兼交易员的职责，这个安排很特别。在证券业务中，交易岗和清算岗严格分离，交易岗负责交易，清算岗的责任是将交易岗纳入监督，确保没有错误发生。巴林证券的这个安排是致命的，作为交易员的里森没有来自清算岗的监控，具备了以后为所欲为的条件。另一个问题是里森向上级的汇报流程复杂而无效，里森的汇报对象多达 3 人，实际上这 3 个人都无法形成对里森的直接监督。巴林证券的人不愿意承担这个责任，而且他们对里森的业务也不了解，有人甚至一直以为里森只是清算人员。这足见管理之混乱，以后的结果也绝非偶然。

1992 年 7 月 3 日，巴林期货（新加坡）有限公司（以下简称"巴林期货"）在国际金融交易所开立一个差错账户，账户名为"88888"，主要功能是将一些错误记录转入该账户，以避免交易当中过多的错误引起英国证券与期货管理局的关注。该账户开立不久，里森就要求技术人员修改了软件程序。每天自动报告系统向伦敦汇报的每个账户原本包含 4 项文件，经过修改后，只剩 1 个保证金文件，其他文件都被删除。这样一来，报告发送到伦敦后，自动分类系统无法识别账户的号码，因此，没有全面信息传送到巴林的内部报告系统。两个月后，总部要求启用一个以 9 开头的新差错账号，但里森没有注销"88888"账号。从账户开立的那一天起，里森就开始使用这个账户进行交易，而且很快产生损失。到 1992 年 9 月 30 日，账户亏损已经达到 300 万英镑，巴林证券的财务年度在 9 月 30 日结束，审计事务所是德勤会计师事务所。如果事务所发现事实真相，里森的游戏就该结束了。但是，德勤收到来自巴林银行伦敦总部的一份确认函，告知德勤这个差错账户无须检查，因为该账户对公司财务收支没有影响。实际上，德勤看到的确认函只是传真件的复印件，而非传真件。后来发现这份确认函的复印件，日期"2"日被改为"7"日，显然，里森篡改了时间，使德勤认为这份确认函指的是"88888"账户，避免了德勤对这个账户交易记录的检查。从这时候开始，里森涉及的不仅是隐瞒，还有欺诈和伪造。里森在"88888"账户中进行的交易也还算幸运，到 1993 年夏，这个账户的亏损已经差不多全部被弥补。如果就此停手，巴林银行的历史也许会不同。但是，里森继续自己成为精英交易员的梦想，于是，巴林银行也就被一步步拖入万劫不复之地。1993 年 10 月，亏损又增加为 570 万英镑，年底竟然达到 2439 万英镑。虽然账户中有一些是真正的错误交易，但和里森自己的亏损比起来不值一提。

二 "一体化集中式"的资金管理模式及英格兰银行的"非正式让步"

1992 年对巴林证券来讲是非常艰难的一年，这一年，公司计划将管理费用削减 25%，200 人将被解聘，银行总部担心引发外界对巴林证券的信心，因为巴林证券的主要经营资本来自银行贷款。如果这些银行认为巴林证券处于风险状态，巴林证券将会面临流动性危机。通过巴林资产管理公司斡旋，巴林证券联系到一名沙特阿拉伯王子，他是巴林资产管理公司的大客户，给巴林证券借了 7500 万英镑的存款作为其储备资金，以备不时之需，这样巴林证券有了和那些贷款银行谈判的底气。巴林希望将贷款展期，但声称如果银行要按期收回贷款，他们一定按时全额偿还。巴林证券的表态使这些银行都将贷款展期，巴林证券算是度过了这场危机。这场贷款危机对巴林兄弟银行的高管产生了影响，但他们并没有采取正确的处理方式来应对，比如增加巴林证券的资本金，或者严格控制证券业务的规模和风险。相反，他们"另辟蹊径"，从资金调配的角度寻求解决，研究如何将银行业务和证券业务的资金合并使用。这是一个基本常识，一旦银行资金和证券资金合并，就意味着两项业务之间没有任何防火墙，无论银行经营如何稳健，如果证券经营出现风险，必将摧垮整个银行，这也是美国 30 年代银行业危机的重要教训。也许是对自己证券业务的高度自信，也许根本没有拿历史教训当回事，总之，巴林银行的高管为自己设计了一条不归路。如果没有合并资金模式，里森就不会从伦敦持续获得大笔资金，里森的隐瞒和欺诈很早就会被揭穿，也就不会产生无法挽回的损失。1993 年 4 月，巴林银行成立了一个委员会专门推动这项工作，工作的内容被称为"一体化集中式"（solo-consolidation）管理。这样，从 1993 年开始，里森源源不断获得来自伦敦银行总部的资金供应，直到巴林的资本被消耗殆尽。巴林证券的首席执行官后来回忆说："一体化集中式资金管理模式是银行倒闭的动因。"① 巴林兄弟银行的一名董事则说："一体化集中式模式成为管理当中的薄弱环节，对此我们无法原谅自己。如果没有一体化集中式模式，巴林兄弟银行就不会倒闭。"②

到 1993 年 9 月，"一体化集中式"模式基本完成。此后，巴林银行认

---

① Stephen Fay, *The Collapse of Barings*, London：Arrow Business Books, 1996, p. 104.

② Ditto.

为，临机满足一些海外公司的保证金要求已不再困难，包括对新加坡的保证金要求。这种模式在金融城各大金融机构中是第一家，引起英格兰银行的关注。英格兰银行负责银行监管的卡洛认为，采用"一体化集中式模式"是有问题的。她警告说，如果这样下去，英格兰银行将无法获知这些银行海外分支机构的具体情况，包括风险控制以及巴林银行对这些变化的管理能力。对此，她认为这是"监管套利"（regulation arbitrary）。但是，具体负责监管巴林的汤普森对此态度模棱两可，未重视卡洛的警告。最终，英格兰银行对所谓的"一体化集中式"模式没有采取有效应对措施。此后，巴林银行向大阪交易所缴纳保证金时，超出单边支出资金不能超过资本额25%的限制，对此，汤普森采取了"非正式让步"（informal concession）的方式。① 由于开了这个口子，1993年以后巴林银行再未向英格兰银行报送过风险敞口，而英格兰银行也未提出异议。1993年，巴林证券还发生另外一次业务重组。巴林证券新加坡的股权衍生品业务（这一业务由里森负责）和巴林银行的金融产品业务集团合并。这一合并导致巴林证券一些非常优秀的交易员和风险控制人员离职。这次业务重组也是"一体化集中式"模式的安排。因为巴林证券和巴林银行的业务被视为一体，因此，对巴林证券远东地区的资金控制和监督就放松下来，巴林银行也就不愿意再承担起英格兰银行要求的管理责任，更不用提向英格兰银行汇报大阪交易所的风险敞口了。

三 里森的暴露

1994年，巴林期货接受了一次审计。事后的审计报告证明，虽然审计也发现了一些问题，但没有产生效果。最大的问题是，审计报告没有发

---

① Stephen Fay, *The Collapse of Barings*, London：Arrow Business Books, 1996, pp. 113 – 114.

现里森的秘密账户和真正的"利润"来源。报告指出，截至 1994 年 7 月末，里森自营交易贡献的利润达到 3000 万英镑。对于获得利润的原因，报告认为一方面是巴林证券庞大的客户基础，另一方面是在新加坡和大阪之间进行套利的卓越能力。报告对里森身兼前台和后台的问题提出批评，指出这种安排使权力过分集中。报告认为后台运作非常有效，并称赞里森作为总经理从事后台工作，没有将其视为一项额外负担。报告没有关注里森拥有对账调节的权力，这涉及从伦敦转来的保证金。报告虽然检查了里森提出的保证金需求以及交易仓位的限制，但没有发现存在问题，还认为这些交易处于控制之下，里森从事的套利交易是获得授权的。实际上，报告虽然对利润有疑问，但认为这主要是由于里森的业务能力获得的。报告提交后，巴林新的主要负责人表示会尽快按照报告要求将里森的交易和清算职位分开，但是，最终没有取消里森对后台部门的控制。另外，报告以为调账是清算程序当中的必然环节，其实这一认识是错误的。问题是，伦敦的管理人员都没有认真读过这份报告，更谈不上解决报告中提出的问题了。对于最后兼职岗位是否分离，没有人进行事后检查，巴林新加坡的负责人对此更是置若罔闻，这体现出巴林银行内部管理机制和人员控制存在极大问题，1994 年 9 月，里森的日经指数交易量占到整个新加坡金融交易所日经指数交易量的 7.2%。后半年，里森判断日经指数不会发生剧烈波动。基于这一判断，里森开始进行空头跨式交易。这种业务风险极高，与指数的波动性紧密相关，波动性越小，盈利越高，波动性越大，亏损越大。里森进行大量期权空头交易的原因很简单，就是为平衡秘密账户的盈亏。但是到年底，这个窟窿达到了 5000 万英镑。1995 年 1 月 17 日日本大阪、神户发生大地震。这期间，其他交易员还不敢轻举妄动，里森开始了又一个大手笔。结果，由于对市场走势判断错误，地震一周后，里森进行的期货交易和期权交易损失超过了 1 亿英镑。

2月，里森又开始从事跨式期权交易，在不稳定的市场条件下，这种交易亏损的概率很大。到2月6日，损失已达2.53亿英镑。[①] 如果此时里森的骗局被揭穿，巴林兄弟银行虽然会受到沉重打击，还不至于倒闭。6日以后，指数继续下行，银行存活下来的机会也在逐渐消失。银行向里森提供的资金，首先由巴林集团财务部将资金打给巴林证券（伦敦）的账户上，然后巴林证券（伦敦）将资金配置在自营交易账户上。问题是，由于公司认为这笔钱只是在巴林银行内部划转，因此，没有人对资金转移进行检查。随着亏损加剧，虽然里森伪造空头合约降低了保证金额度，但到2月24日，所需保证金的最终额度仍然达到3.06亿英镑。绝大部分资金都进入里森的"88888"秘密账户，用来补充因巨额亏损引起的追加保证金要求。由于此前在计算机报送系统上所做的手脚，总部无法获知到底是哪个账户出现保证金需要。依照后来里森的说法，当时只要公司追查巨额保证金的问题，就一定能发现问题，遗憾的是没有人去查。伦敦总部的每个人都以为里森从事的是无风险业务，甚至总部的执行委员会也这样认为。里森后来认为，这起事件暴露出巴林最大的管理失败，那就是公司管理层不了解期货和期权业务的基础管理。22日，里森在日经指数期货上损失6400万英镑，日本国债期货两天内损失达到3300万英镑。[②] 23日下午，里森突然失踪，引起人们的怀疑，于是，总部派人连夜对里森的账户进行了检查，到凌晨4点半左右，发现了里森的真实持仓情况，包括秘密账户"88888"。初步的计算结果显示，损失可能超过3亿英镑，但大家清楚一定还会有更多的亏损浮现出来。检查人员连夜向总部进行汇报，董事长彼得·巴林决定在当天（24日）上午8点召开董事会商议此事。

---

① Stephen Fay, *The Collapse of Barings*, London：Arrow Business Books, 1996, p. 183.
② Ditto, pp. 184 – 193.

第二节 关闭巴林兄弟银行

1 月 24 日（星期五）上午，英格兰银行召开每周一次的执行董事会会议。会议期间，得到巴林兄弟银行问题的初步报告。与此同时，彼得·巴林上午在公司召开会议讨论新加坡的情况。中午时分，彼得·巴林到英格兰银行进行汇报，表示具体损失金额仍不清楚，估计在 4 亿英镑左右，高于巴林银行的资本金。如果事实如此，巴林破产不可避免。英格兰银行感到非常震惊，副行长佩奈特瑞随即向财政部电话通报了情况，并表示英格兰银行不会动用公共资金进行救助，财政部表示同意。[①] 英格兰银行负责银行监管的奎恩随即开始了解国外其他银行监管部门和此事的关系以及采取的行动。英格兰银行考虑了几种可能的救助方案，以便作为下午晚些时候和金融城的银行家们进行讨论的基础。这次会议没有邀请国外的银行参与，也许有 80 年代约翰逊·马西银行危机期间外国银行拒绝英格兰银行的不满因素在。当时，英格兰银行在危机初期也向这些银行发出共同救助的邀请，但这些银行以股东不同意为由婉言拒绝。下午 5 点后，会议召开，英格兰银行希望尽快组织对巴林兄弟银行的救助，并声明这次救助不会动用公共资金。如果要使巴林起死回生，只能由这些在场的银行家们慷慨解囊了。首要问题是损失的金额仍然没有确切数字，银行监管局对当时的数字是否准确也持怀疑态度。最后，这次会议无果而终。

包括行长在内，英格兰银行首先想到的还是能够获得日本方面的协助，希望星期一上午大阪交易所和东京交易所开市时能够获得日本方面的协助，控制住巴林的损失。交易所宣布巴林在交易所的仓位单方面结清即

---

① Stephen Fay, *The Collapse of Barings*, London：Arrow Business Books, 1996, p. 204.

可，以冻结利润和损失，依照星期五的收盘价结算，利润由巴林的交易对手获得，损失则由巴林承担。行长认为救助巴林也是维护日本方面的利益，如果日经指数继续下行，日本损失会更大。但是，英格兰银行和日本方面的沟通未达到效果。周六（25 日），副行长佩奈特瑞给伦敦的世界顶级银行和证券公司的负责人也进行了电话沟通，希望有机构能在确定的价格承接巴林的仓位。这些银行接到英格兰银行副行长的电话非常客气，但了解到问题后表现得都极其谨慎。大部分人回答，在未同金融衍生品专家沟通之前还不能做出决定。他们希望了解到巴林的全部债务，但此时英格兰银行也无法给出准确答复。[①] 巴林在日本的两个交易所仓位很重，在日经 225 指数期货合约上，巴林有 36 亿英镑的多头合约，还拥有 87 亿英镑的日本政府债券期货空头合约，另有 46 亿英镑的欧洲空头合约。如果周一上午平仓，就要为巴林找到至少一到两家的交易对手，如果找到，交易对手在现有利润之上还可获得溢价。但这只是一个想法，并不现实。这么大的持仓量只通过几个交易对手进行交易基本不可能。英格兰银行联系的几家证券公司也都表示，它们自己在远东地区的大额期货合约都已经做了风险对冲，难以承接这么大仓位。如果不能为巴林找到接盘机构，意味着通过市场方式解决危机的可能性非常小。

　　周日（26 日）上午 10 点，英格兰银行请伦敦的这些银行再次开会讨论。为避免引发媒体关注，特意要求开会人员从后门进入，但为时已晚。媒体已经将这条消息传播了出去，香港在周六就获知了巴林的情况。会议尚未开始，巴林又传来进一步信息，根据巴林内部人员计算，里森期货合约清仓的损失不是先前估计的 4 亿英镑，可能达到 6 亿英镑甚至更多。对与会的银行家们而言，问题不仅仅是一天之后损失金额增加 50%，还有

---

① Stephen Fay, *The Collapse of Barings*, London：Arrow Business Books, 1996, p. 210.

英格兰银行对救助巴林设置了一个前提条件，那就是先弥补巴林的亏损。巴林提出一个建议，为弥补亏损可以拨出 2.5 亿美元的酬金，但未得到这些银行的回应，因为这个数额可能远远不够。如果远东市场在伦敦时间周日夜间开市，那么巴林的仓位一定会让那些对冲基金心动，比如乔治·索罗斯的量子基金，他们的做空会使市场继续下跌。2.5 亿美元仅能抵补刚开始下跌 4% 的损失，如果市场下跌 10%，这笔资金就会消耗殆尽。与会者中的瑞士信贷第一波士顿银行和 J. P. 摩根银行，这两家银行都是金融衍生品专家。但他们表示如果这笔大额交易能够顺利进行，必须得到日本和新加坡方面的协助。英格兰银行已经和日本与新加坡方面早前做过沟通，这绝无可能。行长提出应该由伦敦的银行提供弥补亏损的资金，不过伦敦的大银行意见也不一致。华宝证券表示赞成，巴克莱银行和米德兰银行则提出应该建立一个救助财团，这个财团任命一个到两个人专职负责结清巴林银行的仓位。他们提出的条件：当日本市场出现大幅下跌时，比如跌幅超过 10%，英格兰银行应对救助财团提供保护。但是，如果这个条件成立，问题又转了回来，英格兰银行需要动用公共资金来应对这场危机，这并非英格兰银行和财政部的选项。

　　会议持续到中午。午饭期间行长和副行长到财政部去见财政大臣克拉克，希望得到财政部的明确意见。克拉克的意见是不对巴林提供公共资金的支持，这个想法和行长一致。行长认为，巴林银行规模较小，危机不会导致系统性风险，但这并非所有参会银行的一致看法。如果巴林银行倒闭，会引发银行股票下跌，尤其是商人银行，股价下跌带来的损失一定很大，这是银行家们所担心的，也是他们希望救助巴林银行的初衷。但是，救助可能产生的损失得不到英格兰银行兜底支持，这些银行难以做出决定。这期间有行长透露了一个消息，世界上最富的人文莱苏丹可能会成为巴林银行的买家。文莱苏丹是巴林资产管理公司的客户，也是其最大客户，在巴林的存款总额预计达到 35 亿英镑。这个谈判是由巴林资产管理公司和苏丹在伦敦的代表进行的，出于其他考虑，英格兰银行没有参与这个谈判。作为苏丹的代表，文莱投资管理局同意填补巴林在新加坡和大阪期货合约的损失，巴林为此支付 2 亿美元的酬金。另外，投资管理局还向巴林银行注入 3 亿英镑的新资本，苏丹因此将获得巴林兄弟银行 50.1%的控股权。这样一来，苏丹在英国银行的存款将从 6.5 亿英镑减少到 3.5 亿英镑，但有可能最终全部收购巴林的股权。但是，晚上 8 点后形势急转直下，行长最后一次把大家召集在一起，宣布和苏丹的谈判没有成功，问题出在时间上。悉尼期货市场马上就要开市，但东京交易所要在一个半小时以后才能开市。最关键的时间问题是，文莱和伦敦的时间差，当伦敦晚上 8 点时，文莱已经凌晨 2 点，也就是说，伦敦下午时，文莱已进入夜间。后来在华尔街流传着有关这次交易失败原因的说法，因为这笔交易当时无法获得苏丹本人的同意。当文莱资产管理公司去请示苏丹时，苏丹已经入睡，他们不能叫醒他，于是只有放弃。否则，苏丹第二天醒来会疑惑于自己怎么已经买下巴林兄弟银行？如果第二天苏丹醒来再请示，已经来不及了。

星期天晚上，行长乔治宣布巴林兄弟银行别无他途，只有破产。周四下午里森失踪，周日巴林银行就宣告破产，百年老店戏剧性地消失在过去的辉煌中。当你还没有反应过来时，一切都已结束。周一上午，巴林兄弟银行在全球的机构开始关闭，存款人和投资人的资金被冻结。全球主要股指受到大幅影响。财政大臣克拉克立即向议会通报了巴林银行的情况，并表示不会动用公共资金挽救这家银行，因为就银行的规模来看，倒闭不会产生系统性风险。[1] 财政部要求英格兰银行的银行监管委员会彻底并迅速

---

[1]　Barings, 09 March 1995, vol 256 cc266 - 7W, HC Deb, http：//hansard. millbanksystems. com/written＿ answers/1995/mar/09/barings#column＿ 266w.

调查巴林银行的倒闭。调查目标有两点：一是查清导致银行倒闭的实际原因，得出合理结论；二是总结这起事件给银行监管带来的教训。此时，英格兰银行也准备了资金，以应对因银行倒闭可能对市场流动性带来的压力。[①] 3 月 6 日，在英格兰银行的斡旋下，荷兰国际集团（ZNG）以 1 英镑的象征性价格收购巴林。但是，金融市场的惊慌并未完全终结，一些日本银行已经开始提取在英国银行的存款，转存到其他国家的银行，比如美国、德国和法国等国。[②] 市场信心仍然微弱，尤其是巴林的存款人。英国存款保险制度保护的是小存款人，他们最多只能获得存款额 75% 的补偿，而且最高额度只有 2 万英镑。财政部指出，由于国际集团承接巴林银行的全部资产，因此存款人不会遭受损失。在这种情况下，最终没有发生对其他银行的挤兑，虽然英格兰银行已经为此做出流动性准备。如果恐慌蔓延，并产生大规模挤兑，可能仍然难以应对。但是，伦敦证券市场未受到显著影响，《金融时报》30 指数只下跌了 16 个点到 3009.3 点，次日反弹，报收于 3041.2 点。[③]

英格兰银行对巴林的倒闭，不能说没有责任。虽然对巴林银行有监管，结果证明这种监管是失败的。60 年代巴林家族的罗利还曾担任英格兰银行行长。彼得·巴林的父亲约翰·巴林还曾任英格兰银行董事多年。因此，英格兰银行对巴林的监管具有历史与传统的影响，被称为"非正式而有效"的监管。从沟通角度看，英格兰银行和巴林银行的联系也一直很密切。1992 年 9 月，巴林银行向英格兰银行表示，如果巴林证券继续亏

① Barings, 06 March 1995, vol 256 cc74 – 5W, HC Deb, http：//hansard. millbanksystems. com/written_ answers/1995/mar/06/barings-bank#column_ 74w.

② Barings, 13 March 1995, vol 562 cc555 – 7, HL Deb, http：//hansard. millbanksystems. com/lords/1995/mar/13/barings#column_ 555.

③ ［英］乔治·G. 布莱恩：《伦敦证券市场史》，周琼琼、李成军、吕彦儒译，上海财经大学出版社 2010 年版，第 348 页。

损的话，不排除关闭巴林证券的可能性。英格兰银行对巴林证券的状况也保持着关注。1993 年 2 月，巴林证券负责人带队去英格兰银行，向负责监管巴林银行的汤普森汇报情况。根据会议记录，汤普森当时警告，巴林证券收入锐减的危险状况可能会拖垮巴林银行。不久后，汤普森曾向巴林证券承认他对巴林证券的业务确实不了解，这在以后遭到外界的强烈抨击。① 费伊认为，汤普森只是说了句实话，没有证据显示英格兰银行曾经认真研究过巴林证券的业务。这种情况下监管失败不可避免。这一年的 9 月 13 日，彼得·巴林去英格兰银行拜会了负责银行监管的奎恩，介绍了巴林证券的情况，表示巴林证券的盈利能力不存在太大困难，对集团整体利润贡献最大。也正因为有这样一层比较亲密的关系，英格兰银行对巴林兄弟银行提供的信息深信不疑。1994 年 8 月，行长还对人讲："我们现在有一个专家小组负责监控金融衍生品业务……他们提供的关于市场活跃交易者的报告非常可靠。他们知道在做什么，无论是董事还是普通职员。"②这显现出英格兰银行对自身监管能力的过度自信和对他人的过度信任。还有一个问题就是英格兰银行对巴林银行转移资金没有采取有力的监管措施。为使巴林证券的业务起死回生，巴林银行给巴林证券提供了大量贷款，贷款额度超过了巴林银行资本 25% 的限制。后来，巴林银行获得英格兰银行批准，对巴林证券贷款达 15 亿英镑。巴林银行认为英格兰银行的批准是多此一举，因为资金不过是从集团的一部分转移到另一部分。同样的问题也出现在大阪。由于巴林证券在大阪交易所的业务规模较大，交易所要求其缴纳的交易准备金相应就多。对大阪交易所风险准备金的支付使巴林银行突破 25% 的资本比例限制。但是，汤普森对 1993 年巴林兄弟

---

① Stephen Fay, *The Collapse of Barings*, London：Arrow Business Books, 1996, pp. 62 – 64.

② Barings, 18 July 1995, vol 263 cc1454 – 73, HC Deb, http：//hansard. millbanksystems. com/commons/1995/jul/18/barings#column_ 1454.

银行给大阪的资金转出超过资本的 25% 的行为给予默认。汤普森的这个行为称为"非正式让步"。1993 年以后，巴林银行没有再向英格兰银行报送过大额风险敞口的报告，风险敞口 1993 年上半年达到 31.6%，年底达到 44.6%。[①] 这两个数据巴林银行未向英格兰银行报送过。后来汤普森为自己的行为付出代价，危机发生后被迫辞职，据说他感觉自己"在周围的人面前抬不起头"[②]。

第三节　银行监管委员会调查报告及监管影响

一　银行监管委员会调查报告

巴林银行倒闭后，英格兰银行随之成为公众讨论的焦点。对英格兰银行在此次事件中的表现，外界的意见分为两派，一派以《金融时报》和清算银行为主，认可英格兰银行的行动；另一派以《泰晤士报》和商人银行为主，批评了英格兰银行的表现，认为应该采取措施避免巴林倒闭。一些评论家认为，英格兰银行应该把防止银行倒闭放在第一位。银行监管委员会对此事的调查引起人们关注，人们对委员会的调查报告普遍缺乏信心。因为委员会主席是英格兰银行行长，人们质疑调查的公正性是否能得到保障。3 月 13 日，议员伊特韦尔在下院向财政部指出，这个委员会只是英格兰银行的顾问机构而非调查机构，为什么不成立一个独立的调查委员会来调查此事？当时财政部经济大臣的解释是，委员会的 9 位成员中，除行长和其他两位英格兰银行的成员，其余 6 位是独立委员，因此，独立

---

① Stephen Fay, *The Collapse of Barings*, London：Arrow Business Books, 1996, p. 113.

② Ditto, p. 247.

性不存在问题。伊特韦尔对此回答表示不满。① 4 月 5 日，下院财政委员会就巴林的问题举行了一次听证会。工党议员布莱恩是委员会成员，就巴林银行向新加坡的巴林期货转出 3.3 亿英镑一事询问行长乔治是否知情，行长一开始打算敷衍过去，回答道："按照法律规定，如果一家银行向另外一个机构转移资金超过其资本的 25% 时，必须向英格兰银行通报。"结果布莱恩紧追不放，继续询问行长是否接到通知，行长知道躲不过去，只能回复说这一情况直到 2 月 27 日才知道。布莱恩随后问道："你对委员会如实回答了这个问题，即当超过股东资本比例限制的资金被转移出去时，英格兰银行并未接到通知。这是否意味着监管体系存在问题？"乔治回应他并不了解每天的敞口细节，布莱恩并不满意，提醒道："乔治，我们正在讨论的是与银行规模有关的一大笔资金。"行长似乎已经招架不住，他说："是啊，如果我们不监控每一小笔资金，怎么能确切地掌握大笔资金的转移？这是犯罪行为……"随后他继续强调道："没有通知我们就是犯罪，资金被转移出去而没有通知我们是犯罪。"② 行长始终将责任控制在巴林未上报的事实范围内，但明显感觉到在听证会上受到了羞辱，这使他在后来的第二次听证会上没有控制住情绪。

　　银行监管委员会在推进调查的过程中，没有获得所需的全部资料，尤其无法获得新加坡方面的协助。为此，财政大臣克拉克先后两次与新加坡财政部取得联系，希望获得支持。但是，由于新加坡在信息披露方面的法律限制，这一要求没有得到满足。无奈之下，委员会联系了里森，希望他能进行配合，但被里森拒绝。委员会后来曾将调查报告中有关里森责任的结论通过律师传达给里森，里森表示报告的结论在很多方面不准确，但他

---

① Barings, 13 March 1995, vol 562 cc555 - 7, HL Deb, http：//hansard. millbanksystems. com/lords/1995/mar/13/barings#column_ 555.

② Stephen Fay, *The Collapse of Barings*, London：Arrow Business Books, 1996, pp. 244 - 245.

也没有做进一步的回应。① 为保证调查的独立性，克拉克还分别与委员会的独立成员进行单独交流，听取他们对监管机构责任的看法。委员会调查期间，还配备了会计师、律师和金融衍生品方面的专家，这些人都来自英格兰银行以外。②

　　7月18日，克拉克将银行监管委员会的报告提交下院，并向下院做了解读。报告共350页，详细介绍了巴林的问题，对未来的监管提出17条建议。此前报告已经发给英格兰银行，英格兰银行表示全部接受报告的建议。报告认为这次事件是由巴林银行的内部管理和控制不力引发的。如果巴林兄弟银行有一套有效的管理、财务和运营控制体系，里森的问题可能就不会出现。弥补巴林期货损失的资金主要是从伦敦总部汇出的，但伦敦对新加坡的资金需求没有进行检查，甚至也没有关注其交易仓位。如果伦敦实施检查，便可发现其中的问题。伦敦想当然地认为这笔资金是借给客户进行交易的，而且汇出的资金没有经过银行信贷委员会的检查和研究。报告指出，由于从事的是高风险业务，巴林期货的利润看起来并不正常，存在很多疑点，尤其1994年的利润情况理应得到管理层的高度重视。伦敦可以看到里森的"88888"账户，只要检查，就会发现问题，但从未有人检查。报告指出，在制度安排上，里森身兼交易员和清算员两个职位，为实施诈骗提供了条件。报告特别提到审计机构的责任。1994年，巴林银行的内部审计人员发现了里森身兼两职的问题并建议整改，但无人理会。巴林期货在新加坡的审计机构是永道公司，竟然认为巴林期货的内部控制"令人满意"，虽然永道在伦敦对巴林内部控制有效性方面提出质

---

①　Barings, 18 July 1995, vol 263 cc1454–73, HC Deb, http://hansard. millbanksystems. com/commons/1995/jul/18/barings#column_ 1454.

②　Ditto.

疑。但是，直到银行倒闭，永道对巴林1994年的审计报告尚未完成。① 对巴林的监管，英格兰银行主要依靠当地监管部门，包括从巴林银行获得一些信息，报告认为这是合理的。问题是，巴林银行报送给英格兰银行的例行报告中没有包含涉及引发倒闭的信息（这一点理由与宾汉姆报告认为的理由相似），也没有包含能够引起监管部门警觉的实质性信息。报告的这一观点令人感觉这是在为英格兰银行进行辩解。当然，报告也指出英格兰银行执行监管职责的缺陷。1993年，巴林兄弟银行的资金借贷超过资本比例的25%，英格兰银行给予其"非正式让步"，报告认为英格兰银行对此认识不清，判断错误。而且，直到两年以后才再次明确25%的限制，报告认为这个延误"不可接受"。对巴林银行和巴林证券采取的统一监管措施，报告认为过于宽松，这种监管方式不应减少对新加坡公司获得资金的相关控制行动。

克拉克对报告的内容作了简单介绍，他总结银行监管委员会的结论说："委员会认为，这起倒闭事件后，不需要对英国的监管体系进行基础性的改革，但是，委员会认为，需要提高现有机制的执行能力。"克拉克话音未落，便被议员们的笑声打断。他在发言最后仍为现行监管体系进行辩解，他说："最后，我想提醒各位一个重要的问题。没有一种监管体系可以100%的杜绝银行倒闭，尤其是在银行内部控制不力的情况下，交易员还存在故意的隐瞒和欺骗。从这次事件中获得重要教训，所有人包括金融机构的管理人员，都可以从这次不幸的事件当中学到很多。"② 显然很多议员们并不认可他的说法，随后的激烈辩论主要在两个问题上展开。

首先是关于政府和英格兰银行在此次事件当中的责任问题。一些议员

---

① Barings, 18 July 1995, vol 263 cc1454 – 73, HC Deb, http：//hansard. millbanksystems. com/commons/1995/jul/18/barings#column_ 1454.

② Ditto.

认为政府和英格兰银行应该为此事承担责任。工党议员戈登·布朗（当时的影子内阁财政大臣）的发言指出，政府忽略了金融衍生品的巨大风险，英格兰银行没有尽到监管职责，理应对此次事件承担责任。对于巴林兄弟银行的问题，布朗认为英格兰银行本应该是第一个知道的，却是最后一个知道的。随后尼克·哈维质问："报告中，财政大臣只提到巴林管理层的责任，但是，监管部门从中得到什么教训呢？"丹尼斯·斯基那的提问更为严厉："……每一次危机发生，你都告诉我们情况正在好转，英格兰银行将会处理此事，人们将会看到所发生的一切。但是，截至目前，发生问题的不仅是国际商业信贷银行（BCCI），还有其他类似的银行（意指巴林兄弟银行）。"对议员们提出的责任问题，克拉克没有否认，但他也指出，政府和英格兰银行在当时的条件下已经采取了最有效的行动。政府在此次事件中行动迅速，引入荷兰国际集团收购巴林，将市场的恐惧迅速减少到最小。而且，政府没有动用公共资金。这些行动足以说明政府和英格兰银行是尽责的。虽然还有很多人指责银行监管委员会的调查，但是，内容详尽的调查报告已经呈现在议会面前。有议员对此解释并不满意，在第一次听证会上曾使行长难堪的布莱恩，就相同的问题也向克拉克发问，指出巴林银行的资金转移比例超过100%，而实际限制是25%，而且要通报英格兰银行，但行长已经承认英格兰银行并未获得这项通报，这是否要提起刑事诉讼呢？对这个问题，克拉克不得不指出这不是财政大臣的责任，是否提出刑事诉讼决定权在严重欺诈办公室。

其次是关于是否对现有监管体系进行重大改革的问题。在这个问题上，布朗的发言显然醉翁之意不在酒，虽然批评政府和英格兰银行不尽责，但意图是提出监管体系的改革问题，从他的发言可以看到后来工党的大规模金融监管改革确实是酝酿已久。他提醒财政大臣："……这些失败反映出来的不是无能，而是监管结构的缺陷。该听取一下来自伦敦和国际清算银行的建议了，也该研究一下（美国）证券交易委员会的经验了，这样才能保证我们的监管体系，无论在国内还是国外，都能满足 90 年代的现实需要。"他说："对这些问题，以及英格兰银行是继续行使监管权力，还是将监管权力转移给一个新的银行委员会，财政大臣考虑过吗？先是约翰逊·马西银行，接着是国际商业信贷银行，现在则是巴林兄弟银行，在这三起严重的银行倒闭事件之后，为了存款人和投资人的利益，为了维护大家对我国金融体系诚信的信心，我们需要做的工作比今天财政大臣所说的要更多。"① 达林（布朗任首相时期的财政大臣）也对英格兰银行没有及时了解非银行业务提出批评，认为现有的监管体系需要改进，这关系到国家的声誉问题。对他们提出的这个问题，克拉克表现出不妥协的态度。他认为，按照银行监管委员会的调查意见，此次倒闭事件，不是监管体系的问题，也非金融衍生品的问题，而是巴林银行的内部管理问题。委员会的报告认为不需要对现有的监管体系进行重大调整，现有体系的运行是有效的。他举例说："……如果一个警察犯了错，并不意味着刑法一定存在问题，需要议会调整刑法。英格兰银行的监管是存在问题，英格兰银行愿意全部接受委员会提出的 17 条建议。"还有议员认为英格兰银行不是一个合适的金融监管机构，监管存在严重缺陷，过于依赖与那些被监管银行的友谊，凭友谊作为监管基础是不够的，建议由一家新的机构来负责金融监管。不仅依靠友好往来，还要通过质疑发现问题。克拉克不同意这个说法，他回应，资金转出的限制是 25%，巴林兄弟银行超过这个比例，英格兰银行负责监管巴林的人员对此采取"非正式让步"的处理方式是错误的，这个人已经辞职。更换一个新的监管机构，其实和现在相比没有太大变化。对于几位议员在这个问题上的不断质疑，克拉克以十分肯定的

---

① Barings, 18 July 1995, vol 263 cc1454 – 73, HC Deb, http：//hansard. millbanksystems. com/commons/1995/jul/18/barings#column_ 1454.

语气回应道："英格兰银行负责对银行集团的监管，这些集团可能包括银行和其他金融服务业务。不错，考虑到监管需要，英格兰银行确实需要提高必需的技能和水平，并增强和证券与期货管理局的业务联系，确保这种复杂和大规模的现代业务得到充分监管。但是，我要重申的是，在世界各国的金融监管体系中，我们的监管体系是最好的。对问题处理的开放性、敏捷性进一步增强了这个荣誉。在现代金融市场，如果要百分之百地杜绝危机，或者每次危机后就要重新立法，建立新的监管机构，听起来简直就是胡言乱语。"

这个时候，对于统一金融监管，建立集中的金融监管体系，英国各界的认识远未一致。即使到工党上台后，反对工党金融改革的声音也依然强大。自金融"大爆炸"以后，重新确定的金融监管体系真正的运作时间还不到 10 年。1987 年银行法拟定期间，英格兰银行就曾反对再立新法，认为通过对 1979 年法进行修订就可以解决问题。7 月 21 日星期五下午，议会再次开会就这个报告进行辩论。这场辩论，更清晰地显现出巴林银行倒闭后工党和保守党对未来英国金融监管体系的不同看法，既有技术上的分歧，也存在两党政治利益的争夺。辩论的主题仍然是巴林银行的教训和对未来金融监管体系的设计。①

3 月曾对银行监管委员会负责调查巴林事件提出疑问的伊特韦尔首先发言，他认为，导致巴林银行倒闭的因素有 3 个：里森未经授权的操作和被其隐瞒的交易；巴林银行的管理问题；英格兰银行严重的监管失败。对于监管问题，他认为理应由一个独立的调查委员会来实施调查，重点考察在目前快速变化的环境中，金融监管的任务是什么？是否由英格兰银行承担这项任务，还是将这项任务转移给新的银行业务委员会？因此，这次调

---

① Banking Supervision, 21 July 1995, vol 566 cc527 - 62, HL Deb, http://hansard. millbanksystems. com/lords/1995/jul/21/banking-supervision#column_ 527.

查得出的结果应该比银行监管委员会的报告有更多的认识和结论。银行监管委员会的报告如同彭伯顿报告和宾汉姆报告一样，是基于现有英格兰银行的监管框架提出的改革建议，报告仅局限于过去已经发生的问题，只是对过去事件的被动反应，这在当前环境下远远不够。

伊特韦尔指出，是时候重新设计英国的金融监管体系，以保证英国金融业在世界的竞争地位了。当前的国际金融市场，金融去监管化和变革的速度非常快，存款机构、投资公司和证券公司之间的界限日益模糊。全球金融市场的竞争促进了大型多元化金融集团的发展，因此，监管体系的设计要有前瞻性。英格兰银行早在1993年就承认，对所监管的业务缺乏认识。全球金融市场的发展对国际金融监管合作提出要求。但过去金融监管的传统责任仍然非常必要。首先，银行体系要防止出现系统性风险。这个风险就是：一起灾难性的金融事件可能会引发连锁反应，从一个机构蔓延到其他机构。此前国际银行业、证券业、保险业监管部门组成一个"三方集团"，公布了一份报告，名为《对金融集团的监管》，三方集团力图对国际金融市场的整体监管提供一个完整的画面。报告对国际金融集团的监管提出很多可行的方法。比较起来，有两种模式，一种是统一监管模式，由一个监管牵头人负责对整个金融集团的监管；另一种是单一监管模式，由不同的监管部门负责金融集团内不同业务板块的监管。报告分析了对银行业务与投资业务进行隔离所产生的正效应。对此，伊特韦尔提出了一个监管模式的方向问题：英国应该采取哪一种模式？他指出，很显然，银行监管部门对从事多元化业务的金融集团实施监管非常困难。不同的监管部门进行充分合作也有难度，更不要说国家间的合作了。但是，现在正在探寻的一种方法是柔性限制，这在不同国家间还有不同看法。无论如何，对复杂的金融集团实施监管最重要的是，强有力的内部控制和国际一致的监管方法。

伊特韦尔认为，必须对英国金融监管的结构进行反思。原则上，无论英格兰银行还是独立的银行业委员会，监管内容和灵活性比谁来实施监管更重要，现代监管体系的实施内容是需要解决的主要问题，关于英格兰银行的职责问题当然更不应被排除在这个问题之外。但是，伊特韦尔怀疑："英格兰银行到底是一个解决办法还是一个问题呢？"他断言，根据过去十多年的经验，无论进行多大程度的努力，英格兰银行都不会对它自己进行一次全面的改革。对于原因，伊特韦尔的分析非常精彩，他说：

"第一，有一种文化影响，这种文化认为英格兰银行是最优秀的。这种文化滋生出自满。'非正式''缺乏严厉'这类说法不仅出现在彭伯顿报告中，也出现在宾汉姆报告和银行监管委员会的报告中。这种文化导致3年以来英格兰银行从未对巴林兄弟银行实施过现场检查，对来自新加坡和国际清算银行的警告无动于衷。这种文化还使英格兰银行在1993年自认为已经对巴林的衍生品业务进行了监控。还是这种文化，使英格兰银行发自内心地认为英格兰银行知道的最多。这种心态使行长认为，议会针对金融监管体系缺陷进行的调查是搞政治迫害。大臣是否认为议会对这次严重事件的严格审查是政治迫害呢？

第二，英格兰银行对那些管理他人财产的巴林兄弟银行高管，表现出一种严重的漫不经心的态度。星期三，对财政委员会提出的巴林银行是否仍然由原来的那些人管理的问题，行长的回答没有表露出他的真实想法。说实话，在这种情况下，如果是董事，就应该被辞退。如果是牧师，就应该被拉进宗教法庭接受审判。但是，在巴林发生了些什么呢？……

第三，在英格兰看来，它所履行的监管职责是一项不幸的成本而非它的利益。无论什么时候在行长面前提起美国的监管方法和现场检查，行长总是要提到美国模式的额外成本，并认为没有必要去打扰那些银行。……"

伊特韦尔援引证券与期货管理局主席的话说：现在"需要对金融监管制订一项新的业务计划了"。如果去监管化的最终结果是再次实施监管，这非常具有讽刺意味，因为监管部门发现他们无法应对去监管化所产生的影响。从发言中看到，伊特韦尔对本届保守党政府彻底调查问题并实施监管改革并不抱希望，他说道："很显然，这一系列的改革，英国（现有的）金融监管体系是无法完成的。有必要进行一次根本性的检查。这项检查将由不久以后的工党政府来实施。"伊特韦尔的发言显然是做了充分准备，他从巴林事件入手，介绍了当前的国际金融监管形势，提出金融监管的改革必要性，接着对英格兰银行的监管失败提出批评，并依据英格兰银行当前的"文化"，指出英格兰银行不具备承担未来金融监管的能力，提出工党下一步要进行根本性的金融监管改革。这一天他第一个发言，也是这天辩论当中最重要的发言，后续的辩论基本是围绕他提出的问题进行的。关键是，他的主题发言表明了未来工党上台后对金融监管持有的态度和立场。

议员霍立克也认为根据金融形势必须进行监管改革，但对于英格兰银行的职责，他的看法和伊特韦尔不同，认为应该增强英格兰银行的监管力量，以便更好地履行越来越复杂的监管责任。他的发言为英格兰银行做了一点辩护，他说："在传统的银行业务方面，英格兰银行非常熟悉，也经历了很多。但在证券方面知之甚少，需要增强监管力量。我希望大臣能告诉我们，财政部将对英格兰银行采取什么支持措施，使它能够熟悉这个领域，正确实施监管和控制。英格兰银行还应充分保证审计机构发挥作用，审计机构的选择范围应该更广，更加国际化。……我们要少一点非正式性的监管，多一点正式性的监管，多一些严格的报告。我们还要建立防火墙，在机构内部实施业务隔离。"霍立克也认为要进行根本性变革，这一点和伊特韦尔是一致的。他认为："根本性的变革是需要的。对于认为不需要根本性变革的说法我不同意。确实需要改变，原因何在？因为金融市场及其运行方式都发生了根本性变化，金融市场的复杂性大大增强。市场的全球化特征也日益明显。为应对这些变化，改革监管体制非常重要。"议员哈斯科尔认为英格兰银行的货币政策职能和银行监管职能并不冲突，在强化英格兰银行货币政策能力的同时，也要提升银行监管的能力。但他认为，"监管改革是在英格兰银行现有的结构中进行，还是将监管职责转移给一个新的银行业委员会，这是最重要的"。对于两人的看法，钱多斯和迪赛则表示了完全不同的意见。钱多斯认为，应该有一个独立的机构负责对所有金融市场的监管，他说："……我同意伊特韦尔的意见，我们不仅需要进行一次更加独立的调查，或者至少能够得到独立的结论和意见，我们也亟须将英格兰银行的监管职责从其中央银行的职责中分离出来。"迪赛的发言充满火药味，对报告评价后，他讽刺英格兰银行说："很明显，英格兰银行不善于控制通货膨胀。……那么它善于做什么呢？他善于保护自己庄严的荣誉。当一个人听到英格兰银行的名字，他就会认为每一件事情都是值得尊敬的。这确实有点像教皇，教皇也是从来不会犯错的。"他认可英格兰银行不具备承担监管责任的能力，他同意伊特韦尔的"文化说"，他声称："如果要使监管富有竞争力，就需要一种完全不同的文化。"

针对议员的意见，国务大臣麦基回答了议员们的提问，对议员们的建议进行了回应，重点回答了未来金融监管体系的问题，但他最终的意见和银行监管委员会的报告一样，承认存在问题，需要汲取教训，但是不需要对现有体系进行根本性变革。他指出，1993 年财政委员会就认为不需要进行变动，他援引当时财政委员会的意见说道："总的来说，我们认为，现在还没有一个重要的事件需要把监管职责（从英格兰银行）分离出来转移给一个单独的机构。"麦基认为，虽然有些国家选择了分离式的监管模式，将银行监管职能从中央银行分离出来，由另一个机构负责，但事实证明，银行监管机构和作为最后贷款人的中央银行之间需要非常紧密的合作。

二 事件对英国金融监管及英格兰银行的影响

报告公布后，英格兰银行也发布了相关信息，并召开记者招待会就这个报告进行互动。和议会的一些观点相似，媒体的普遍的看法是，报告掩盖了英格兰银行在这次事件中的监管责任。曾对英格兰银行的行为持赞成态度的《金融时报》，立场也发生变化，认为银行监管委员会"在英格兰银行面前的软弱十分可悲"。《每日电讯报》则评价道："如果里森先生进了监狱，而巴林兄弟银行的前高管们却在格林德伯恩音乐节享受美好时光，这个故事就太悲惨了。"① 还有一些人认为英格兰银行应该救助巴林。如果一开始英格兰银行愿意为英国银行组成的财团提供担保，以应对 2 月 27 日远东市场开始后可能超过 10% 的跌幅所造成的损失，这些银行一定会同意填补巴林的亏损，这些银行也就可以为巴林兄弟银行注资，使其起死回生，但英格兰银行对担保的拒绝导致这一方案没能实施。对此，英格兰银行认为，如果不考虑巴林事件，比较起来英国的银行监管运作良好。英格兰银行强烈谴责导致巴林倒闭的疯狂交易行为，以及巴林管理层糟糕的管理水平与内部控制。英格兰银行行长乔治此前在出席议会下院财政与公务委员会的听证会时，委员会的工党成员戴安·阿巴特认为，英格兰银行对于市场的认识远非一流，而且根本不了解金融衍生品。行长当时有点难堪，勉强回答说："我们必须努力以免落后。"报告公布后，财政委员会召开第二次听证会，当议员们再次对英格兰银行的责任提出质疑时，行

---

① Stephen Fay, *The Collapse of Barings*, London：Arrow Business Books, 1996, p. 224.

长终于按捺不住，最后向议员们挥动着手指警告说："你们必须清楚，如果每次发生问题，做事的人都要受到这样的对待，以后就没有人再做工作了。"① 议会和委员会对负责银行监管的董事奎恩也施加了很大压力，认为他应该引咎辞职。奎恩回应说，他负责对银行体系的监管，如果银行体系出了问题或者监管政策和内部指导出现了错误，他肯定会辞职。巴林的问题仅仅是体系运行方式出现的问题，因此他不会辞职。无论是奎恩，还是行长乔治，乃至财政部，都认为英格兰银行没有出错，也认为英国的金融监管没有大问题，但外界普遍认为事实并非如此，应该进行金融监管改革，这种看法至少从 BCCI 倒闭以来就已形成并在持续加深。

长期以来，英格兰银行被外界戴上了一个耀眼的光环，这个光环代表着英国金融监管的权威和声誉，一定程度上也代表了世界金融监管的最高水平。对于英国政府来讲，这个光环不能被玷污，否则光环黯然失色的一天，也许就是伦敦丧失世界金融中心地位的一天。因此，从这个角度似乎可以理解，为什么90年代的两次银行倒闭案中，英格兰银行在国内受到如此指责的情况下仍然能够顺利过关？这不只是责任问题、经济问题和金融监管的问题，更是政治问题和英国作为金融大国的地位问题。但是，无论如何，巴林兄弟银行倒闭带给英国的思考是沉重而深刻的。巴林银行是具有200年历史的银行，它见证了英国近代以来主要发展历史进程，是近两个世纪英国金融霸权的重要体现。甚至在倒闭之前，还是英国女王的御用银行。它的倒闭，对英国伦敦作为世界金融的地位产生了强烈冲击，英格兰银行的监管权威也受到严重质疑。两个世纪以来，人们知道，英国金融体系是世界上最有效的金融体系，英格兰银行的金融监管是世界上最出色的金融监管。但是，自英格兰银行获得法定银行监管权力以后，接连发

---

① Stephen Fay, *The Collapse of Barings*, London: Arrow Business Books, 1996, p. 249.

生三起银行倒闭事件，不仅使英格兰银行蒙羞，也使英国政府感到极为难堪。无论是约翰逊马西·银行倒闭，还是 BCCI 倒闭，虽然人们指出了英格兰银行的种种问题和失误，但还没有人提及英格兰银行是否交出银行监管权的问题，人们对英格兰银行监管能力的信心没有动摇。这一次，英格兰银行是否还继续享有银行监管权竟然成为外界和议会最主要的争论议题。如同行长乔治所说，这起事件对英格兰银行权威的伤害是严重的。另外，国际上金融混业经营快速发展，对大型金融集团的管理越来越复杂，不同金融监管部门之间的协调成本显著上升，这对分业监管模式提出了严峻挑战，不能不使英国认真面对。巴林事件中，英格兰银行和证券与期货管理局之间缺乏有效沟通，导致英格兰银行对巴林的监管有名无实，英格兰银行本身对金融衍生品业务并不熟悉，或许出于颜面和权威，或许没有谨慎对待，总之没有尽力学习这项业务以及如何监管，这一点令人感到震惊。

巴林事件以后，英格兰银行也对自身的监管能力产生了怀疑。自它掌握银行监管权以来的十几年中，已经先后发生三次银行倒闭事件，每一次都引起国际社会的广泛关注，确实打击了英格兰银行的信心。1995 年 10 月，英格兰银行联系安达信会计师事务所，请事务所对英格兰银行监管与监控板块工作的实用性与有效性进行检查，检查持续近 9 个月。[①] 安达信报告于 1996 年 7 月 24 日公布，报告的主要建议是，在方法、组织、结构和人员等方面对监管与监控板块进行提升。报告认为，英国应该继续保持目前的监管模式，即在确定的标准和指导下做出符合实际的判断。但是，报告也指出，监管的标准、实施过程与监管的目标之间应该具有更加明确和清晰的联系；应该建立一套更为系统的风险评价方法，包括对每家银行

---

① Supervision and Surveillance, Bank of England Report and accounts, 1996, pp. 31 – 32, https://www.bankofengland.co.uk/-/media/boe/files/annual-report/1996/boe-1996.pdf.

的正式评估方法；要提高现有监管工具的有效性。报告还提出，应该更高效地利用信息系统支持监管，并对所有信息进行管理和分析；要拓展职员的培训项目，补充更多具有专业知识和技能的人员，包括大量的资深银行业务顾问，建立起一支有经验、有技能的专业监管队伍。

报告还建议增强英格兰银行的监管力量。于是，英格兰银行对监管与监控板块进行了重组，此前该板块的6个部门增加到9个。1996年9月1日，重组后的新板块结构开始正式运行。9个部门通过副董事奥利弗·配兹向执行董事米切尔·福特（奎恩退休后继任为负责银行监管的执行董事）汇报。9个部门的分工是：2个部门负责监管在英国注册的212家主要银行中的大部分，另外还负责对非法存款吸收机构提起诉讼。4个部门负责海外银行在英国的254家分支机构，还有那些海外银行在英国注册的子公司。资本和批发市场部将三项分离的监管内容整合在一起，分别是英国投资银行集团、贸易市场和批发市场。自1996年1月起，监管政策部负责对银行监管事项提供建议。运营部负责培训、IT和其他支持性功能，这个部门还包括一个数据分析小组，负责对各项数据进行收集、统计和分析。1997年年初，英格兰银行监管与监控板块的人员数量达到425人，其中55人是资深管理人员，264人为中级管理人员和研究员、助理等。和80年代初期相比，人员数量增加近4倍。[1]

危机后，英格兰银行还进行了自查，表示愿意接受安达信报告提出的建议，采取了一些具体措施来实施。英格兰银行制定了一本管理手册，包括监管的目标和具体标准，以促进监管过程的标准化。英格兰银行还拟定3份协商文件，分别是《银行监管的目标、标准和过程》《以风险为基础的监管》《银行的内部控制与39条》，力图通过这些文件，进一步完善监

---

[1] Governor's Foreword, Bank of England Report and accounts, Bank of England, 1997, pp. 3 – 8, https：//www. bankofengland. co. uk/-/media/boe/files/annual-report/1997/boe-1997. pdf.

管过程和标准。1996 年 3 月 7 日，刚接替奎恩成为英格兰银行负责银行监管的执行董事米切尔·福特，参加了在洛杉矶举行的国际期货与衍生品协会的年度会议，他在发言中再次提到巴林银行倒闭带来的教训，并强调：第一，一个组织的控制文化非常关键。如果控制文化存在问题，一个大型集团就会被其海外子公司或者分支机构的错误行为所颠覆，甚至是那些被认为是非常不起眼，不会带来什么风险的行为。第二，在巴林的问题上，如果监管机构之间能够及时互通信息，那么巴林的问题应该可以更早地发现。

从以后的历史来看，巴林银行倒闭最重要的影响是，英国开始思考金融监管体系的重构，并于 1997 年启动了历史上最重大的金融监管改革。这次倒闭也证明，即使是独立的审计机构，也可能会提供不准确的信息。①

---

① Basel Committee on Banking Supervision, Bank Failures in Mature Economies, Working Paper No. 13, Bank for International Settlements, April 2004, https：//www. bis. org/publ/bcbs_ wp13. pdf.

第十一章 20世纪末的金融监管改革

第一节 90年代以来的监管形势

1986年金融"大爆炸"以后，英国的金融监管体系比较复杂。从政府层面看，英国的金融监管主要是由两个部门来负责，贸易与工业部和财政部。贸易与工业部负责对证券业及保险公司监管。财政部主要负责银行领域，英格兰银行在财政部领导下工作。财政部对保险公司监管也有涉及，但不承担具体责任，保险公司监管的法律框架以及提供监管指导的责任仍由贸易与工业部负责。在监管主体方面，银行监管由英格兰银行依照《1987年银行法》负责；证券和投资业监管由贸易与工业部授权证券与投资委员会依照《1986年金融服务法》履行监管责任。住房抵押贷款协会由住房抵押贷款协会委员会监管。当然，90年代以后，很多住房抵押贷款协会已经转制为银行，接受英格兰银行的监管。社会保障部则负责对个人养老金计划的监管。证券与投资委员会所属的3个自律组织承担了对证券和投资市场的监管责任，包括：证券与期货管理局（SFA）主要负责监管证券公司；投资管理监管组织（IMRO）负责对基金机构的监管。这两个组织实施审慎监管和对业务行为的监管。个人投资管理局（PIAP）不仅负责对独立财务顾问的审慎监管，也承担对业务行为的监管。英国的金融监管体系是一个多层次的监管体系，每个层次具有不同的权力和责任，是一种法定监管和自律监管的结合。英国的监管体系力图使投资人感受到，政府监管将他们的利益放在第一位，而不只关注公司或者股东利益，以维护公众投资人的信心。但是，这一监管体系仍然无法防止金融风险的发生。1991 年的国际商业信贷银行倒闭和 1995 年的巴林银行倒闭，以及养老金不当销售等事件，使人们对这一监管体系的有效性提出疑问。工党在巴林银行倒闭后的一次议会质询时直接提出，一旦执政，将对英国金融监管体系进行大规模改革，将监管职责集中在一个机构身上，以应对规模越来越大、业务越来越复杂的多元化金融集团带来的监管挑战。对英国金融监管体系持批评意见的人认为，这些年以来的金融丑闻和银行倒闭事件证明，现有的金融监管体系无法应对危机和压力，监管体系过于复杂，有些地方职能重叠甚至互相矛盾，已经跟不上市场变革的步伐。

英格兰银行作为承担银行监管职责的主要机构，1994 年以来强化了对金融监管的工作安排，正式提出将维护金融稳定作为自己基本职责的重要一项（另一项是维护价格稳定）。自此以后，英格兰银行的年度报告将金融稳定事项作为一项主要工作纳入其中，并向社会公布。1997 年 2 月，时任英格兰银行副行长的霍华德·戴维斯在参加亚特兰大美联储的金融市场会议时，提出金融监管的 5 大目标：防止国民经济遭受系统性风险侵扰；在金融机构倒闭时能为中小存款人、投资人、保险公司的投保人提供保护，使其免受或少受损失；保护消费者免受不当商业行为造成的损害；为社会应对犯罪行为提供支持（比如要求公司探查和报告洗钱及对有组织犯罪的诉讼）；创建和支持公平的市场。同时，他也指出，金融监管不可能为投资者和消费者包办一切，监管部门不能也不应该为投资人和存款人提供全部保障。之所以不能，是因为监管部门的资源和手段不可能达到这样的要求；之所以不应该，是因为把金融风险的评估、监控等责任从投资

人或公司身上完全剥离是不对的。① "大爆炸"以后，越来越多的银行从
事投资业务和保险业务，越来越多的保险公司开展了银行业务。面对这样
的复杂形势，英格兰银行认为应该有一个"监管牵头人"，以便对各项业
务的监管有一个综合把握。同时，金融集团面对众多监管机构带来的成本
增加问题，或许也可以得到解决。金融集团监管中出现的问题是，没有一
个金融集团不接受一个以上的监管部门监管，同样，也没有一个监管部门
只承担监管一种业务的监管责任。例如，一个保险公司可能会被负责审慎
监管和负责业务行为监管的不同监管机构共同监管。如何解决这个问题？
有观点认为应该由一家监管机构承担对全部金融机构的监管任务，比如财
政部，这样可以理清监管部门的责任，保持不同业务领域在监管方法上的
一致性。涉及具体方面，焦点仍然集中在证券与投资委员会和自律组织
上。一些人认为它们在监管职责上存在重叠之处，而且耗费了不必要的成
本，彼此的联系也不通畅，建议将这两种机构合二为一。还有一种观点认
为可以设立两个机构，分别负责批发业务和零售业务，并各自直接向财政
部汇报。最为激进的一种观点是，建立"双峰"监管模式。设立金融稳
定委员会，监管系统性风险，并对所有金融机构承担审慎监管责任，还负
责监管批发市场业务。另外，设立消费者保护委员会，负责对零售市场的
监管，并对市场垄断行为和内部交易实施监督检查。股票经纪人和基金管
理人也受消费者保护委员会的监管。这个观点实际完全倾覆了英国当时的
监管体系，没有获得广泛认可。英格兰银行对这种观点也不以为然，认为
忽视了银行业务的特殊性，而且不能满足机构监管和功能监管的双重要
求。英格兰银行更倾向于建立一种相对保守的"三位一体"（Holy Trinity）
模式。这种模式和现有模式基本类似，由三个不同的监管机构分别负责银

---

① "International Regulatory Structure：A UK Perspective"，*Bank of England Quarterly Bulletin*，
May 1997，pp. 214 – 222.

行业、证券业和保险业的监管，三个机构直接向财政部负责。

1997 年改革前夕，英国金融业仍然在国民经济中占据着十分重要的地位。金融业在国内生产总值当中占比 7%，占据了《金融时报》股票指数股票市值 100 家公司中的 30%，从业人员达到 100 万人左右，大约占英国就业总人数的 5%。绝大多数国民都是金融产品的消费者，比如：超过80% 的家庭在银行或住房抵押贷款协会拥有银行账户，70% 的人口购买了人寿保险公司或养老金机构的产品，大约有 25% 以上的成年人持有英国公司的股票或单位信托计划。金融业在英国的地位从未动摇过。面对不时发生的银行倒闭事件和证券业丑闻，面对国际金融形势的巨大变化，作为世界上金融业最发达的国家之一，英国的金融监管改革压力非常大。80年代以来，金融集团的数量持续增加，不同金融产品之间的界限越来越模糊，这使分业监管的模式越来越不适应新的发展。一些人认为，对金融业合并监管不但能优化资源配置，而且能提高监管效率。不过，保守党政府力图在原有框架内进行调整，工党对此并不认同。巴林银行倒闭时，工党已经初步阐述了该党在金融监管改革方面的立场，但未来的改革力度仍然超过人们的预料。古德哈特曾评论道："在 1997 年赢得大选前，作为反对党的工党曾明确表示，他们将引入一项法律，使金融监管具有更加坚实的司法基础并摆脱自律监管组织（以及基于从业者监管的相关概念），将所有的自律监管组织合并成一个单一和更有效率的机构。但当时他们未提到是否将银行监管职责并入到同一和全面的金融服务监管局，因此在任期开始他们真的这样做时，确实令人有些意外。"[1] 一场规模宏大、震动世界的金融监管改革即将拉开帷幕，有人评价说："……这是自 1946 年国有化

---

[1] ［英］古德哈特：《古德哈特货币经济学文集》（下卷），康以同、朱力、孟芳芳译，中国金融出版社 2010 年版，第 100 页。

以来英格兰银行发生的最重要的机构变革和运营变革。"①

长期以来，关于金融监管结构和金融监管效果是否存在紧密联系，在学术界和业界一直存在争论。从历史经验分析，监管结构的改革不一定能很快促进监管效果的提升。英格兰银行也坚信，监管结构应该服从于市场结构。监管部门应该对市场、消费者需求的变化做出反应，而不是让市场和消费者调整自己的结构和需要适应监管部门的要求。监管的目的是促进市场更有效运作并保护投资者利益，而不是取代市场。但是，强调市场和消费者保护并不意味着忽视监管。英国金融业的持续发展仍然有赖于长期以来的监管法律制度所提供的环境框架。行长乔治到 1997 年仍然认为这一监管框架运行基本良好，否则英国的金融业未必能取得这样的成就。

第二节 金融监管改革

一 英格兰银行职能的调整

1997 年 5 月，工党赢得大选，工党领袖托尼·布莱尔当选首相，戈登·布朗成为财政大臣，一场举世瞩目的金融监管改革将要拉开帷幕。谁都难以料到，这场改革竟然先从英格兰银行开始。这不仅超出英格兰银行的预料，也令世界各国大吃一惊。

撒切尔夫人执政时期，财政大臣尼格尔·劳森曾提出过中央银行独立性的问题，但撒切尔夫人认为放弃对货币政策的控制是一种懦弱表现。1992 年，英镑危机迫使英国退出欧洲汇率机制，梅杰政府的财政大臣诺曼·拉蒙特提出让英格兰银行独立以重建人们对货币政策的信心，被梅杰

---

① "Changes at the Bank of England", *Bank of England Quarterly Bulletin*, August 1997, pp. 241 – 247, https://www.bankofengland.co.uk/-/media/boe/files/quarterly-bulletin/1997/changes-at-the-boe.pdf.

拒绝。华宝银行和英国议会下院也在研究英格兰银行的独立和改革方案，都没有拿出令人信服的方案。这一时期，工党一直与国外中央银行和学界保持着联系，经过与国外中央银行的广泛接触和交流，工党提出要改革英格兰银行，提高英格兰银行的自主性和责任性。[①] 影子内阁时期，布朗作为议员就曾对英国此前的监管体制提出过强烈批评，工党政府组建后，终于可以使他大显身手了。1997 年 5 月 6 日，布朗正式会见行长乔治后，宣布英格兰银行将获得独立的货币政策权，通过在英格兰银行内部设立货币政策委员会来行使。此前工党就已经和英格兰银行有过沟通，指出一旦执政将重新考虑英格兰银行在银行监管方面的职能。财政部计划先成立一个临时货币政策委员会执行这项职能，直到新法律付诸实施。[②] 5 月 20日，布朗会见并通知行长，英格兰银行的银行监管权将划归证券与投资委员会，并在此基础上成立一个新的监管机构，由目前负责金融稳定的英格兰银行副行长霍华德·戴维斯担任主席，英格兰银行今后将重点关注和维护金融体系的整体稳定。[③] 这项决定无疑令人震惊，取消英格兰银行的银行监管权超出了行长和英格兰银行的预期。由于此前从未得到这一消息，行长感到无法接受这个决定，于是要求辞职。对行长的辞职要求，首相布莱尔亲自打电话进行挽留，行长这才收回决定。[④] 后来，行长乔治在对外公布的年度报告中，口气缓和了许多，但确实显现出这个消息带给他的震动："这是极其大胆和激进的一步，没有任何发达的金融中心敢走出这一

---

① ［英］约翰·辛格顿：《20 世纪的中央银行》，张慧莲等译，中国金融出版社 2015 年版，第 205—208 页。

② "Changes at the Bank of England", *Bank of England Quarterly Bulletin*, Augus 1997, pp. 241 - 247, https://www.bankofengland.co.uk/-/media/boe/files/quarterly-bulletin/1997/changes-at-the-boe.pdf.

③ Ditto.

④ ［英］丹·科纳汉：《英格兰银行（1997—2014）》，王立鹏译，中国友谊出版公司 2015 年版，第 19 页。

步，这个行动引起世界各国中央银行和监管机构的强烈兴趣。"① 在公开
场合，行长对政府的这一决定表示欢迎，并强调英格兰银行将继续保持对
整体金融体系的监管，他说：

"问题的关键不在于英格兰银行的地位如何，而在于金融监管体系的
整体结构能够最大程度保护存款人、投资者以及投保人，也有利于维护金
融体系的稳定性。我们从来没有认为出于对存款人保护的理由，对银行的
监管必须由中央银行来执行。我们认识到，在金融市场，银行和其他金融
机构的传统界限已经变得非常模糊。但是，银行确实有特殊的系统重要
性，在提供流动性方面银行具有独一无二的功能，无论对存款人还是对借
款人，包括在支付和结算体系当中的核心作用。由于银行彼此之间的风险
敞口，它们极其脆弱，很容易导致风险向系统中的其他领域蔓延。因此，
在新的监管体系中，中央银行通过新的监管机构，仍然对个体金融机构的
财务状况保持监控，对整体金融体系进行监控，这一点十分重要。"②

对英格兰银行职能的调整，政府计划通过制定一部新的英格兰银行法
来执行。按照惯例，前期的工作已经开始具体实施。英格兰银行在货币政
策职能方面的准备工作很快推进起来。5 月 23 日，英格兰银行宣布了
1997 年度货币政策委员会的会期。委员会会议在每个月第一个星期日后
的周三和周四召开。会议决定将在周四会议后的中午 12 点公布。5 月 4
日，布朗宣布任命默文·金和布莱德里斯为英格兰银行执行董事，成为英
格兰银行临时货币政策委员会委员。6 月 2 日，布朗为货币政策委员会又
任命了 4 名外部委员，确保拟定于当月 5 日到 6 日举行的第一次货币政策

---

① "The New Lady of Thread needle Street", *Bank of England Quarterly Bulletin*, August 1998,
PP. 173 – 177, https：//www. bankofengland. co. uk/-/media/boe/files/quarterly-bulletin/1998/the-new-
lady-of-threadneedle-street. pdf.

② "Transfer of Banking Supervision", *News Release*, Bank of England, 20 May, 1997.

委员会及时召开。随后，根据英格兰银行职能的变化，高层人事调整也立即展开。此前，副行长霍华德·戴维斯离开英格兰银行负责筹建新的证券与投资委员会（此时，金融服务监管局的名称尚未确定），7月31日，政府任命戴维·克莱门蒂为英格兰银行副行长，任期5年，自9月正式任职，负责金融稳定事务和英格兰银行的日常工作。政府还决定，待新的英格兰银行法通过后再任命一位副行长，负责货币政策事务。人选也已经定好，计划由执行董事默文·金担任。

6月12日，在伦敦金融城举办的银行界和商界的晚餐会上，英格兰银行行长乔治再次表达了对政府政策的支持，但也提到可能产生的问题。行长认为关于什么样的监管结构是最有效的监管结构的争论仍在继续，引起这场争论的原因是全球范围内的金融创新和经济全球化，这使不同机构之间的业务界限变得日益模糊，这是金融监管改革的动因。但是，全世界还没有一种监管模式被认为最有效而被各国普遍采用。虽然此前不久乔治还认为监管结构与监管效果无关，但面对这一新形势，行长还是修正了自己的观点。他指出，银行监管从中央银行分离并非不常见，中央银行可以负责对整体金融体系的监管。包括设定审慎监管的最低标准，减少个体机构的倒闭，尤其是保护存款人的利益在内的银行监管职责，不一定要由中央银行来行使。乔治指出："我必须要说，对于中央银行而言，这（银行监管权）并不是一项自然而然的选择。自1979年银行法颁行后，中央银行力图防止出现可能蔓延的金融问题，以保障机构和市场的健康状况。将银行监管和金融稳定两种政策目标合并在一起，可能会产生目标冲突，出现视线分离（cross-eyed）。"乔治指出，一个超级监管机构可能会出现"过度官僚"行为，还可能难以在保护消费者和促进市场竞争两个目标之间把握平衡，这些都是"潜在危险"。乔治认为虽然并非监管结构决定结果，但他承认监管的实施毕竟是以某种方式处于监管结构当中，难以摆脱监管结构带来的影响。①

10 月 28 日，财政部公布了拟定的英格兰银行法案，在英格兰银行的治理结构、职责以及公共义务等方面做出了新的界定。在治理结构上，法案对英格兰银行的董事会做出了新的安排。包括行长、2 名副行长和 16 名董事。董事会的职责是制定英格兰银行的目标和战略，确保英格兰银行的各项资源得到有效利用。在职责方面，法案为英格兰银行搭建了独立执行货币政策的法定框架。价格稳定目标由财政大臣制定，英格兰银行通过货币政策委员会来实施。这种安排使价格稳定成为英国经济政策的核心，并作为实现产出和就业增长的基本条件。法案将银行监管权力转移给金融服务监管局（10 月 28 日确定的名称），英格兰银行负责整体金融稳定。

法案规定，每年由财政大臣确定通货膨胀目标。最初确定的比率为 2.5%，财政大臣的决策依据是产出和就业目标。通过货币政策的技术手段实现这项目标的任务由英格兰银行执行。通常情况下，财政部不会就货币政策事宜直接向英格兰银行发布指令，特殊情况下除外。这说明财政部仍保持着对货币政策的最后控制权，英格兰银行的独立性是有限的。法案确定了货币政策委员会的组成，成员包括行长、2 名副行长、2 名执行董事，另外还有 4 名外部委员。这 4 名外部委员由财政大臣任命，由具有相关专业知识和经历的专家组成。首届 4 名外部委员包括著名中央银行学家查尔斯·古德哈特。除此之外，还有 1 名财政部观察员，充当财政部和英格兰银行间的联络人，但不享有投票权。货币政策委员会会议结束后，将在一周内发布会议纪要和信息。会议纪要还会记录每个人的投票情况。法案规定，如果出现通胀率超过或低于 2.5% 1 个百分点（如低于 1.5% 或超过 3.5%），货币政策委员会必须向财政大臣做出书面说明，包括为什

---

① "Jersey Financial Services Commission First Anniversary Lecture", *Speeches and Articles*, Bank of England, 12 July, 1999.

么出现这种状况，这种状况会持续多久，以及采取的解决办法等内容。这项制度设计，为货币政策的透明和公共责任建立了一个法律框架，这使英国在货币政策制定框架中走在了世界前列，以后很多国家也设立了货币政策委员会。

维护金融稳定是英格兰银行的另一项主要任务，法案自然在这方面也做出相应规定。就在公布新英格兰银行法案的这一天，布朗宣布建立金融服务监管局，负责英国所有金融机构的许可与监管。英格兰银行的责任集中于探查和控制系统性金融风险，意味着要更加严密地监控经济发展和金融市场，这和维护货币稳定的职责紧密相关。法案明确，在英格兰银行成立金融稳定委员会承担这项责任。至于英格兰银行和财政部、金融服务监管局的关系，则以三方备忘录进行明确。

二 《1998 年英格兰银行法》的颁行

（一）对法案的争论

法案于 1997 年 11 月 11 日提交下院二读，由财政部国务大臣艾勒斯特·达林介绍。他指出，法案体现了政府推进英国经济现代化和适应经济全球化的决心。首先，法案给予英格兰银行制定利率政策的独立权，以实现政府的通胀目标。法案的出台完成了政府承诺对英国金融监管体系进行现代化改革的第一阶段，下一步将取消自律监管组织，建立金融服务监管局。法案将强化政府经济手段，将经济增长和就业率长期保持在一个稳定的较高水平之上，兑现政府的承诺，实现公平与责任，增强人们对货币政策的信心。达林认为，长期来看，取得持续经济增长的唯一办法就是保证价格稳定和低通胀。虽然有些人认为高通胀和高就业率可以并存，但政府并不这么认为。在现代经济中，市场需要政府增强政策制定的公开性和透明度，这是法案希望实现的目标之一。随后，达林介绍了工党执政以来政府在这方面已经推进的工作。工党承诺要保持经济的稳定增长和低通胀。在竞选纲领中，工党就表示要改革英格兰银行，使货币政策的制定更加有效、公开和负责，摆脱政治因素对货币政策制定的影响。政府已经将这一理念贯彻到这部法案。他强调："法案是我们对英国经济实施现代化的又一个里程碑。我们正在创建一个现代化的英格兰银行，它将满足 21 世纪全球经济的新要求。"①

议员们随后对法案展开辩论。肯尼斯·克拉克对政策目标之间是否存在矛盾以及为什么将货币政策权力让渡给英格兰银行提出质疑。达林解答道："……从长期看，在高通胀的条件下实现高就业率是不可能的。我们对此都有同样的认识。……很清楚，如果通胀目标没有实现，例如，由于经济震荡的原因，货币政策委员会必须采取必要措施降低通胀率，他们要考虑到政府的经济增长政策和就业政策……这一过程，我们知道在大多数国家的中央银行都很普遍。目标非常清楚，英格兰银行必须保持价格稳定，满足财政大臣设定的通胀目标。在实现这一目标的同时，英格兰银行也必须考虑到政府通盘的经济政策。正如先生所指出的，在短期内，这两个目标之间可能会存在冲突，但是，从长期看，如果我们不保持低通胀率，就无法实现我们需要的高经济增长率。"随后，他对财政部和英格兰银行的分工做了介绍，他说："……财政大臣负责为价格稳定设定目标，每年设定一次。今年早些时候，财政大臣非常严肃、公开和精确地宣布这一目标为 2.5%，这是一个长期目标。英格兰银行的责任是实现这一目标，并保证我所提到的价格稳定。它必须支持政府的经济增长和就业目标。因此，英格兰银行和世界大部分央行一样，要明确在支持增长和就业方面的稳定目标。"随后，他对货币政策委员会进行了说明，他介绍道：

---

① Bank of England Bill, 11 November 1997, vol 300 cc711 – 809, HC Deb, http://hansard. millbanksystems. com/commons/1997/jun/12/bank-of-england#column_ 1263.

"货币政策委员会的组成，较之过去有一个更加广泛的决策基础。委员中没有一个人能控制最终决策。它由一些来自英格兰银行和外部的专家组成，由英格兰银行行长和财政大臣根据这些人的经验和学识任命。决策可以摆脱政治影响。国家利益高于政府所在政党的利益，尤其是当政党面对选举的时候。做出决策要考虑到经济的长远利益。法案将保证责任的履行，这在以前是没有过的。这项责任不仅面向财政大臣，也面向议会。"辩论中，议题主要集中在两点：首先是关于英格兰银行的独立性。议员彼得·里列认为，由于货币政策委员会的成员都由财政大臣和行长任命，它的独立性是不足的。财政大臣将利率决策权赋予货币政策委员会是逃避决策责任。鉴于英格兰银行不具有真正的独立性，因此，保守党不会支持把货币政策权交给它。里列还认为，独立性应该是清晰的且可以看到的，并要纳入法律，能够体现在货币政策委员会的任命和英格兰银行董事会的任期上。财政大臣不应逃避利率政策的最后决策。他还援引一位《金融时报》记者的文章指出，根据相关研究，凡是具有独立央行的国家，经济衰退的程度要高于那些央行不独立的国家。其次是关于货币政策权是否和财政政策权分离的问题。关于这一点议员丹齐尔·戴维斯指出："我认为财政政策和货币政策分离是错误的。没有证据显示这样的安排能更好地解决问题。……我们研究的增长和就业问题，决策权应掌握在那些选举出的代表手中。"这个观点得到塔普塞尔的认同，他说道："……这肯定是一个重大错误，它将引发问题，会使我们对英国经济的管理更加困难，尤其是在经济困难时期，如果财政大臣既不控制财政政策，也不控制货币政策，这种困难将更加显著。"他援引德国的例子说道："……德国1990年统一后，德国央行实施的是从紧的货币政策，而科尔政府采取的是宽松的财政政策。由于英国是汇率机制成员国，结果严重影响到英国经济。"从辩论看到，虽然争论激烈，尤其在英格兰银行是否能够正确行使货币政策权以及英格兰银行的独立性方面，但是，在英格兰银行转让出银行监管权的问题上，议员们没有提出明显异议，在整个辩论过程中，甚至很少有人提出这个议题。

虽然不少保守党议员表示对法案投反对票，但由于工党在下院的绝对优势，最终，法案仍以 364 赞成 139 反对获得通过。随后迅速通过三读和上院审议。上院审议过程中，辩论焦点也集中于货币政策方面，对于银行监管问题涉及很少，再次证明朝野两方对取消英格兰银行监管权的一致意见。法案于 1998 年 4 月 23 日正式颁布施行，即《1998 年英格兰银行法》。这是自《1946 年英格兰银行》以后又一部针对英格兰银行的专门法律。1946 年法解决了英国银行的国有化问题，给予英格兰银行在需要情况下从银行获取信息的权力，从某种意义上，这是英格兰银行获得法定监管权的开始，虽然这项权力还很小。如果英格兰银行拒绝接受某家银行报送的信息，就意味着英格兰银行对这家银行进行了制裁。到《1979 年银行法》颁行前，英格兰银行甚至都没有行使过这项权力，主要依靠自己的权威和地位发挥非正式的影响力。《1998 年英格兰银行法》则意味着英格兰银行履行银行监管权的结束，名义上仍保持了维护金融稳定的责任。

（二）法案的主要内容

对英格兰银行而言，1997 年的意义如同 1694 年一般，这一年英格兰银行发生了巨大转变。工党执政仅仅 4 天以后，就宣布英格兰银行获得独立的货币政策权，两周后，财政大臣布朗宣布英格兰银行将把银行监管权让渡给一家新的金融监管机构。当然，英格兰银行仍然保持了传统的保持金融体系整体稳定的职能。新法案转移了英格兰银行的银行监管权，但没有根本改变英格兰银行作为中央银行的职责，英格兰银行仍然负责金融稳定和货币稳定，促进金融体系的有效性。政府希望新的货币政策安排能提升政策的可信度，并落实政府对保持价格稳定的承诺。新法提出坚持价格稳定的目标，服从并支持政府的经济政策，包括政府的经济增长目标和就业目标。很显然，价格稳定并不是最终目标，实现产出增长和就业增长，以及提高大众的生活水平才是政府的最终目的。政府保持低通胀率的考虑，是为了避免战后出现的长通胀周期。货币政策方面，自1946年以来形成的政府对英格兰银行的指导权力在法案中被取消。但法案明确，在极端经济环境下，政府仍然享有对英格兰银行的指导权力。另外，英格兰银行第一次获得为货币政策目标而享有的信息收集权力，这和1946年法享有的收集信息的权力相似。除此以外，法案没有赋予英格兰银行其他法定权力。1997年10月签订的三方备忘录中明确，英格兰银行将负责金融体系的整体稳定性，包括货币体系的稳定、金融体系基础设施的稳定以及对金融体系的检查等。

按照《1946年英格兰银行法》，英格兰银行的董事会组成结构是：行长、1名副行长和16名董事。其中，4名董事是执行董事。董事会的成员由国王任命，其中行长任期5年，董事任期4年。按照《1998年英格兰银行法》，董事会由行长、2名副行长和16名非执行董事组成。董事会成员中不再有执行董事。董事会负责银行的日常工作，包括制定战略和设立目标，董事任期3年。法案公布后，英格兰银行董事会的调整工作随即开始。其中，霍华德·戴维斯辞去副行长职务，于1997年7月31日担任金融服务局主席。新法生效后，11名董事留任，另有5名新董事加入。在原来的4名执行董事当中，默文·金成为副行长。其他3名执行董事将不再成为新董事会的成员：普兰德利和克拉克仅保留执行董事头衔，米切尔·福特则离开英格兰银行前往金融服务局任职。按照新法，董事会每月至少召开一次会议。董事会的职责是管理英格兰银行的日常事务而非制定货币政策，货币政策职能由货币政策委员会行使。日常事务包括决定英格兰银行的战略和目标，保证英格兰银行职责的有效发挥，保证英格兰银行的资源得到充分运用。16 名非执行董事将会组成一个非执行董事委员会，主席由财政大臣任命，委员会的职责是负责审查英格兰银行为实现其战略所做的工作，监督英格兰银行的财务状况和内部控制，并决定行长和副行长的报酬、津贴。委员会还负责检查货币政策委员会的工作程序，尤其是货币政策委员会是否尽职收集区域性、行业性和其他必要的信息用以货币政策决策。布朗任命马斯特斯为非执行董事委员会主席，并在行长缺位时代理董事会主席。非执行董事的报告也将成为英格兰银行年度报告的一部分。

法案规定，英格兰银行设立金融稳定委员会，主席由行长担任，成员包括副行长以及由董事会主席（行长）任命的 4 名董事。金融稳定委员会的主要职责包括：对董事会维护金融稳定工作方面的战略提出建议；当一个机构影响到英格兰银行的金融稳定时报告，英格兰银行决定是否和如何采取行动时，向英格兰银行提出意见；对英格兰银行运营金融稳定的权力进行监控等。对金融稳定职责，英格兰银行指出，这主要通过四条途径来实现。[①] 具体包括：监控国内外金融市场，包括金融市场同金融机构之间的联系；对国内、国际经济健康状况的分析；促进金融基础设施的稳固性，包括支付体系和清算体系；加强同其他国家中央银行和国际金融机构的合作。

三　金融服务监管局的建立

工党一上台，对监管机构的调整随即开始。5 月 6 日，布朗宣布给予英格兰银行制定货币政策的独立权力。两周后，宣布将把英格兰银行的银行监管权转移给一个新的监管机构。他做出这番表示的时候，这个机构名

---

① Review of Performances against Objective and Strategy, Bank of England Annual Report, 1999, pp. 22 – 29, https：//www. bankofengland. co. uk/-/media/boe/files/annual-report/1999/boe-1999. pdf.

称还未确定。因为以证券与投资委员会为基础，英格兰银行在内部文件中曾称之为"超级证券与投资委员会"。布朗把筹建这个机构的任务交给了时任英格兰银行副行长的霍华德·戴维斯，未来他将担任金融服务监管局的第一任主席，随他一同过去的还有英格兰银行负责银行监管的执行董事米切尔·福特。工党政府计划建立一个"世界级"的金融监管机构，负责对英国所有金融机构的监管。对戴维斯来讲，这并不是一项轻松的任务。一方面，需要合并多家机构；另一方面，在过渡期间这些机构还要独立并正常运作。按照政府的计划，新金融服务法案的出台大约需要两年时间，如此长的过渡期很有可能产生监管风险。戴维斯认为，要尽可能避免过渡时期产生的风险事件，过渡工作必须尽可能快地完成。他制定的指导原则就是"快干、快干！"1997 年 7 月，证券与投资委员会向财政大臣布朗汇报了新监管机构建立的日程安排，同时，还发布了三份协商性文件，分别涉及消费者、从业人员和银行监管的资金问题，开始就筹建过程当中涉及的原则问题广泛征询意见。整体上来说，市场对建立这样一家超级监管机构的态度是积极的。9 月，戴维斯参加了在香港举行的国际货币基金组织和世界银行年会，戴维斯在会上发表了英国进行金融监管改革的演讲，美联储前主席保罗·沃尔克显然感觉到这项改革难度很大，对戴维斯不无关心地提醒道："这份工作还不错，但我真心希望你能继续保持幽默感。"①

10 月 28 日，英格兰银行法案公布当日，财政大臣布朗正式宣布这个新机构为"金融服务监管局"。机构名称是霍华德·戴维斯选择的，后来他自嘲这个名称的选择表现出他缺乏创造性思维。② 在发布的《金融服务

---

① "Financial Services Authority: an outline", Financial Services Authority, 1997.

② "Integrated Financial Regulation: lessons from the UK's Financial Services Authority", *Speech*, *Financial Services Authority*, 5 December, 2001.

监管局建立纲要》中，明确了该局建立的原则和具体途径。赋予金融服务监管局的监管权力，按照计划分为两个阶段实施，通过机构合并和权力转移逐渐实现。第一阶段，通过新的《英格兰银行法》，英格兰银行将把对银行（《1987 年银行法》）、上市的货币市场机构（《1986 年金融服务法》）、票据结算公司（《1989 年公司法》）的监管权转移给金融服务监管局。这个阶段以新《英格兰银行法》的颁行为截止时间。第二个阶段，通过金融服务监管改革的法案创建一种新的金融监管体制。在新的体制下，金融服务监管局将获得现在由自律监管组织和政府机构（比如贸易与工业部）等行使的所有对金融机构的监管权力。财政部的计划是 1998 年夏完成法案的初稿并公布，1999 年提交议会审议。

机构合并工作计划于 1998 年春季完成。涉及合并的机构，包括证券与投资委员会一共 9 个。为减少合并过程中产生的风险，金融服务监管局和自律组织（证券与期货管理局、投资管理监管组织、个人投资管理局）进行了协商，同意涉及的各个机构的人员加快合并，并就尽快合并事项达成一致，协议涉及的内容包括以下几个方面：同意新的金融监管法案颁行以前尽快建立起单一的金融监管机构；同意在英格兰银行的银行监管部门并入金融服务监管局以后，各个机构加强合作，有序有效推动合并加快完成，直到新的金融服务监管法律生效；证券监管自律组织在过渡时期仍要继续发挥关键作用，包括在确保监管标准和支持新的监管体系的创建方面，在自律组织的责任和提供的支持方面各方意见一致；各方同意建立特殊机制支持合作的进行；各方同意尽最大努力解决在此过程中产生的问题和困难；在各委员会的主席层面举行定期会晤，检查合并的工作进度，确保持续合作。

对于合并的日程安排，金融服务监管局也做了详细计划，分为三个阶段：第一阶段从 1997 年 10 月到 1998 年春季。这个阶段，主要完成对金融服务监管局的设计和计划工作，具体包括：任命金融服务监管局的高层管理人员和委员会成员，启动在关键问题上与公众和行业的交流及协商，实施对金融服务监管局的组织结构设计，和自律监管组织委员会达成协议，就金融服务监管局的职员问题确定录用周期和条件。《英格兰银行法》生效后，英格兰银行的银行监管部门将立即并入金融服务监管局，自律监管机构的人员将把就业合同转移到金融服务监管局。第二个阶段从1998年春天持续到1999年秋天，这个阶段金融服务监管局要完成过渡期的重要工作。具体包括：完成对银行、自律监管组织所监管公司的授权、监管等工作，建立对金融集团的"牵头监管人"的监管模式，开展金融监管的实验计划，合并各个机构的信息系统，配置金融服务管理局的工作人员。财政部要完成金融监管法案的草拟工作。这个阶段结束的标志是金融监管法案的生效。法案一旦生效，贸易与工业部的保险委员会、友好社登记处、住房抵押贷款协会和友好社委员会的工作人员将同金融服务监管局签署就业合同，金融服务监管局开始承担对英国所有金融机构的监管责任。最后一个阶段是1999年秋季以后，金融服务监管局进入正式工作阶段。这个阶段，所有自律监管组织将被取消，金融服务监管局的运营资金由所有监管公司承担。

1997年10月，金融服务监管局的高管团队已基本建立起来。理事会包括3名执行理事，包括时任证券与期货管理局主席的理查德·弗兰特，时任英格兰银行负责银行监管事务的执行董事米切尔·福特，还有时任投资管理监管组织主席的菲利普·索普。高层管理团队最先完成组建，为下一步金融服务监管局的具体筹建工作创造了条件。另外，理事会以外的高层管理岗位的人员也基本到位。比如，奥利弗·配兹，此时在英格兰银行担任副董事，未来将在金融服务监管局负责金融监管，也牵头对国际金融集团制定监管政策。来自贸易与工业部的马丁·罗伯茨，此时在贸易与工业部负责金融资源管理，未来将成为金融服务监管局负责保险公司和友好社监管的董事。杰弗里·菲舍，现任住房抵押贷款协会主席和友好社首席登记官，也将在友好社的监管责任转移给金融服务监管局以后加入该局，并成为该局的一名顾问。提姆·阿兰，时任证券与投资委员会秘书，也将成为金融服务监管局理事会的秘书。理事会成员和高级管理人员此时尚未全部到位，但一些基础工作已经开展起来。金融服务监管局理事会的主要职责是，监督金融服务监管局对监管权力的行使，处理治理结构方面的事务，对机构采取质量控制措施，处理政策和标准制定的工作。

1997 年 7 月，证券与投资委员会在向财政大臣所做的工作报告中，对未来金融服务局的目标做了这样的阐述。

首先，保护金融业消费者。金融服务监管局为了保护和保障投资人、存款人和股东的公平待遇，将在诚信、金融稳健性、公平交易和竞争力方面设立、推动和执行高标准，保证消费者获得关于金融服务、产品和风险等方面清晰而充分的信息，使消费者为他们自己的决策承担责任，同时避免消费者暴露在他们无法预测的风险中。

其次，推动公平和有秩序市场的建立。金融服务管理局将推动公平、透明和有秩序的市场行为，并为市场和市场参与者设立和执行高标准要求，当标准不够和执行无效时采取行动。

最后，保护公众对金融体系的信心。

1999 年 7 月 12 日，戴维斯在参加泽西金融服务业委员会成立周年纪念会时，发表了主题演讲，阐述了未来金融服务监管局的目标。除上述三点以外，又增加一点，即确保受监管公司不被犯罪行为所利用，尤其是洗钱等犯罪行为。这实际上确定了金融服务监管局未来的四大目标。[①] 这些

---

① "Jersey Financial Services Commission First Anniversary Lecture", *Speech*, *Financial Services Authority*, 12 July, 1999.

目标一公布，立即引起争论。很多人认为这些目标还不够，应该增加促进金融业竞争的目标。关于什么样的服务和产品应该纳入监管，政府还没有给出明确的意见，戴维斯得到的信息是不会监管存款周期，也不会监管负债，比如抵押贷款等。议会已经开始就未来的法案提出意见，认为监管范围应该更广，包括长期护理保险以及抵押贷款的转让。争论的一个关键点就是新监管机构的责任。此时，人们已经普遍认为，监管机构应该获得一种独立地位，1998 年亚洲金融危机出现的不可收拾的局面被认为是政治力量过度干预的结果。监管机构应该获得一种高度独立的地位，远离政治干预。还应该获得一些比较有力的监管工具，比如处罚权力以及取消公司或个人经营业务的权力。这些争论对以后的法案产生了影响。

四　财政部、英格兰银行与金融服务局的监管合作

1997 年 10 月，为在未来金融监管当中加强协作，明确各自职责，提高金融监管的效率，财政部和英格兰银行、金融服务监管局签署了三方备忘录。备忘录明确了三个机构划分职责的基本原则，主要有以下几项。

清晰的责任。每一个机构必须为自己的行动负责，因此，每个机构都应该具备清晰定义的职责。

透明。议会、市场和公众必须知道谁负责什么。

不重叠。每个机构必须具有自己职责的清晰定义，避免猜测、无效和重叠，以保证明确的责任。

例行的信息交流。使每个机构更有效地履行自己的责任。

在三方备忘录中，英格兰银行的责任是负责金融体系整体的稳定性，具体被细分为五项，分别是：

第一，保证货币体系的稳定性。英格兰银行要对货币体系进行监控，这是其货币政策职能的一部分。每天都要对市场进行监控，并处理日常的

流动性波动。

第二，保证金融体系的基础设施，尤其是国内外支付体系的稳定性。作为银行的银行，英格兰银行处于金融体系的中心。对于支付体系当中的任何关键问题，英格兰银行都要向财政部提出建议。英格兰银行要发展和提高基础设施的功能，强化体系建设，降低系统风险。

第三，以宽广的视角检查整体金融体系。英格兰银行要承担货币稳定的责任，也要在金融监管方面承担很重要的职责（一名副行长担任金融服务监管局理事会的理事）。由于负责支付体系，英格兰银行可以首先发现潜在的问题。英格兰银行还可以对国内和国外市场及支付体系的金融稳定性提出建议；也可以评估金融行业中各种事件对货币状况产生的影响。此次安排当中，霍华德·戴维斯仍然担任英格兰银行董事会董事，而副行长戴维·克莱蒙蒂则兼任金融服务监管局理事会的理事。

第四，依照备忘录第 11—13 条，在特殊情况下执行官方的政策操作，以限制风险或防止风险向金融体系的其他部分蔓延。

第五，保证金融服务业的有效性，尤其是国际竞争力。英格兰银行将继续在金融城承担领导责任。很多工作是为了能够提升基础框架。

备忘录中，关于金融服务监管局的责任包括以下四个部分：

第一，对银行、住房抵押贷款协会、投资公司、保险公司和友好社进行许可管理和审慎监管。

第二，对于金融市场、结算和清算体系进行监管。

第三，对可能影响公司、市场和结算及清算体系的工作进行指导。

第四，制定监管政策。

备忘录对财政部的职责也做了明确。财政部对监管结构和实施的法律承担全部责任。对金融服务监管局和英格兰银行的具体行动，财政部没有操作层面的责任，也不会具体介入。但在很多种情况下，金融服务监管局

　　和英格兰银行需要对可能产生的问题向财政部提出警示：比如，出现可能引发经济衰退的严重问题时；有可能需要采取支持措施时；出现的问题可能引发法律调整的需要时；出现可能引发议会对大臣进行质询的情况时。这些情况并未穷尽，还会有其他可能的情况出现。在每一种情况下，金融服务监管局和英格兰银行都要决定是否对财政部提出警示。

　　备忘录在信息收集和交流方面也做了安排。备忘录明确，金融服务监管局应该收集被监管的公司的信息，并和英格兰银行保持合作，避免收集相同的信息，最大限度地降低被监管公司的负担。当双方需要相同的信息时，应该协商确定由哪一方负责采集，并如何将信息传递给另一方。英格兰银行可以收集与其履行职责有关的信息。备忘录确定了这样一项规则，即金融服务监管局的主席将担任英格兰银行董事，英格兰银行的 1 名副行长将担任金融服务监管局理事会的理事。通过管理人员互相兼任，确保在两个机构之间建立起紧密的合作机制，培养合作文化。信息共享方面，任何一方都应该向另一方提供其职责所需的信息，而信息获取方也不能向第三方泄露，除非法律允许。

　　为强化三方的协作关系，备忘录建立了一个常设委员会，成员由财政部、金融服务监管局和英格兰银行的代表组成。常设委员会每月召开一次会议，重点讨论与维护金融稳定有关的事项。但是如果有紧急事件出现，任何一方都可以提议召集会议。根据各自职责，每个机构都可以成为会议和解决问题的"牵头机构"。备忘录要求，金融服务监管局和英格兰银行要紧密合作，随时就一些问题通报财政部，便于财政大臣及时决策。备忘录还规定，当一个机构的主要政策发生变动时，必须及时通知另一方。总之，备忘录为三方机构在信息交流和协调方面建立了机制和平台，便于及时处理任何可能发生的问题，维护金融稳定。1998 年 5 月 1 日，常设委员会召开第一次会议，成为三方信息交流的重要平台。①

五　关于混业金融监管模式的争论

建立这样一种新的金融监管体系，没有争论是不可能的。此前，在英国就建立何种监管模式的问题已经争论许久，英格兰银行曾经表明了自己的态度，认为最终权力应该统一，但并没有表示要放弃自己对银行的监管权力。所有人似乎对这一点都没有异议：英国当前的金融监管体系过于复杂。同时，也没有人希望建立美国那样的金融监管体系，因为那种体系同样复杂。人人都希望改变这种监管体系，但是，对于如何改变还没有形成统一意见。工党上台以后，英国的利率决定权交给英格兰银行，政府认为，独立的货币政策机构不应该同时管理政府债务或者监管银行，利率决策权意味着英格兰银行的政策导向是宏观经济，而不再是伦敦金融城，英格兰银行到交出银行监管权的时候了。但是，关于监管权是否保留在英格兰银行，仍然有不同的看法。②

赞同合并监管的观点认为，这是金融市场的融合产生的监管需要。银行、保险公司和证券公司的业务日趋融合，随着混业经营的产生和发展，要保证金融体系的稳定性就必须采取新的监管方式进行应对。对于金融市场的这种变化，最好的应对方法就是采取一体化的金融监管模式。在英国，劳埃德—TSB 保险社收购了苏格兰寡妇保险公司，后者是一家最大的人寿保险公司；保德信保险公司收购了大型基金管理公司 M&G 公司，并开设了一家名为 EGG 的银行。国际上，美林证券收购了一家大型资产管

---

① "Review of Performances against Objective and Strategy", *Bank of England Annual Report*, 1999, pp. 22 – 29, https://www.bankofengland.co.uk/-/media/boe/files/annual-report/1999/boe-1999.pdf.

② "Integrated Financial Regulation: lessons from the UK's Financial Services Authority", *Speech*, *Financial Services Authority*, 5 December, 2001.

理公司——墨丘利公司，并与汇丰银行合作，力图开展存款和财富管理业务。在德国，安联保险集团收购了德累斯顿银行。金融混业经营形成越来越多的大型金融集团。因此，要有一家进行混业监管模式的单一监管机构来承担这种复杂的监管任务。另外，人们认为混业经营可以实现规模和范围经济。建立单一的混业监管机构，可以从规模和范围当中获得效益，而且可以更有效地配置稀缺的监管资源。还有一种赞成合并监管的观点认为，混业监管能协调相互矛盾的目标。单一机构可以协调具有潜在矛盾的审慎监管目标和业务行为目标。有一些人认为，审慎监管机构的目标，与市场信息和业务行为监管机构的目标存在根本性冲突。但戴维斯本人对这一观点并不认同。他认为，在金融服务监管局建立过程中，大家的背景和传承不同，但不意味着在工作中大家会寻求不同的结果。大家寻求的目标是保证金融体系的有效与公平运行，维护消费者利益。业务行为监管机构需要每一个消费者或市场交易对手都能获得充分的信息，以获得决策所需的基础信息。如果信息有误或产生误导，还应为他提供赔偿。审慎监管机构的目的是保护好存款人或投资人，这就要保证公司运作的安全性。审慎监管和维护市场信心其实都是为了实现相同结果。但是，仍然可能存在矛盾。业务行为监管机构可能希望银行能为存款人提供每天更新的信息。但是，银行很有可能因此而遭受挤兑，因为一旦出现银行不能继续获得新业务的情况，存款人可能会认为银行不够稳健，这种判断随后会影响到他在银行的行为，这对银行而言非常不利。但是，如果要使银行有机会获得挽救，就需要对存款人保密，以便使银行能够渡过难关。同样，在一家人寿保险公司中，保险资金由不同投保人享有，一些人有法定权利获得补偿。但是，如果最大限度地获得补偿，保险公司就无法获得新的业务并可能发生倒闭。寻求补偿是一个不利因素。因此，这里存在这样一个冲突，即部分投保人和全体投保人之间的利益冲突。这些目标之间的冲突的确存在，这也成为合并监管的一个重要理由。还有一个观点是，混业监管可以建立清晰的监管责任。此前不同监管机构在监管过程中，不同程度地存在监管职责的重叠，从而影响监管效率。在合并监管的机制下，这样的问题被内部协调所化解。

与此同时，反对合并监管的观点也不少，包括：审慎监管和业务行为监管之间存在根本冲突。其实看法和赞成合并监管的看法是一致的，即审慎监管和业务行为监管之间存在的冲突，但持有相同分析视角的人得出了完全相反的结论。另外，还有人认为，将审慎监管的职能从中央银行的职责中剥离是危险的，这会降低中央银行监控金融稳定并对金融动荡做出迅速反应的能力。单一合并监管的机构可能更关注于国内事务，尤其是业务行为监管，而忽略监管的国际性特点，这一点是央行独有的优势，因为中央银行更加国际化，对国际事务会更加关注。另外，中央银行会比非中央银行的监管机构更具有独立性，银行监管会更有效。这种监管模式在当时的一些非发达国家和转型国家比较普遍。在这些国家，中央银行获得了更加独立的地位和荣誉，并且获得了法律保障，一旦银行监管职能被剥离，新的监管机构必然不享有类似中央银行那样的独立性。但是，这一观点在发达国家似乎并不太认同，因为它们的非央行监管机构通过法律也获得了独立地位。

无论如何，金融服务与市场法已经制定，颁行已经不可避免。银行监管职能从英格兰银行分离，保险监管职能从贸易与工业部分离，证券与投资监管职能保留在即将成为超级监管机构的证券与投资委员会，这些权力，都将被集中于新的金融服务监管局。没有一种监管模式是完美的，在当时情况下，集中式金融监管既是需要也是潮流。

第三节 《2000年金融服务与市场法》的颁行

一 法案的公布

按照工党政府的金融改革进程，1998 年 7 月底，《金融服务与市场法案》草案公布，向社会公开征询意见，随后提交议会审议。这部法案的出台，将取代《1982 年保险公司法》《1986 年金融服务法》《1987 年银行法》，以及《1992 年友好社法》《1997 年住房抵押贷款协会法》等。法案为金融服务监管局提供了一个兼具职责和灵活性的管理框架，以适应快速发展变化的金融市场，也包含了要求金融服务局将这种职责和灵活性应用于实践的责任。当年 8 月，金融服务监管局发布了一份文件，名为《实现我们的责任》，其中初步阐述了如何开展工作，包括 4 点，具体是：依照法案要求实现法定目标，按照法案所列出的内容开展工作；法案将赋予金融服务监管有效和公平的权力；按照一致但并非相同的方式发挥单一监管机构的功能；今后将进一步发展金融服务监管局的监管方式。法案将目前对存款业务、保险业务和投资业务的不同监管机构组合在一起。政府的意图就是，一旦《金融服务与市场法》付诸实施，目前这些机构的监管职能都将纳入金融服务监管局，还包括对劳合社的外部监管职责，比如对管理机构和会员机构的监管。对此前获得投资许可的一些专业机构，比如会计师事务所、法律事务所等也直接进行监管，另外还包括对海外交易和票据结算公司的监管等。

法案对金融服务监管局设定了清晰的目标。一共有 4 项，这与此前的《金融服务监管建设纲要》相比有了一些变化：第一个目标是维持市场对金融体系的信心。这个目标由金融服务监管局和英格兰银行共同完成，需要两个机构之间的紧密合作。第二个目标是促进公众对金融体系的认识和理解。包括促进消费者对不同投资品种和交易行为所产生的风险和收益进行了解，以及为消费者提供准确的信息和合适的建议。第三个目标是实现对消费者的保护。关于保障消费者公平交易的主要责任由被监管公司的管理层承担。金融服务监管局的监管方法设计也是针对这种责任的强化和集中。第四个目标是减少金融犯罪。首要的任务是要保证金融机构的管理体系和运营实际能够防止自身成为金融犯罪的工具，尤其是被用于洗钱。除了这 4 个目标外，法案还对金融服务监管局提出其他的要求，包括：

首先，金融服务监管局必须以最有效和最经济的方式运用自身资源。金融服务监管局的运营费用来自被监管公司。每年必须就其预算和费用对外征询意见，金融服务监管局的非执行理事也会对它的花费进行监督检查，包括财务控制机制以及执行层的薪酬标准。金融服务监管局计划建立一个消费者小组，监控金融服务监管局实现法定目标任务的程度，尤其是在消费者保护以及他们对金融体系的理解方面的目标完成度。法案还建立了一个从业者论坛，目的是对金融服务监管局在满足法定目标的工作进行公开评价，而且，还关注金融服务监管的花费以及监管成本。其次，在被监管公司管理层的责任方面，法案要求金融服务监管局必须强化被监管公司管理层的责任，包括和消费者进行公平交易以及保证经营行为符合标准等方面。法案要求金融服务监管局在管理层的任职审批和行为准则方面做出原则性规定。这为金融服务监管局在要求高层管理人员达到监管要求方面提供了清晰而明确的标准。另外，在创新和竞争方面，法案要求金融服务监管局确定的规则和发布的指令不能对竞争构成障碍或扭曲竞争，尤其要充分考虑到监管行为对金融机构和市场结构可能产生的影响。同时，要保证在做出决策时消费者能够被正确告知。法案在金融业和市场国际化方面也有阐述。伦敦是世界金融中心，在伦敦进行的交易都具有国际化的特点，因此，金融服务监管局的监管行为也必然具有国际化特征。建立一个涵盖所有业务的单一监管机构，也是为了使伦敦能够继续吸引世界范围内的公司和资金，保障伦敦世界金融中心的地位。这是法案的最重要目的之一。如果不能顺应金融多元化经营的形势，不能从监管方面做出改革，必然会影响到国际资金和机构对伦敦的信心，这是英国监管当局所不愿看到的。

除这些要求外，法案还为金融服务监管局的权力框架做出安排。此次金融监管改革是英国有史以来最重要的一次金融监管改革，还从来没有一个机构拥有过如此大的监管权力。因此，对权力的界定以及如何行使权力的规定，无疑是法案最重要的议题之一。法案在这方面也做出了比较详尽的安排。这些权力包括：制定和修订规则以及发布指令的权力；给机构颁发经营许可的权力，以及对那些在公司发挥关键作用人员（管理层）的任职审批权力；如果需要，对那些未能满足监管要求和法定标准的机构采取调查、干预以及惩罚和起诉的权力，采取救助措施，或者采取惩处和限制性行动的权力，以保障消费者的利益。金融服务监管局如何行使这些权力，将完全以设定的法定目标框架为导向。对标准的设定也做了考虑，确保被监管公司能够实质上达到标准，而并非仅从形式上满足要求；这些标准也使被监管公司将合规性要求融入公司的发展战略、管理结构和商业模式当中；促使管理层更加积极地解决和管理好风险。

二 法案的颁行与影响

从法案公布到下院二读前，一共有 222 家组织和机构向财政部反馈了意见。总体而言，法案获得广泛支持，虽然在具体问题上存在一些争论。其中，信托和投资基金协会对这项法案表示欢迎，认为法案简化了英国金融监管的结构。银行家协会对这部法案使英国金融监管被纳入一个法律框架内表示赞成。另外还有期货期权业协会表示支持政府理顺并简化金融监管结构。英国保险公司协会表示完全支持单一监管机构的目标，消费者协会也对此表示欢迎，并认为单一监管机构存在巨大优势。

1998年冬天，下院财政委员会就此法案举行了一次质询。原计划1999年1月份建立两院联合调查委员会，最后推迟到1999年3月，① 由上院议员伯恩斯担任主席，巴里·谢尔曼担任副主席，对这部法案进行审议，并提出修订意见。联合调查委员会随后开始组织听证会，以期从不同证人那里获得直接的证据，对法案进行完善。联合调查委员会仅用8周时间就公布了调查报告，报告的质量很高，受到议会和政府的高度肯定，报告对法案提出37条修改建议，绝大部分都被政府接受，并在法案的修订过程当中予以吸收。

联合调查委员会的观点主要体现在以下几个方面。

第一，关于金融服务监管局的责任。联合调查委员会认为建立统一的金融监管框架，将银行监管、保险公司监管、证券监管以及住房抵押贷款协会的监管职能纳入一个机构，这是金融形势发展的需要。委员会主席伯恩斯后来对此评论道："我认为很清楚，我们每一个人都同意将银行、住房抵押贷款协会和证券公司纳入统一监管。我们拥有全球化的金融机构，因此需要合并金融监管的方式……"② 建立一个拥有巨大权力的新机构，其中会存在一定风险，而这又取决于这个机构的责任和治理结构。法案给予金融服务监管局法定豁免权，政府认为这是金融服务监管局所需要的。因为金融服务监管局面临的问题往往难以做出判断。委员会对此表示理解，但认为这可能会导致风险：由于享有法定的豁免权，这个机构的力量

---

① Financial Services and Markets Bill, 28 June 1999, Vol 334, cc34 – 110, HC Deb, http：// hansard. millbanksystems. com/commons/1999/jun/28/financial-services-and-markets-bill#column_ 34.

② Financial Services and Markets Bill, 21 February 2000, Vol 610, cc13 – 94, HL Deb, http：//hansard. millbanksystems. com/lords/2000/feb/21/financial-services-and-markets-bill#column_ 13.

过于强大，可能对所监管的行业和个人产生严重伤害。对此，政府表示会完善投诉程序，强化投诉委员会的职责。

第二，委员会对金融服务监管局的主席和首席执行官一职由一个人担任表示关注，认为应设立 1 名非执行主席。这一问题在外界引起争论，有人认为金融服务监管局应该由 1 名具有执行职责的主席领导，另一部分人则认为金融服务监管局的领导结构应该是非执行主席外加 1 名首席执行官。此前，金融服务监管局的主席和首席执行官由霍华德·戴维斯一人担任，委员会虽然并没有对他身兼两职提出意见，但同时指出，长期来讲，这两个职位应该由不同人担任。委员会的这个建议遭到时任金融服务监管局领导层的反对，他们认为，对于执行层权力过大的担心其实已经获得解决，因为理事会的成员也会充分参与政策制定。政府对此也表示异议。但委员会认为，设立 1 名非执行的主席会加强非执行层的力量，有利于平衡非执行层和执行层的力量，这是非常必要的。

第三，委员会对金融服务监管局实施的市场纪律给予了关注。此前，一些人对此表示担心，认为金融服务监管局不仅是调查机构，还是起诉机构，也是法官甚至是执行者，所有职能被集中于一身。因此，保护行业个人利益的问题显得非常突出。联合委员会花费大量时间在市场滥用行为以及市场滥用是否应纳入民事责任范畴的问题上进行调查研究，当时英国将市场滥用定位于刑事责任，委员会认为市场滥用应该定位于民事责任。

委员会的报告公布后，政府对报告的内容做出积极回应，对法案进行了大幅修订，吸收了绝大部分联合委员会的建议，尤其是金融服务监管局的责任和工作执行流程的公平性和透明性两方面。条款增加到 367 条，包括自公布以后经过修订新增加的 130 条。政府未采纳的建议包括未将主席和首席执行官分离等。整体上委员会对政府的态度表示满意。1999 年 6 月 28 日，经修改的报告提交下院进入二读。由国务大臣米尔本代表财政部向下院进行介绍。米尔本首先谈到英国金融行业在世界的地位和重要性。他指出，对金融服务业进行正确监管是"关乎国计民生的重要工作。……这部法案着眼于具有重要意义的金融监管，早就应该启动。法案建立的金融服务监管局是对现代全球性金融行业进行监管的现代世界级监管机构。它的哲学基础是温和监管，方式是采取必要和公平的保护手段。法案减少了管制，增加了责任。由过去的9家监管机构取而代之为1家监管机构。原来的5个补偿计划变为1个补偿计划。这种一站式监管对于行业从业者更好，对消费者更公平"。对于法案的必要性，他认为："……现在已经到推动进步的时候了。这是金融城的需要，是这个行业的需要，也是消费者的需要。政府决定继续努力，到2000年春在议会审议通过，将金融服务监管局的权力通过法律确定下来。"对于为什么要进行这种变革，米尔本指出："长期以来，由于《1986金融服务法》《1987年银行法》《1982年保险公司法》的存在，监管重复以及监管结构不协调的问题已经非常明显，这个领域的其他法律也不能承担这个行业期望带来的监管标准和投资人保护。例如，在《1986年金融服务法》中，监管体系存在两条线，监管责任在证券与投资委员会和自律监管组织中被分割。这种责任的分割使消费者产生混淆，并对行业造成过重的监管负担。……无论如何，过去的监管体系显然不能适应形势的发展，原则上说有两个原因。第一个原因是在今天全球金融市场一体化的时代，过去对金融机构的划分越来越成为障碍。今天，银行、证券公司、保险公司实现了混业经营。传统的行业壁垒正在消失，过去的监管结构已经跟不上时代的步伐了。这个结果就是，不止一个监管机构，不同的规则和程序，全世界负担最重的监管，最为混淆的监管，寻求监管同一家公司。这不仅是混淆监管，而且成本高昂且结果无效，稀释了正确监管带来的积极影响。因此，目前的监管体系，既不能促进竞争，也不能提高透明度。"对于第二个原因，米尔本指出："这个体系甚至对有经验的专业人士而言也过于复杂。普通投资人面对的监管机构简直就是一个监管字母表……不同的检查人员，不同的补偿计划，如果有如此之多的重复和混淆，金融服务业赖以成功的基础必然会受到削弱。"①

米尔本随后强调了这部法案的导向，就是法案具有"适当的灵活性"，这种灵活性须能经受住时间考验，并成为法案的核心精神，以应对出现的挑战。清晰、责任和透明，都是过去监管体系所缺少的。他说："过去的监管体系就像迷宫一样，简直无法运行，这种状态是不可持续的。金融行业和消费者理应得到更好的监管。新法案对金融行业和消费者而言都是公平的。它减少了监管，简化了监管。只有一个监管者，一个许可流程，一项补偿机制，一个独立的法院。历史上第一次我们拥有一个目标、职能和权力。"② 米尔本认为，通过减少监管、简化监管，法案增加了监管机构的责任。他同时指出，建立强有力监管机构的同时，也必须建立一种新的机制来平衡这种权力，以保证对权力的使用是负责任的，也是可以说明的。这种责任框架，米尔本指出主要是通过两条途径来保障：第一，金融服务监管局向议会和政府负责。金融服务监管局的理事由财政部任免，以保证权力的运用符合公众利益。金融服务监管局每年还要就如何完成目标以及其他事项做出年度报告，这些报告会被呈报给议会，议会对其实施检查。第二，金融服务监管局还向金融从业者和消费者承担责任，每年都要召开一次公开的年度会议。理事会中非执行理事占大多数。将成立金融行业从业者小组和消费者小组，为日常监管工作中提供咨询和建议，两个小组同时对金融服务监管局实现法定目标的工作成效进行评估。

---

① Financial Services and Markets Bill, 28 June 1999, vol 334 cc34 – 110, HC Deb, http://hansard. millbanksystems. com/commons/1999/jun/28/financial-services-and-markets-bill#column_ 34.

② Ditto.

不仅提供必要的责任保障，还要塑造金融服务监管局的监管特点。未来的监管将是一种尽可能温和的监管，以公平方式提供必要的保护。米尔本强调，法案避免出现过度监管的情况，防止对金融创新造成障碍并对消费者增加负担和成本。法案建立了一种明确而公平的监管机制：金融服务监管局将具有这样一项责任，保证监管成本和监管收益的平衡。米尔本说，虽然给予金融服务监管局制定规则和执行规则的权力，但是，法案也提供了对个人权益和自然正义的保障。财政部将建立一个新的法庭，独立于金融服务监管局，处理所有与金融服务监管局的监管决策有关的案件。在消费者保护问题上，法案将消费者的认识和理解纳入金融服务监管局的法定目标中，体现了对消费者保护的高度认识。

随后下院就法案展开辩论。从议会记事录来看，整体上朝野两党议员都对此项法案表示支持，议员卡波尔说道："我对法案表示强烈支持。法案在哲学基础和金融监管的结构方面体现出广泛一致性。……我认为政府和反对党对这部法案没有任何基于原理的分歧。"由于此前已经过漫长的协商期，法案存在分歧的地方不多。争论主要是金融服务监管局主席和首席执行官兼任的问题。大部分议员认为两个职位应该分离，但也有人认为此事并无大碍。议员埃默里指出，虽然联合调查委员会的报告建议分离董事会主席和首席执行官的职责，并不针对霍华德·戴维斯本人，但是，戴维斯以后，这两个职位不应由1人担任。这是一项重要的权力制衡机制。莱尔议员也对此表示赞成，他认为对于金融服务监管局这样复杂的大型机构，配备两个人更具优势。另外还有关于金融服务监管局是否应该拥有豁免权的问题、抵押贷款的监管问题以及金融服务监管局权力过大的问题，但都没有引起激烈争论。二读以后，法案继续进行修订，并提交上院。2000年2月21日，法案进入上院二读。经过半年多的修订，较之起初变化很大。法案已经增加到215页，共408条款。从法案最初公布算起，在近 18 个月的议会审议过程中，总计进行了 1450 处修订，这可能是英国政府提出的一部最大的法案。2000 年 6 月，法案获得女王批准正式颁布，于 2001 年 12 月 1 日生效。法案的出台，意味着英国这一轮金融监管改革的结束，也标志着英国新的金融监管体系建设完成。此前，英国是混业经营、分业监管，法案的颁行使英国开始进入混业经营、混业监管的时代，英国建立了一个空前强大的金融监管机构。金融服务监管局建立以后，受到国际的高度瞩目，一些国家也开始学习英国的监管模式，包括韩国、日本等。但是，这种模式的有效性仍然存在争议。尤其是银行监管权从英格兰银行分离出来，是否更加有利于银行监管，学术界和业界长期存在不同的观点。

这样一个超级监管机构，是否就能有效应对潜在的金融危机，圆满完成维护金融稳定的责任呢？恐怕任何一种新的监管体系都不能百分之百地做出肯定的回答。金融监管是一种事后安排，而对金融监管的前瞻性设计很难跟上金融市场和金融机构出现的新问题、新情况。从以后发生的金融危机来看，这样的反复不可能结束。金融监管将是一个长期性的课题，这是由金融行业本身的特点所决定的。此次金融监管改革，顺应了金融业发展的潮流，建立了一种完全崭新的金融监管体系。英格兰银行的法定监管权力受到严重削弱，一定意义上也意味着英格兰银行地位的下降，它已经不具有如同过去那样的发言权了。此后，英格兰银行主要专注于货币政策事务，一年一度的《通货膨胀报告》是政府评估货币状况和宏观经济状况的重要参考文件，也成为其他国家中央银行学习和模仿的重要内容。

第四节　英国与国际金融监管

如果说，90 年代以前，英国是以自身的实力和监管经验为国际金融监管发挥建设性作用的话，90 年代以来，其自身的监管教训对国际金融监管也产生了重大影响，尤其是 BCCI 事件和巴林银行倒闭事件。这两起事件无论对欧盟还是巴塞尔委员会，都引起很大震动。

1991 年 BCCI 被关闭后，欧洲共同体对 BCCI 暴露的问题深感震惊，出台一项针对 BCCI 涉及问题的专门文件，名为《后 BCCI 指令》。文件指出，如果一个机构的结构或者它同外界的联系对有效监管形成障碍的话，那么监管机构可以拒绝授予其牌照，对已经获得的牌照可以收回。在信息交流方面，指令促进了不同监管机构之间保密信息的交流，要求审计机构可以向监管机构提供任何影响该机构是否继续享有牌照资格的信息。1992 年 4 月，欧共体委员会通过了《关于并表基础上的信用机构监管指令》，1993 年正式生效。指令第四条明确了母国监管机构颁发经营许可的标准：如果母公司是一家信贷机构，则由母公司所在国监管机构承担并表监管责任；如果一家信贷机构的母公司为金融控股公司，则由发给该信贷机构经营许可的国家承担监管责任；如果母公司在一个以上国家都设有信贷机构，且母公司所在国也同样设有信贷机构，则仍由母公司所在国负责并表监管责任；如果母公司在国内未设立信贷机构，其信贷机构所在国应达成协议，明确哪一国承担并表监管责任。如无法达成，则由拥有最大资产负债额的信贷机构的所在国负责并表监管。如果两个或两个以上信贷机构的最大资产负债额持平，则由先获得许可的信贷机构的所在国负责并表监管。[①]

BCCI 事件对巴塞尔委员也产生了巨大影响。事件后，强化国际金融监管合作，完善对国际金融银行集团的监管，明确对跨国银行母国的监管责任，成为国际监管组织包括巴塞尔委员会的重要课题。巴塞尔委员会做出迅速反应。1992 年 7 月，委员会在跨国银行监管领域迈出重要一步，

---

① 蔡奕：《跨国银行监管的主要法律问题研究》，厦门大学出版社 2004 年版，第 132—135 页。

发布了题为《对国际银行集团及其跨国分支机构监管的最低标准》的文
件。① 文件吸取 BCCI 事件的教训，确定了对国际银行集团及其跨国分支
机构监管的 4 项最低标准。文件显示出美国和英国因 BCCI 丑闻而产生的
矛盾。正如上文所指出，由于受制国内保密法规，担心信息外泄引发金融
灾难，英格兰银行对已获得的有关 BCCI 的信息一直没有透露给美国，引
起美国不满。这份文件主要是处理了监管过程当中的一些问题，没有涉及
监管部门之间信息交流的问题。一方面可能各国仍然对银行信息的传播有
所限制，解决信息交流障碍还存在困难；另一方面，也可能显现出巴塞尔
委员会的关键成员国对 BCCI 事件的认识远未达成一致。因此，文件介绍
的最后一段对于委员会的结论是这样描述的：

> 委员会也回顾了 1990 年 4 月对协议的补充文件《银行监管部门
> 之间的信息流动》，这份文件为监管部门之间的联络与合作提供了实
> 践指导。委员会的结论是：在监管部门之间信息分享的种类和程度可
> 能仍然取决于具体事件，因此目前还不能体现在最低标准当中。即便
> 如此，委员会认为，同 1990 年 4 月的补充一致，各国监管部门应该
> 明确承诺与其他国家的监管部门在涉及国际银行的审慎事务方面尽最
> 大努力进行合作，尤其在对欺诈的指控、犯罪行为，或者触犯银行法
> 等方面。另外，委员会和各成员国也将继续努力减少监管部门之间信
> 息分享的障碍。②

---

① Duncan Wood, *Governing Global Banking*: *The Basel Committee and Politics of Financial Global-
ization*, London: Ashgate Publishing Limited, 2005, pp. 58 – 62.

② Basel Committee on Banking Supervision, Minimum Standards for the Supervision of International
Banking Groups and Their Cross-Border Establishments, Bank for International Settlements, 1992, ht-
tps: //www. bis. org/publ/bcbsc314. pdf.

无论如何，文件表明巴塞尔委员会对各国监管部门之间进行信息分享而施加影响的能力有限，这也体现出这个报告的缺陷。伍德认为这一缺陷削减了文件对国际金融监管的影响力。[①] 但是，文件仍然对消除各国监管部门之间的监管障碍，对国际银行集团的统一监管做出了贡献。这 4 项最低标准是：

第一，所有国际银行集团和国际性银行必须受到母国监管部门的监管，母国监管部门应该具有实施统一监管的能力。

第二，银行或银行集团在建立海外银行之前，应该首先获得东道国监管部门以及母国监管部门的双重批准。

第三，监管部门享有从银行或银行集团的海外银行获取信息的权力。

第四，如果东道国监管部门认为海外银行没有达到任何一条最低标准，可以对其采取必要的严格手段以使其达到标准，包括禁止海外银行的创设。

这份文件显现出当时国际性银行集团呈现的复杂性。如何监管国际性银行集团为各国监管部门和巴塞尔委员会带来巨大挑战。巴塞尔委员会在这期间显得力不从心，力图协调各方立场从而在一些问题上达成一致，尤其在各国的信息分享这一问题上，但显然困难重重。从 BCCI 事件中可以看出，各国的内部监管法规和保密法规不同，协调立场存在很大困难。两个核心成员国，英国和美国在此次事件中产生了矛盾。美国指责英国在早已获得 BCCI 相关信息的情况下对美国同行采取保密措施，从而使美国的利益受到损失。美国参议院对该事件的报告认为 BCCI 事件是英格兰银行隐瞒信息，延误了采取行动的时机，最终导致负面影响扩大化。英格兰银行则一再声称对 BCCI 的传闻长期以来缺乏强有力的证据，对它的罪行指控和采取关闭行动的标准之间存在区别，因此，即便 1988 年 BCCI 在美国的分支机构受到调查和指控，也不是采取关闭行动的判断标准。另外，信

① Duncan Wood, *Governing Global Banking*：*The Basel Committee and Politics of Financial Globalization*, London：Ashgate Publishing Limited, 2005, p. 60.

息沟通受到国内公司保密法规的限制。可以想象，这份文件无法为巴塞尔成员国之间就信息分享的具体细节做出技术上的设计与安排，只是在原则上强调希望各国在信息交流方面要尽最大努力来实现。要实现各成员国的全面互动合作，道路仍然漫长。

距 BCCI 倒闭不到 4 年，英国巴林银行倒闭。作为一家享誉欧洲乃至世界长达两百多年的老牌银行，它的倒闭促使各国和国际组织加强了对金融衍生品的监管和国际合作。芝加哥期货交易所加强了与新加坡国际金融交易所的联系，希望建立全世界交易管理机构的信息分享便利机制。1995年 3 月，美国官方和一些投资银行组成联合委员会，提出一整套建议，要求银行提供场外衍生品交易及交易对手的情况。5 月，16 个国家负责期货与期权市场监管的监管机构在英国温莎召开会议，研究对金融衍生品市场进行监管的国际合作问题。6 月 2 日，会议发表了著名的《温莎宣言》，就市场监管机构之间的合作以及投资者保护、清算违约的处理方式及突发事件的监管合作等问题提出了基本框架。1995 年 11 月，巴塞尔委员会和国际证券委员会共同发表了一份关于银行和证券公司交易及金融衍生品的文件，从定性和定量两个角度提出改进建议，目的是确定跨国银行和证券公司信息报告的范围，提高对全球金融衍生品交易活动的监控水平和监控效率。1996 年 11 月，国际证券监管委员会组织技术委员会和巴塞尔委员会联合发表了《银行与证券公司衍生品交易活动披露问题的调查》一文，对银行和证券公司参与金融衍生品交易行为信息披露的质量和范围提出建议。1997 年 3 月，国际清算银行发布《外汇交易衍生品的清算安排》，全面分析了在金融衍生品交易中存在的风险，并建议各国通过完善交易清算系统和加强各国清算系统之间的合作，防范可能出现的各种风险。①

---

① 林俊国：《金融监管的国际合作机制》，社会科学文献出版社 2007 年版，第 191—192 页。

第十二章 结论

一 政府是主导力量

英国金融监管的演变发展历程中，呈现政府力量和市场力量的结合与平衡，政府是主导力量。英国金融监管的历史过程，是政府和英格兰银行互相支持，互相依赖，共同维护金融市场稳定的过程。最初两百年，对于承担如此巨大的责任，英格兰银行从内心是有抵触的，但为了延长特许而不得已为之。这种状况持续到 19 世纪中后期。政府以特许为条件，实际上也将英格兰银行推向了中央银行之路。1890 年，当巴林银行出现流动性危机时，英格兰银行主动牵头组织担保基金，迅速解决危机。虽然在此前两百多年时间里，英格兰银行已多次承担最后贷款人职责，但这一次是英格兰银行主动发起，意味着英格兰银行从意识上已经认识到，作为金融城最大的金融机构，作为国债管理人和唯一的货币发行机构，需要承担起维护英国金融稳定的责任。进入 20 世纪，英国历经两次世界大战和大萧条，政府在金融监管方面发挥了越来越重要的作用，金融监管逐渐成为政府的重要职责之一。政府方面主要由贸易委员会（贸易与工业部）负责，市场力量代表主要是英格兰银行。政府的金融监管功能相对简单，主要通过《公司法》《存款人保护法》《反欺诈法》等法律确定监管责任。英格兰银行的监管影响源自其权威和在金融城的地位，是一种非正式监管。

1946 年国有化以后，英格兰银行虽然成为政府力量的一部分，但从监管角度而言，国有化法案给予英格兰银行的监管权力非常有限。这一时期证券业和保险业的监管由政府（贸易与工业部）直接负责。

70 年代，由于对次级银行危机的成功应对，加上欧共体"第一号银行指令"的影响，1979 年英国将法定银行监管权赋予英格兰银行，政府仍然保持着对证券业和保险业的直接监管。1986 年，政府通过《1986 年金融服务法》，将证券监管权委托给代理机构——证券与投资委员会，委员会则将具体的监管权力下放分配于 3 家自律监管组织。贸易与工业部对证券与投资委员会具有管理权。委员会如果不能正确履行职责，贸易与工业部有权收回委托。整体上看，对金融业的日常监管呈现出政府力量逐渐淡出的趋势。1979 年政府退出银行业监管，1986 年基本退出证券业监管，1997 年退出保险业监管。虽然政府不参与日常监管，但政府对监管主体具有强大控制力，是最终的监管决策人。1997 年改革后，金融服务监管局负责对所有金融监管的监管，财政部通过对英格兰银行和金融服务监管局的管理仍然掌握着金融监管的最终控制权与话语权。

因此，自英格兰银行成立后，英国的金融监管体系是市场力量与政府力量的结合。长期以来，两种力量保持着一种相对平衡，以财政部、贸易与工业部（贸易委员会）为主要代表的政府力量占据主导地位。1997 年至今，政府虽不再从事具体监管事务，但仍通过对监管机构的高层人员控制和政策控制发挥着主导作用。

二　国内因素是主因，金融危机和银行倒闭是主要推动力

历史表明，英国金融监管的演变发展，是国际和国内两方面因素共同作用的结果，国内因素是主因，金融危机和银行倒闭是主要推动力。

国际因素方面，主要体现在 20 世纪中后期。70 年代，在"欧洲第一号银行指令"的推动下，英国颁布了《1979 年银行法》。到 80 年代，国际上以美国为代表，金融监管趋于放松，英国也出现证券业"大爆炸"，旨在放松对证券业和投资的管控。1979 年 3 月，欧共体颁布《第一号人寿保险共同规则指令》，推动英国保险业立法，英国根据指令要求于 1982 年出台了《1982 年保险公司法》。随着国际国内金融业混业经营的日益盛行，英国颁行了《2000 年金融服务与市场法》，推行混业经营、混业监管的监管模式，这不仅是国内金融监管的需要，也受到当时的国际潮流影响。

国内因素是推动英国金融监管变革的主因，金融危机和银行倒闭事件是主要推动力，即英国的金融监管变革是比较典型的"危机推动型"变革，这可以上溯到 18 世纪。1720 年《泡沫法案》出台，是南海泡沫危机引起的，这是英国历史上第一部金融监管法规，目的在于防止虚假成立股份公司。《1826 年银行法》则是对 1825 年危机的反思。法律允许股份银行设立，意在减轻在危机时对英格兰银行的依赖。要求英格兰银行设立分支机构，意在减轻乡村银行带来的风险，控制乡村银行的银行券。1844 年的"皮尔法案"是对 30 年代金融危机思考后进行的银行业改革，将英格兰银行分为发行部和银行业务部，意在防止英格兰银行过度发行银行券。进入 20 世纪，由于出现数起证券欺诈丑闻，英国成立格林委员会进行调查，颁行了《1929 年公司法》，意在防止股票的虚假销售。后来又颁布《1939 年防欺诈法》，强化了对证券交易机构和个人的监管。保险业方面，60 年代的一家保险公司倒闭案，推动贸易委员会对《1958 年保险公司法》进行修订，《1967 年公司法》进一步完善了对保险业的监管，包括业务许可和管理人员的适当性要求。1974 年 7 月，国家寿险公司宣告破产。政府于 1975 年 11 月即颁布《1975 投保人保护法》，目的就是保护投保人。银行业方面，《1979 年银行法》的出台，除了欧共体"第一号银行指令"外，主要是次级银行危机的推动。如果没有次级银行危机推动，英国与欧洲共同体在金融监管方面的合作意愿非常勉强。英格兰银行设立了银行监管局，负责对银行业的监管。1984年约翰逊·马西银行倒闭事件后，财政部立即要求英格兰银行成立调查委员会进行调查。根据调查报告，财政部制定了新的银行法案，颁行《1987年银行法》，将银行的双线监管合并为单线监管，英格兰银行成立银行监管委员会。1991年国际商业信贷银行被关闭后，英格兰银行进行了深刻反思，内部进行了组织结构的调整，为以后银行监管的改革开启了大门。巴林兄弟银行倒闭是对英格兰银行声誉的又一次严重打击。这两次银行倒闭事件，直接促发了工党上台以后实施的金融监管大改革。整体看，推动英国金融监管的变革调整，国内因素是主要原因，金融危机与银行倒闭是主要推动力。

三 非正式监管逐渐到正式和法定监管阶段

英格兰银行的金融监管职责，经历了从被动到主动、从依靠权威性和灵活性的非正式监管逐渐到正式和法定监管阶段的漫长历史过程。英格兰银行成立伊始，便开始在应对和处理金融危机方面发挥关键作用。作为一家私人股份银行，这并非它的责任。但是，作为当时最大的金融机构，也只有它有能力、有条件承担这样的义务。曾经有土地银行设立的威胁以及南海公司形成的严峻挑战，幸运的是，英格兰银行是最后的胜利者。英格兰银行早期的斗争目的只是维护商业利益，未料到会承担起应对危机的责任。两个世纪以来，英格兰银行应对和处理金融危机的方式主要是向市场注入流动性，应付银行挤兑，平息市场恐慌，承担最后贷款人职责。英格兰银行对这项任务的态度比较消极和被动，如果不是为延长特许，或受到政府压力，英格兰银行是否会对危机中的金融市场和银行施以援手，这可能是个问题。1866年系统性金融危机期间，奥弗伦·格尼公司只需40万英镑的贷款支持便可渡过难关，但仍被英格兰银行断然拒绝。由此引发的系统性危机最终导致英格兰银行付出 400 万英镑的代价。这次危机的爆发，除了和奥弗伦·格尼公司此前存在业务矛盾外，英格兰银行面对危机时仍不确定自己的定位和责任是主要因素。英格兰银行仍未认识到自己担负着维护市场稳定、平息危机的责任。但是，这次危机带来的损失和影响引起了英格兰银行的思考。也正是有了这样的反思，才使它在 24 年后能够果断出手。1890 年，当巴林银行出现流动性危机时，英格兰银行所表现出的主动、果断和沉稳，使人们认为英格兰银行在真正意义上开始承担起维护金融市场稳定的职责。20 世纪上半期，经历了第一次世界大战、大萧条和第二次世界大战，英国的金融体系未出现系统性风险，有银行倒闭，但没有出现金融危机。1946 年的国有化使英格兰银行已成为政府监管力量的一部分。两个世纪以来，英格兰银行以其实力、权威对金融体系施加非正式性和灵活性监管。到 70 年代，鉴于英格兰银行在次级银行危机中的良好表现，《1979 年银行法》将法定银行监管权赋予英格兰银行，英格兰银行在法律意义上正式拥有了金融监管权。不知出于何种原因，或是法定监管权带来的紧张和局限，或是担忧可能会承担的法律责任，或是时运不济，总之，自此以后，英格兰银行的表现似乎出现很大变化。英国每隔几年便出现一次震惊世界的银行倒闭事件，令英格兰银行感到沮丧和蒙羞。从监管角度而言，这几次事件中，英格兰银行的监管失败比较明显。如果更积极主动地履行监管职责，或许可以更早发现问题，或许这些倒闭事件可以避免。不过，英格兰银行在当时的决策及行为也有具体环境下的实际考虑。外界对英格兰银行在这些事件中应该如何行动有不同意见，但对其没有履行好监管职责的评价是一致的。历次危机后，都会有调查委员会（小组）对整个事件进行详细分析和调查，包括事件的起因、过程影响以及监管责任。比如约翰逊·马西银行倒闭以后成立了以英格兰银行行长彭伯顿为首的调查委员会；国际商业信贷银行倒闭后成立了以宾汉姆为组长的调查小组；巴林银行倒闭后由英格兰银行的银行监管委员会负责调查。每一次调查报告都给予英格兰银行严厉批评，但最后结论都认为英格兰银行履行了职责，不应该承担责任。这种判断不能不令人有所遐想。英格兰银行是英国金融体系的核心，代表了英国金融监管在国际国内的良好声誉，或许对英格兰银行不可轻易言"错"，否则将会严重影响人们对英格兰银行的信心，对伦敦世界金融中心的信心，这对维护伦敦世界金融中心的地位是不利的。

四　英国金融监管是渐进式改革，和英国近现代保守主义的特性相吻合

英国金融监管的演变发展是一种渐进式改革过程，这和英国近现代保守主义的特性相吻合。首先，这一过程具有继承性特点。从 19 世纪英国对银行业的立法可以看到，新的立法，不仅是对以往机制和体系的调整，也是对以往体制和体系的继承和发展。《1826 年银行法》规定，乡村银行不再发行新的银行券，但此前发行的银行券不在此列，仍然保留了乡村银行部分银行券业务。乡村银行逐渐衰落，但其业务一直持续到 19 世纪末 20 世纪初。《1844 年银行法》实际上是对英国现有银行体系和业务的承认。英国金融监管鲜有颠覆式变革。20 世纪以来，对银行业、证券业、保险业的监管法律和政策，主要是在继承基础上的持续完善和修订，这一点并未因政党更替上台执政而有明显变化。例如，保守党 1979 年执政后，没有改变工党政府时期颁行的《1979 年银行法》。以后颁布的《1987 年银行法》实际是对《1979 年银行法》的完善。工党 1997 年上台后，虽然进行了 20 世纪最大规模的金融监管改革，取消了英格兰银行的银行监管权，但仍然保留了英格兰银行维护金融稳定的职责。成立的金融服务监管

局，主要是对过去主要监管机构任务的合并和强化。

其次，这一过程具有渐进性特点。金融监管的变革调整都是以小步积大步方式完成，几乎没有进行过大跨步式的改革。1979 年的改革将银行监管权赋予英格兰银行，但证券和保险的监管责任仍然保留在贸易与工业部（贸易部）。1986 年改革，将证券监管权赋予证券与投资委员会，保险监管仍由贸易与工业部负责。到 1997 年改革，才将这三项监管职责统一到金融服务监管局，这是一个渐进过程。早在 80 年代初，曾有人提出将金融业的监管统一在一个机构的建议，但未获得广泛支持。直到 90 年代，金融集团普遍混业经营，英国才采取了统一（混业）监管的模式。

可以看到，英国金融监管的历史过程始终带有保守主义的特点，这可能是英国长期以来的政治传统对英国金融监管形成的巨大影响。进步和保守相互结合。进步代表前进，保守抑制其速度和强度，控制其节奏，两者共同形成稳健前进的态势，避免了激进方法，最终取得良好效果。保守主义的鼻祖柏克曾说："我绝不排除另一种可以采用的方法，但是，即使我改变主张，我也应该有所保留。"这反映了保守主义的基本原则，也深刻体现在英国金融监管的变革调整过程中。金融业是国民经济的核心，金融稳定是经济稳定和社会稳定的基础，金融失衡和动荡必然会引发经济矛盾和社会矛盾。金融发展需要创新，金融监管需要循序渐进。在处理金融监管问题时，英国始终采取谨慎和渐进方式，很少采取激进措施。20 世纪以来，除了 70 年代的次级银行危机外，英国没有出现过大的金融动荡，较好地维护了金融稳定。

无论如何，从世界范围看，英国金融监管的水平和标准始终居于领先地位，无论过去还是现在。英国的金融监管模式成为一些国家学习的对象，甚至在一些具体的监管概念创设上也引起人们的注目。1994 年，英格兰银行第一次使用"金融稳定"一词，1996 年开创性地发表了《金融稳定评论》。以后，"金融稳定"成为国际金融监管的常用词汇，国际货币基金组织开始定期发表《全球金融稳定报告》，一些国家也开始发布本国的《金融稳定报告》。英国金融监管体系的运行整体上是有效的，否则伦敦早已被纽约、柏林、巴黎、东京超越。就目前英国的政治经济实力来看，伦敦仍能居世界金融中心的地位，已经难能可贵。也正是伦敦世界金融中心的地位，才使英国仍能在当今世界政治和经济舞台占据一席之地，不能不说这是英国金融监管的成功之处，包括其中的历史教训，都值得我们深思。

参考文献

一　英文文献资料

议会议事录

1. Prevention of Fraud（Investments）Bill，HC Deb 21 November 1938 vol 341 cc1371 – 426，http：//hansard. millbanksystems. com/commons/1938/nov/21/prevention-of-fraud-investments-bill#column_ 1371.

2. Prevention of Fraud（Investments）Bill，HL Deb 28 February 1939 vol 111 cc970 – 391，http：//hansard. millbanksystems. com.

3. Stock Exchange London，23 April 1941，vol 371 c166，HC Deb，http：//hansard. millbanksystems. com.

4. Prevention of Fraud（Investments），Act 1958，HC Deb 28 July 1977，vol 936 c383W，http：//hansard. millbanksystems. com.

5. Stock transfer Bill［H. L. ］，HL Deb 12 March 1963，vol 247 cc691 – 704，http：//hansard. millbanksystems. com/search/stock + transfer + bill + 1963.

6. Companies Bill，HC Deb 21 February 1966 vol 725 cc35 – 162，http：//hansard. millbanksystems. com/commons/1966/feb/21/companies-bill # column_ 35.

7. Insurance Companies（Controls），HC Deb 07 July 1966 vol 731 c85W，ht-

tp：//hansard. millbanksystems. com.

8. Insurance Companies，HC Deb 14 July 1966，vol 731 cc232 – 3W，ht-tp：//hansard. millbanksystems. com.

9. Companies Bill［H. L. ］，HL Deb 21 December 1966 vol 278 cc2093 – 181，http：//hansard. millbanksystems. com/lords/1966/dec/21/companies-bill-hl#column_ 2093.

10. Insurance Companies，HC Deb 27 January 1967 vol 739 cc380 – 1W，ht-tp：//hansard. millbanksystems. com/written_ answers/1967/jan/27/insur-ance-companies#column_ 380w.

11. Insurance and Companies Department（Staff），HC Deb 07 February 1968 vol 758 cc135 – 6W，http：//hansard. millbanksystems. com.

12. Insurance Companies Bill［H. L. ］，HL Deb 08 February 1973 vol 338 cc1155 – 202，http：//hansard. millbanksystems. com/lords/1973/feb/08/insurance-companies-bill-hl#column_ 1155.

13. Insurance Companies Act 1973，HC Deb 10 June 1974 vol 874 c1218 1218.

14. Policyholders Protection Bill［H. L. ］，HL Deb 06 May 1975 vol 360 cc202 – 89，http：//hansard. millbanksystems. com/lords/1975/may/06/policyholders-protection-bill-hl#column_ 202.

15. Fringe Banks，HC Deb 06 November 1975 vol 899 cc265 – 6W，http：//hansard. millbanksystems. com/written_ answers/1975/nov/06/fringe-banks#column_ 265w.

16. Insurance Companies，24 February 1976，vol 906 c123W，HC Deb（6/p5），http：//hansard. millbanksystems. com/written_ answers/1976/feb/24/insurance-companies#S5CV0906P0_ 19760224_ CWA_ 80.

17. Securities Market, 21 October 1976, vol 917 cc521 – 2W, HC Deb, http: //hansard. millbanksystems. com/written_ answers/1976/oct/21/securities-market#S5CV0917P0_ 19761021_ CWA_ 145.

18. Prevention of Fraud (Investments) Act 1958, HC Deb 28 July 1977 vol 936 c383W.

19. Secondary Banks, HC Deb 01 February 1978 vol 943 cc229 – 30W, http: //hansard. millbanksystems. com/written_ answers/1978/feb/01/secondary-banks#column_ 229w.

20. Banking bill, HC Deb 23 November 1978 vol 958 cc1500 – 69, http: //hansard. millbanksystems. com/commons/1978/nov/23/banking-bill # column_ 1500.

21. Banking bill, HL Deb 20 March 1979 vol 399 cc1005 – 114, http: //hansard. millbanksystems. com/lords/1979/mar/20/banking-bill#column_ 1005.

22. Secondary Banking (Safeguards), HC Deb 18 July 1979 vol 970 cc723 – 4W, http: //hansard. millbanksystems. com/written_ answers/1979/jul/18/secondary-banking-safeguards#column_ 723w.

23. Insurance Companies Bill, HC Deb 02 February 1981 vol 998 cc103 – 20, http: //hansard. millbanksystems. com/commons/1981/feb/02/insurance-companies-bill#column_ 103.

24. Prevention of Fraud (Investments) Act 1958, HC Deb 23 July 1981 vol 9 c194W, http: //hansard. millbanksystems. com.

25. Prevention of Fraud (Investments) Act 1958, HC Deb 25 October 1982 vol 29 cc267 – 8W, http: //hansard. millbanksystems. com/written_ answers/1982/oct/25/prevention-of-fraud-investments-act-1958#column_ 267w.

26. Investor Protection (Gower Report), HC Deb 16 July 1984 vol 64 cc49 –

114，http：//hansard. millbanksystems. com/commons/1984/jul/16/investor-protection-gower-report#column_ 49.

27. Prevention of Fraud（Investments）Act 1958（Amendment），HC Deb 18 December 1984 vol 70 cc195 – 7 1955. 42 pm，http：//hansard. ‖ millbanksystems. com/commons/1984/dec/18/prevention-of-fraud-investments-act-1958#column_ 195.

28. Financial Services，HC Deb 24 April 1985 vol 77 cc885 – 964，http：// hansard. millbanksystems. com/commons/1985/apr/24/financial-services # column_ 885.

29. Johnson Matthey Bankers，HC Deb 29 April 1985 vol 78 cc64 – 5W，http：//hansard. millbanksystems. com/written_ answers/1985/apr/29/johnson-matthey-bankers#column_ 64w.

30. Banking Supervision（Review Committee's Report），HC Deb 20 June 1985 vol 81 cc452 – 63，http：//hansard. millbanksystems. com/commons/1985/jun/20/banking-supervision-review-committees#column_ 452.

31. Johnson Matthey Bankers，HL Deb 26 June 1985 vol 465 cc733 – 4，http：//hansard. millbanksystems. com/lords/1985/jun/26/johnson-matthey-bankers#column_ 733.

32. Johnson Matthey Bankers，HC Deb 17 July 1985 vol 83 cc320 – 5 3. 51 pm，http：//hansard. millbanksystems. com/commons/1985/jul/17/johnson-matthey-bankers#column_ 320.

33. Johnson Matthey Bankers，HC Deb 25 July 1985 vol 83 cc1293 – 4，http：//hansard. millbanksystems. com/commons/1985/jul/25/johnson-matthey-bankers#column_ 1293.

34. Johnson Matthey，HC Deb 24 October 1985 vol 84 cc181 – 2W，http：//

hansard. millbanksystems. com/written_ answers/1985/oct/24/johnson-matthey#column_ 181w.

35. Johnson Matthey Bankers, HC Deb 28 November 1985 vol 87 cc659 – 60W, http：//hansard. millbanksystems. com/written_ answers/1985/nov/28/johnson-matthey-bankers#column_ 659w.

36. Banking Supervision, HC Deb 17 December 1985 vol 89 cc159 – 67 3·31 pm, http：//hansard. millbanksystems. com/commons/1985/dec/17/banking-supervision#column_ 159.

37. Banking Supervision, HL Deb 17 December 1985 vol 469 cc694 – 703, http：//hansard. millbanksystems. com/lords/1985/dec/17/banking-supervision#column_ 694.

38. Financial Services Bill, HC Deb 14 January 1986 vol 89 cc938 – 1024, http：//hansard. millbanksystems. com/commons/1986/jan/14/financial-services-bill#column_ 938.

39. Johnson Matthey Bankers, HC Deb 27 February 1986 vol 92 cc1081 – 2 4. 13 pm, http：//hansard. millbanksystems. com/commons/1986/feb/27/johnson-matthey-bankers#column_ 1081.

40. City of London, HC Deb 12 March 1986 vol 93 cc941 – 91, http：// hansard. millbanksystems. com/commons/1986/mar/12/city-of-london # column_ 941.

41. Banking bill, HC Deb 28 November 1986 vol 106 cc542 – 90, http：//hansard. millbanksystems. com/commons/1986/nov/28/banking-bill # column _ 542.

42. Insider Dealing, HC Deb 02 December 1986 vol 106 cc783 – 825, http：//hansard. millbanksystems. com/commons/1986/dec/02/insider-deal-

ing#column_ 783.

43. Bank of Credit and Commerce International, HC Deb 18 January 1990 vol 165 cc402 - 3, http：//hansard. millbanksystems. com/commons/1990/jan/18/bank-of-credit-and-commerce-international#column_ 402.

44. Bank of Credit and Commerce International, HC Deb 08 July 1991 vol 194 cc660 - 74, http：//hansard. millbanksystems. com/commons/1991/jul/08/bank-of-credit-and-commerce-international#column_ 660.

45. Bank of Credit and Commerce International, HC Deb 22 July 1991 vol 195 cc903 - 24, http：//hansard. millbanksystems. com/commons/1991/jul/22/bank-of-credit-and-commerce-international#column_ 903.

46. Bank of Credit and Commerce International, HC Deb 25 July 1991 vol 195 cc780 - 1W, http：//hansard. millbanksystems. com/written _ answers/1991/jul/25/bank-of-credit-and-commerce-international-1#column_ 780w.

47. Bank of Credit and Commerce International, HC Deb 25 July 1991 vol 195 cc807 - 9W, http：//hansard. millbanksystems. com/written _ answers/1991/jul/25/bank-of-credit-and-commerce-international-2#column_ 807w.

48. Bank of Credit and Commerce International, HC Deb 16 October 1991 vol 196 cc158 - 63W, http：//hansard. millbanksystems. com/written _ answers/1991/oct/16/bank-of-credit-and-commerce-international # column _ 158w.

49. Bank of Credit and Commerce International, HC Deb 22 October 1992 vol 212 cc363 - 4W, http：//hansard. millbanksystems. com/written _ answers/1992/oct/22/bank-of-credit-and-commerce-international # column _ 363w.

50. Bank of Credit and Commerce International, HC Deb 12 November 1991 vol

198 cc464 – 5W, http：//hansard. millbanksystems. com/written _ answers/1991/nov/12/bank-of-credit-and-commerce-international # column _ 464w.

51. Bank of Credit and Commerce International, HC Deb 22 May 1992 vol 208 cc331 – 2W 332W, http：//hansard. millbanksystems. com/written _ answers/1992/may/22/bank-of-credit-and-commerce-international-1#column_ 331w.

52. Maxwell Companies：Pensions, HL Deb 08 June 1992 vol 537 cc1116 – 29, http：//hansard. millbanksystems. com/lords/1992/jun/08/maxwell-companies-pensions#column_ 1116.

53. Maxwell Pensioners, HC Deb 09 June 1992 vol 209 cc203 – 49 203, http：//hansard. millbanksystems. com/commons/1992/jun/09/maxwell-pensioners#column_ 203.

54. Barings Bank, HC Deb 06 March 1995 vol 256 cc74 – 5W, http：//hansard. millbanksystems. com/written _ answers/1995/mar/06/barings-bank # column_ 74w.

55. Barings, HC Deb 09 March 1995 vol 256 cc266 – 7W, http：// hansard. millbanksystems. com/written _ answers/1995/mar/09/barings # column_ 266w.

56. Barings, HL Deb 13 March 1995 vol 562 cc555 – 7, http：// hansard. millbanksystems. com/lords/1995/mar/13/barings#column_ 555.

57. Barings Bank, HC Deb 15 March 1995 vol 256 c607W, http：// hansard. millbanksystems. com/written_ answers/1995/mar/15/barings-bank# column_ 607w.

58. Banking and Charitable Institutions, HL Deb 23 March 1995 vol 562

cc1315 – 8，http：//hansard. millbanksystems. com/lords/1995/mar/23/
banking-and-charitable-institutions#column_ 1315.

59. Barings，HL Deb 03 April 1995 vol 563 cc3 – 4WA，http：//
hansard. millbanksystems. com/lords/1995/mar/23/banking-and-charitable-
institutions#column_ 1315.

60. Barings Bank，HC Deb 03 May 1995 vol 259 cc205 – 6W，http：//han-
sard. millbanksystems. com/written_ answers/1995/may/03/barings-bank#
column_ 205w.

61. Financial Services Regulation，HL Deb 10 May 1995 vol 564 cc113 – 46，
http：//hansard. millbanksystems. com/lords/1995/may/10/financial-serv-
ices-regulation#column_ 113.

62. Barings，HL Deb 19 June 1995 vol 565 cc12 – 4，http：//
hansard. millbanksystems. com/lords/1995/jun/19/barings#column_ 12.

63. Barings，HC Deb 18 July 1995 vol 263 cc1454 – 73 3. 39 pm，http：//
hansard. millbanksystems. com/commons/1995/jul/18/barings # column _
1454.

64. Banking Supervision，HL Deb 21 July 1995 vol 566 cc527 – 62，http：//
hansard. millbanksystems. com/lords/1995/jul/21/banking-supervision#col-
umn_ 527.

65. Bank of Credit and Commerce International，HC Deb 25 June 1996 vol 280
cc60 – 2W，http：//hansard. millbanksystems. com/written_ answers/
1996/jun/25/bank-of-credit-and-commerce-international#column_ 60w.

66. Bank of England，HC Deb 11 June 1997 vol 295 cc1055 – 78，http：//
hansard. millbanksystems. com/commons/1997/jun/11/bank-of-england #
column_ 1055.

67. Bank of England, HC Deb 12 June 1997 vol 295 cc1263 - 4, http: //hansard. millbanksystems. com/commons/1997/jun/12/bank-of-england # column_ 1263.

68. Monetary Policy, HC Deb 12 June 1997 vol 295 cc1265 - 7, http: //hansard. millbanksystems. com/commons/1997/jun/12/monetary-policy # column_ 1265.

69. Financial Services and Markets Bill, HC Deb 28 June 1999 vol 334 cc34 - 110, http: //hansard. millbanksystems. com/commons/1999/jun/28/financial-services-and-markets-bill#column_ 34.

70. Bank of Credit and Commerce International, HC Deb 18 July 1997 vol 298 cc371 - 2W, http: //hansard. millbanksystems. com/written _ answers/1997/jul/18/bank-of-credit-and-commerce-international#column_ 371w.

71. Bank of Credit and Commerce International, HC Deb 22 July 1997 vol 298 cc498 - 500W, http: //hansard. millbanksystems. com/written _ answers/1997/jul/22/bank-of-credit-and-commerce-international#column_ 498w.

72. Personal Pensions Mis-selling, HC Deb 03 November 1998 vol 318 cc716 - 77, http: //hansard. millbanksystems. com/commons/1998/nov/03/personal-pensions-mis-selling#column_ 716.

73. Bank of England Bill, HC Deb 11 November 1997 vol 300 cc711 - 809, http: //hansard. millbanksystems. com/commons/1997/jun/12/bank-of-england#column_ 1263.

74. Bank of England, HL Deb 13 February 1998 vol 585 cc1383 - 442, http: //hansard. millbanksystems. com/lords/1998/feb/13/bank-of-england-bill#column_ 1383.

75. Financial Services and Markets Bill, HL Deb 21 February 2000 vol 610 cc13 -

94, http：//hansard. millbanksystems. com/lords/2000/feb/21/financial-serv-
ices-and-markets-bill#column_ 13.

76. Financial Services and Markets Bill, HL Deb 18 May 2000 vol 613 cc363 –
448, http：//hansard. millbanksystems. com/lords/2000/may/18/financial-
services-and-markets-bill#column_ 363.

77. Financial Services and Markets Bill, http：//hansard. millbanksystems. com/
commons/1999/jun/28/financial-services-and-markets-bill#column_ 34.

英格兰银行年报

1. Bank of England Report and accounts, https：//www. bankofengland. co.
uk/-/media/boe/files/annual-report/1972/boe-1972. pdf.

2. Bank of England Report and accounts 1973, https：//www. bankofengland.
co. uk/-/media/boe/files/annual-report/1973/boe-1973. pdf.

3. Bank of England Report and accounts 1974, https：//www. bankofengland.
co. uk/-/media/boe/files/annual-report/1974/boe-1974. pdf.

4. Bank of England Report and accounts 1975, https：//www. bankofengland.
co. uk/-/media/boe/files/annual-report/1975/boe-1975. pdf.

5. Bank of England Report and accounts 1976, https：//www. bankofengland.
co. uk/-/media/boe/files/annual-report/1976/boe-1976. pdf.

6. Bank of England Report and accounts 1977, https：//www. bankofengland.
co. uk/-/media/boe/files/annual-report/1977/boe-1977. pdf.

7. Bank of England Report and accounts 1978, https：//www. bankofengland.
co. uk/-/media/boe/files/annual-report/1978/boe-1978. pdf.

8. Bank of England Report and accounts 1979, https：//www. bankofengland.
co. uk/-/media/boe/files/annual-report/1979/boe-1979. pdf.

9. Bank of England Report and accounts 1980, https：//www. bankofengland.

co. uk/-/media/boe/files/annual-report/1980/boe-1980. pdf.

10. Bank of England Report and accounts 1981, https：//www. bankofengland. co. uk/-/media/boe/files/annual-report/1981/boe-1981. pdf.

11. Bank of England Report and accounts 1982, https：//www. bankofengland. co. uk/-/media/boe/files/annual-report/1982/boe-1982. pdf.

12. Bank of England Report and accounts 1983, https：//www. bankofengland. co. uk/-/media/boe/files/annual-report/1983/boe-1983. pdf.

13. Bank of England Report and accounts 1984, https：//www. bankofengland. co. uk/-/media/boe/files/annual-report/1984/boe-1984. pdf.

14. Bank of England Report and accounts 1985, https：//www. bankofengland. co. uk/-/media/boe/files/annual-report/1985/boe-1985. pdf.

15. Bank of England Report and accounts 1986, https：//www. bankofengland. co. uk/-/media/boe/files/annual-report/1986/boe-1986. pdf.

16. Bank of England Report and accounts 1987, https：//www. bankofengland. co. uk/-/media/boe/files/annual-report/1987/boe-1987. pdf.

17. Bank of England Report and accounts 1988, https：//www. bankofengland. co. uk/-/media/boe/files/annual-report/1988/boe-1988. pdf.

18. Bank of England Report and accounts 1989, https：//www. bankofengland. co. uk/-/media/boe/files/annual-report/1989/boe-1989. pdf.

19. Bank of England Report and accounts 1990, https：//www. bankofengland. co. uk/-/media/boe/files/annual-report/1990/boe-1990. pdf.

20. Bank of England Report and accounts 1991, https：//www. bankofengland. co. uk/-/media/boe/files/annual-report/1991/boe-1991. pdf.

21. Bank of England Report and accounts 1992, https：//www. bankofengland. co. uk/-/media/boe/files/annual-report/1992/boe-1992. pdf.

22. Bank of England Report and accounts 1993, https：//www. bankofengland. co. uk/-/media/boe/files/annual-report/1993/boe-1993. pdf.

23. Bank of England Report and accounts 1994, https：//www. bankofengland. co. uk/-/media/boe/files/annual-report/1994/boe-1994. pdf.

24. Bank of England Report and accounts 1995, https：//www. bankofengland. co. uk/-/media/boe/files/annual-report/1995/boe-1995. pdf.

25. Bank of England Report and accounts 1996, https：//www. bankofengland. co. uk/-/media/boe/files/annual-report/1996/boe-1996. pdf.

26. Bank of England Report and accounts 1997, https：//www. bankofengland. co. uk/-/media/boe/files/annual-report/1997/boe-1997. pdf.

27. Bank of England Annual Report 1998, https：//www. bankofengland. co. uk/-/media/boe/files/annual-report/1998/boe-1998. pdf.

28. Bank of England Annual Report 1999, https：//www. bankofengland. co. uk/-/media/boe/files/annual-report/1999/boe-1999. pdf.

29. Bank of England Annual Report 2000, https：//www. bankofengland. co. uk/-/media/boe/files/annual-report/2000/boe-accounts-2000. pdf.

30. Bank of England Annual Report 2001, https：//www. bankofengland. co. uk/-/media/boe/files/annual-report/2001/boe-accounts-2001. pdf.

英文专著

1. Fisk, H. E. , *English Public Finance : From the Revolution of 1688* , New York：Banks Trust Company, 1920.

2. Hargreaves, E. L. , *The National Debt*, London：Edward Arnold & Co, 1930.

3. Andreades, A. , *History of the Bank of England*, Translated by Meredith, C. , Third Edition, London：P. S. King & Son, Ltd, 1935.

4. Pressnell, L. , *Country Banking in the Revolution*, Oxford: Oxford University Press, 1956.

5. Carswell, J. , *The South Sea Bubble*, London: Cresset Press, 1960.

6. Dickson, P. G. M. , *The Financial Revolution in England: a Study in The Development of Public Credit, 1688 – 1756*, New York: St. Martin's Press, 1967.

7. Dean, P. and Cole, W. A. , *British Economic Growth: 1688 – 1959 Trends and Structure*, Cambridge: Cambridge University Press, 1969.

8. Clough, S. and Rapp, R. , *European Economic History*, New York: McGraw-Hill, 1975.

9. Dean, P. , *The First Industrial Revolution*, Cambridge: Cambridge University Press, 1979.

10. P. L. Cottrell, *Industrial Finance 1830 – 1914: The Finance and Organization of English Manufacturing Industry*, London and New York: Methuen Co. Ltd, 1980.

11. Margaret Reid, *The Secondary Banking Crisis 1973 – 1975: Its cause and course*, London: The Macmillan Press. Ltd, 1983.

12. O'Brien (ed), P. , *Railways and The Economic Development of Western Europe 1830 – 1914*, Oxford: St Antony's College, 1983.

13. Kennedy, W. P. , *Industrial Structure, Capital Markets and The Origins of British Economic Decline*, Cambridge: Cambridge University Press, 1987.

14. Charles Goodhart, *The Evolution of Central Banks*, London: The MIT Press, 1988.

15. Brewer, J. , *The Sinews of Power. War, Money and The English State, 1688 – 1783*, London: Unwin Hyman, 1989.

16. John Forde, *The Bank of England and Public Policy 1941 – 1958*, Cambridge: Cambridge University Press, 1992.

17. Richard Roberts and David Kynastom, *The Bank of England: Money, Power and Influence (1694 – 1994)*, Oxford: Clarendon Press, 1995.

18. Peter. G. Zhang, *Barrings Bankruptcy and Financial Derivatives*, Singapore, New York, London, Hong Kong: World Scientific Publishing Co. pte. Ltd, 1995.

19. Stephen Fay, *The Collapse of Barrings*, London: Arrow Business books, 1996.

20. Alborn, T. L. , *Conceiving Companies: Joint-stock Politics in Victorian England*, London and New York: Routledge, 1998.

21. Peter Mathias, *The First Industrial Nation: The Economic History of Britain (1700 – 1914)*, London: Routledge Taylor & Francis Group, 2001.

22. James C. Baker, *The Bank for International Settlements-Evolution and Evaluation*, Westport, Connecticut, London: Quorum Books, 2002. Geoffrey Elliott, *The Mystery of Overend and Gurney*, London: Methuen & Co. Ltd, 2002.

23. Dale, R. , *The First Crash: Lessons from The South Sea Bubble*, Princeton and Oxford: Princeton university Press, 2004.

24. Floud, R. and Johnson, P. (eds.), *The Cambridge Economic History of Modern Britain*, Cambridge: Cambridge University Press, 2004.

25. Duncan Wood, *Governing Global Banking: The Basel Committee and Politics of Financial Globalization*, London: Ashgate Publishing Limited, 2005.

26. Atack, J. and Neal, L. (eds.), *The Origin and Development of Financial Markets and Institutions from The Seventeenth Century to The Present*, Cam-

bridge：Cambridge University Press，2009.

27. Forrest Caple，*The Band of England 1950s to 1979*，Cambridge University Press，2010.

28. Helen. J. Paul，*The South Sea Bubble-An Economic History of Its Origins and Consequences*，London and New York：Routledge Taylor & Francis Group，2011.

英文论文

1. Boot，A.，Thakor，A. V.，"Financial Systems Architecture"，*Review of Financial Studies*，Vol. 10.，No. 3，1997.

2. Bodenhorn，H.，"Private Banking in Antebellum Virginia：Thomas Branch & Sons of Petersburg"，*Business History Review*，Vol. 71，No. 4，2000.

3. Carlos，A. M.，Neal，L.，"Amsterdam and London as financial centers in the eghteenth century"，*Financial History Review*，18（1），2012.

4. Chapman，S. D.（1970），"Fixed Capital Formation in the Britain Cotton Industry，1770 – 1815"，*Economic History Review*，1970.

5. Crouzet，F.，"Capital Formation in Great Britain during the Industrial Revolution"，in Crouzet，F.（ed.），*Capital Formation in the Industrial Revolution*，London：Methuen & Co Ltd，1972.

6. Carlos，A. M.，J. Key and J. L. Dupree，"Learning and The Creation of Stock-Market Institutions：Evidence from The Royal African and Hudson's Bay Companies，1670 – 1700"，*The Journal of Economic History*，Vol. 58，1998.

7. Carlos，A. M. and L. Neal，"The Micro-Foundations of The Early London Capital Market：Bank of England Shareholders during and after The South Sea Bubble，1720 – 25"，in *Economic History Review*，Vol. 59，2006.

8. Cameron, R. , "England, 1750 – 1844", in Cameron, R. , Crisp, O. , Patrick, H. T. , and Tilly, R. , eds. , *Banking in the Early Stages of Industrialization: A study in Comparative Economic History*, New York: Oxford University Press, 1967.

9. Duckham, B. F. , "Canal and River Navigations", in Aldcroft, D. H. and Freeman, M. J. (ed.), *Transport in the Industrial Revolution*, Manchester: Manchester University Press, 1983.

10. Davis, L. E. , "The Investment Market, 1870 – 1914: The Evolution of a National Market", *Journal of Economic History*, September, 1965.

11. Fritschy, W. , "A financial revolution reconsidered. Public finance in Holland during the Dutch Revolt , 1568 – 1648", *Economic History Review 56*, 2003.

12. Fritschy, W. , "Taxation in Britain, France and Netherlands in the eighteen century" , *Economic and Social History in the Netherlands 2*, 1990.

13. Gelderblom, O. and Joost, J. , "Completing a financial revolution. The Finance of the Dutch East India trade and the rise of the Amsterdam capital market", *Journal of Economic History* , 64, 2004.

14. Goetzmann, W. N. and Rouwenhorst, K. G. , "Perpetuities in the Stream of History" In W. N. Goetzmann and K. Geert Rouwenhorst (eds.), *The Origins of Value: The Financial institutions that Created Modern Capital Markets*. New York: Oxford University Press, 2005.

15. Greenwood, J. , Jovanovic, B. , "Financial Development, Growth, and the Distribution of Income", *Journal of Political Economy*, 98, 1990.

16. Harris, R. , "Government and the Economy, 1688 – 1850", *The Cambridge Economic History of Modern Britain*, Vol. 1, 2004.

17. Hartwell, R. M. , "The take-off in Britain", in W. W. Rostow, *The Economics of Take-off into Sustained Growth*, first edition, Macmillan, 1965.

18. Harris, R. , "The Bubble Act: Its Passage and Its Effects on Business Organization." *The Journal of Economic History.* 54 (3), 1994.

19. Jones, S. , "The Cotton Industry and Joint-Stock Banking in Manchester, 1825 – 1850", *Business History*, Jul, Vol. 20, Issue2, 1978.

20. Jeffreys, J. B. , "Trends in Business Organisation in Great Britain since 1856", Ph. D. thesis, University of London, 1938.

21. Kapstein, Ethan B. , ' Resolving the regulator's dilemma: international coordination of banking regulations' International Organization, 43 (2), Spring 1989.

22. King, G. G. , Levine, R. , "Finance, entrepreneurship, and growth: theory and evidence", *Journal of Monetary Economics*, 32, 1993.

23. Neal, L. , " Venture Shares of Dutch East India Company " . In W. N. Goetzmann and K. Geert Rouwenhorst, (eds.), T*he Origins of Value: The Financial institutions that Created Modern Capital Markets.* New York: Oxford University Press, 2005.

24. Neal, L. , "Financial Crisis of 1825 and Constructing British Financial System", *Review*, May/June, 1998.

25. Newton, L. and Cottrell, P. L. , "Joint-Stock Banking in the English Provinces 1826 – 1857: To Branch or Not to Branch?", *Business and Economic History*, Vol. 27, No. 1, Fall, 1998.

26. Neal, L. , "The evolution of self-and state-regulation of the London Stock Exchange, 1688 – 1878" . In D. Ma and J. L. van Zanden (eds.), *Law and Economic Development: A Comparative Historical Perspective.* Stanford:

Stanford University Press, 2011.

27. North, D. C. and Weingast, B. W. , "Constitutions and Commitment: The Evolution of Institutions Governing Pubnlic Choice in Seventeenth-Century England ." *Journal of EconomicHistory*, Vol. 49, 1989.

28. O'Brien, P. , "Fiscal and financial preconditions for the rise of British naval hegemony, 1485 – 1815. " London: EH Working Paper, 91/01, 2005.

29. Peter, T. and Hans-Joachim Voth, "Credit Rationing and Crowding Out during the Industrial Revolution: Evidence from Hoare's Bank, 1702 – 1862. " *Explorations in Economic History*, 42 (3), 2005.

30. Postan, M. M. , "Recent Trends in the Accumulation of Capital", *The Economic History Review*, Vol. 6, No. 1, October, 1935.

31. Patterson, M. and David, R. , "The Effect of the Bubble Act on the Market for Joint Stock Shares. " *The Journal of Economic History.* 50 (1), 1990.

32. Patrik, H. , "Financial Development and Economic Growth in Under-developed Conutries", *Economic Development Culture Change*, 14, 1996.

33. Pagano, M. , "Financial Markets and Growth: An Overview", *European Economic Review*, Vol. 37, No. 3, 1993.

34. Quinn, S. , "Money, finance and capital markets", in Floud, R. and Jonnson, P. (ed), *The Cambridge Economic History of Modern Britain*, Vol, Cambridge: Cambridge University Press, 2004.

35. Quinn, S. , "The Glorious Revolution's effect on English private finance: a microhistory, 1680 – 1705", *Journal of Economic History*, 61, 2001.

36. Schremmer, D. E. , "Taxation and public finance: Britain, France and Germany", *in the Cambridge Economic History Ⅷ*. Cambridge: Cambridge University Press, 1989.

37. Singh，A.，"Financial liberalization，stock-markets and economic development"，*Economic Journal*，107，1997.

38. Williamson，J. G.，"Why Was British Growth So Slow during the Industrial Revolution?" *Journal of Economic History*. 44（3），1984.

二　中文文献资料

部分译著

1. ［英］亚当·斯密:《国富论》,郭大力、王亚南译,商务印书馆1997年版。

2. ［英］克拉潘:《现代英国经济史》(第一分册),姚曾廙译,商务印书馆1997年版。

3. ［英］马歇尔:《货币、信用与商业》,叶元龙、郭家麟译,商务印书馆1997年版。

4. ［英］迈克·巴克尔、［英］约翰·汤普森:《英国金融体系》,陈敏强译,中国金融出版社2005年版。

5. ［德］鲁道夫·希法亭:《金融资本》,福民、王辅民等译,商务印书馆2007年版。

6. ［美］查尔斯·P.金德尔伯格:《西欧金融史》,徐子健、何建雄、朱忠译,中国金融出版社2007年版。

7. ［英］保罗·戴维斯:《英国公司法精要》,樊云慧译,法律出版社2007年版。

8. ［美］大卫·E.阿提格、［美］布鲁斯·D.史密斯:《中央银行的演变与进程》,侯贝贝译,中国金融出版社2007年版。

9. ［英］约翰·罗:《论货币和贸易》,朱泱译,商务印书馆2007年版。

10. ［瑞典］维克塞尔:《利息与价格》,蔡受百、程伯撝译,商务印书馆

2007 年版。

11. ［美］米尔顿·弗里德曼：《货币的祸害》，安佳译，商务印书馆 2008 年版。

12. ［美］彼得·L. 伯恩斯坦：《黄金简史》，黄磊译，上海财经大学出版社 2008 年版。

13. 詹姆士·R. 巴茨、杰瑞德·卡普里奥、罗斯莱文：《反思银行监管》，黄毅、张晓朴译，中国金融出版社 2008 年版。

14. ［英］理查德·罗伯茨：《伦敦金融城：伦敦全球金融中心指南》，钱泳译，东北财经大学出版社 2008 年版。

15. ［英］沃尔特·白芝浩：《伦巴第街：货币市场记述》，沈国华译，上海财经大学出版社 2008 年版。

16. ［美］赫尔曼·M. 施瓦茨：《国家与市场》，徐佳译，凤凰传媒出版集团 2008 年版。

17. ［英］霍华德·戴维斯、［英］大卫·格林：《全球金融监管》，中国银行业监督管理委员会国际部译，中国金融出版社 2009 年版。

18. ［美］巴里·艾肯格林：《资本全球化：国际货币体系史》，彭光韵译，上海人民出版社 2009 年版。

19. ［美］尼尔·弗格森：《货币崛起》，高诚译，中信出版社 2009 年版。

20. ［美］尼尔·弗格森：《罗斯柴尔德家族》，何正云译，中信出版社 2009 年版。

21. ［美］道格拉斯·C. 诺斯：《经济史上的结构和变革》，厉以平译，商务印书馆 2009 年版。

22. ［澳］琳达·维斯、［英］约翰·M. 霍布斯：《国家与经济发展——一个比较及历史性的分析》，黄兆辉、廖志强译，吉林出版集团有限责任公司 2009 年版。

23. ［美］彼得·古勒维奇：《艰难时世下的政治——五国应对世界经济危机的政策比较》，朱天飚译，吉林出版集团有限责任公司 2009 年版。

24. ［美］约翰·齐斯曼：《政府、市场与增长——金融体系与产业变迁的政治》，刘娟凤、刘骥译，吉林出版集团有限责任公司 2009 年版。

25. ［美］雅各·布范德林特：《货币万能》，王兆基译，商务印书馆 2010 年版。

26. ［奥］庞巴维克：《资本与利息》，何崑曾、高德超译，商务印书馆 2010 年版。

27. ［英］约翰·希克斯：《经济史理论》，厉以平译，商务印书馆 2010 年版。

28. ［英］约翰·洛克：《论降低利息和提高货币价值的后果》，徐式谷译，商务印书馆 2010 年版。

29. ［英］查尔斯·古德哈特：《古德哈特货币经济学文集》，康以同、朱力、孟芳芳译，中国金融出版社 2010 年版。

30. ［英］查尔斯·古德哈特、［德］鲍里斯·霍夫曼：《房价与宏观经济》，林泽会译，东北财经大学出版社 2010 年版。

31. ［美］悉尼·霍墨、［美］理查德·西勒：《利率史》，肖新明、曹建海译，中信出版社 2010 年版。

32. ［美］查尔斯·P. 金德尔伯格：《疯狂、惊恐和崩溃——金融危机史》，朱隽、叶翔译，中国金融出版社 2010 年版。

33. ［英］乔治·G. 布莱基：《伦敦证券市场史》，周琼琼、李成军、吕彦儒译，上海财经大学出版社 2010 年版。

34. ［美］富兰克林·艾伦、［美］道格拉斯·盖尔：《理解金融危机》，张建康、臧旭恒等译，中国人民大学出版社 2010 年版。

35. ［美］海曼·P. 明斯基：《稳定不稳定的经济——一种金融不稳定视角》，石宝峰、张慧卉译，清华大学出版社 2010 年版。

36. 安德鲁·L. 索尔金：《大而不倒》，巴曙松、陈剑等译，中国人民大学出版社 2011 年版。

37. ［美］约翰·H. 伍德：《英美中央银行史》，陈晓霜译，上海财经大学出版社 2011 年版。

38. ［英］大卫·李嘉图：《政治经济学及赋税原理》，郭大力译，凤凰传媒出版社 2011 年版。

39. ［瑞士］尤瑟夫·凯西斯：《资本之都：国际金融中心变迁史》，陈晗译，中国人民大学出版社 2011 年版。

40. ［日］富田俊基：《国债的历史：凝结在利率中的过去和未来》，彭曦、顾长江、曹雅洁、韩秋燕、王辉译，南京大学出版社 2011 年版。

41. ［英］丹·科纳汉：《英格兰银行（1997—2014）》，王立鹏译，中国友谊出版公司 2015 年版。

42. ［英］约翰·辛格顿：《20 世纪的中央银行》，张慧莲等译，中国金融出版社 2015 年版。

43. ［荷］乔安妮·凯勒曼、［荷］雅各布·德汗、［荷］费姆克·德弗里斯：《21 世纪金融监管》，张晓朴译，中信出版集团 2016 年版。

　　部分中文专著

1. 蒋孟引：《英国史》，中国社会科学出版社 1988 年版。

2. 蔡弈：《跨国银行监管的主要法律问题研究》，厦门大学出版社 2003 年版。

3. 丁邦开、周仲飞：《金融监管学原理》，北京大学出版社 2004 年版。

4. 谢平：《货币监管与金融改革》，生活·读书·新知三联书店 2004 年版。

5. 郭田勇：《金融监管学教程》，中国金融出版社 2005 年版。

6. 尚福林：《证券市场监管体制比较研究》，中国金融出版社 2006 年版。

7. 穆良平：《主要工业国家近现代经济史》，西南财经大学出版社 2006 年版。

8. 陈雨露、王昌云：《金融学文献通论》（上下册），中国人民大学出版社 2006 年版。

9. 祁敬宇：《金融监管学》，西安交通大学出版社 2007 年版。

10. 李俊辰：《伦敦金融城》，清华大学出版社 2007 年版。

11. 臧慧萍：《美国金融监管制度的历史演进》，经济管理出版社 2007 年版。

12. 林俊国：《金融监管的国际合作机制》，社会科学文献出版社 2007 年版。

13. 李若谷：《国际货币体系改革与人民币国际化》，中国金融出版社 2007 年版。

14. 胡怀邦：《银行监管国际经验与中国实践》，中国金融出版社 2008 年版。

15. 黄毅：《银行监管与金融创新》，法律出版社 2009 年版。

16. 温信祥：《银行资本监管研究》，中国金融出版社 2009 年版。

17. 熊玉莲：《金融衍生工具法律监管问题研究》，北京大学出版社 2009 年版。

18. 刘明康：《中国银行业改革开放 30 年》（上下册），中国金融出版社 2009 年版。

19. 郭峰：《全球化时代的金融监管与证券法治》，知识产权出版社 2010 年版。

20. 唐旭等：《金融理论前沿课题》（第三辑），中国金融出版社 2010

年版。

21. 陈雨露、马勇：《现代金融体系下地中国金融业混业经营：路径，风险与监管体系》，中国人民大学出版社 2009 年版。

22. 李扬、胡滨等：《金融危机背景下的全球金融监管改革》，社会科学文献出版社 2010 年版。

23. 王广谦：《中央银行学》，高等教育出版社 2011 年版。

24. 巴曙松、邢毓静、朱元倩等：《金融危机中的巴塞尔新资本协议：挑战与改进》，中国金融出版社 2011 年版。

25. 焦莉莉：《欧盟金融监管合作与金融稳定问题研究》，中国社会科学出版社 2012 年版。

　　中文杂志

1. 《世界历史》

2. 《史学理论研究》

3. 《历史研究》

4. 《世界史研究》

5. 《西欧研究》

6. 《欧洲研究》

　　文章

1. 乔海曙：《金融监管体制改革：英国的实践与评价》，《欧洲研究》2003 年第 2 期。

2. 周泽新：《危机与应对——英国银行破产制度的重大变革及其启示》，《西部法学评论》2011 年第 1 期。

3. 江时学：《金融危机与英国的金融监管》，《欧洲研究》2009 年第 6 期。

4. 程实：《对北岩银行挤兑危机的再认识》，《中国经济时报》2008 年 11 月 29 日。

5. 彭玉镏：《英国金融监管制度的改革及对我国的启示》，《武汉金融》2001 年第 3 期。

6. 徐宝林、郭建伟：《北岩银行危机暴露英国金融监管漏洞——新世纪英国金融改革》，《当代金融家》2009 年第 1 期。

7. 胡滨、尹振涛：《英国的金融监管改革》，《中国金融》2009 年第 17 期。

学位论文

1. 李豪明：《英美银行监管制度比较研究》，博士学位论文，1995 年，中国人民银行金融研究所。

2. 魏凡：《英国银行监管制度及其对中国的启示》，硕士学位论文，2005 年，华东政法学院。

3. 叶世宝：《英国"金融服务与市场法"下单一规制模式研究》，硕士学位论文，2006 年，武汉大学。

4. 傅立文：《信息、激励与金融监管制度选择：以英国和美国金融监管制度演进为视角的分析》，博士学位论文，2006 年，吉林大学。

5. 陆航：《英国金融监管制度变迁对中国的启示》，硕士学位论文，2010 年，北京师范大学。

后　　记

　　本书由我的博士学位论文修订而成。出于对历史的兴趣，当年报考博士时选择了中国社会科学院世界历史所的世界历史专业，重点研究英国金融监管的历史演变。后来在北京大学国际关系学院博士后流动站脱产学习时，研究重点是欧美资本市场的发展历史，对英国资本市场的发展和金融监管有了更进一步的了解。由于长期从事企业工作，研究并非本行，做英国金融监管历史的研究，挑战很大，深感能力和精力的不足。好在兴趣所致，虽然辛苦，也是很开心的。

　　感谢我的导师吴必康教授，在写作博士学位论文时，从选题、立论到修改完成，导师给予精心指导，使我在写作过程中，少走不少弯路，获得很多启示。此次论文的修订出版，正是受到导师的鼓励才下定决心。可以说，没有导师的帮助和鼓励，这本著作难以完成。感谢中国社会科学院世界历史所的老所长、学部委员廖学盛先生。当年博士学位论文开题和写作时，先生给予我很大鼓励，使我坚定了研究这一课题的信心。还要感谢我的硕士导师、北京大学经济学院吕随启教授、首都师范大学历史学院施诚教授、首都经贸大学金融学院谢太峰教授以及中国社会科学院金融研究所曾刚研究员，他们不仅拓宽了我的视野，还提出诸多宝贵建议。老师们深入钻研的严谨学风，言传身教的师长风范令我敬仰。感谢世界历史所的刘巍老师，博士就读和论文修订期间给予我很多帮助。感谢北京大学新闻与传播学院的王秀丽副教授、内蒙古农业大学马克思主义学院的李士珍副教授，在本书写作和出版时给予的重要帮助。还要感谢我的父母、妻子和女儿，我能在忙碌的工作之余安心写作，与家人的鼓励和支持是密不可分的。

由于学术水平和投入精力有限，研究英国金融监管的历史，深感能力不足，疏漏之处在所难免，恳请读者对书中的缺点和不足给予批评指导。